컴퓨터시대의

인터넷 윤리

| 권영빈 지음 |

THICS OF COMPUTER INTERNET

인터비전

머리말

IT 강국으로 전 세계에 알려진 우리나라는 거의 모든 국민이 하루도 네트워크에 접속하지 않고는 생활 할 수 없을 정도로 우리에게 친근하게 다가온 것이 인터넷이다. 인터넷 보급으로 유용한 정보가 무상으로 이루어지고 있으며 이메일과 같은 편리함과 전자상거래와 같은 생활 서비스로 개인인증이라는 새로운 수단이 보급 되는 등 과거에는 상상하지 못했던 여러 가지 현상들이 발생하고 있다.

이에 따라 인터넷의 편리함과 함께 병폐도 같은 속도로 다가오기 시작했다. 보편적으로 인터넷을 많이 사용하는 청소년이나 젊은 층들은 예절을 무시하거나 언어의 파괴, 비 대면에 따른 각종 돌출행동을 발생시키고 인터넷교육을 받은 실버계층의 인터넷 사용이 늘면서 노년층을 노리는 새로운 수법의 범죄도 다수 발생하게 되었으며 바이러스 유포, 해킹 그리고 최근 DDOS와 같은 서버에 대한 공격도 새로운 문제점으로 떠오르고 있다.

뿐만아니라 인터넷 보급에 따른 대중의 참여는 유익한 정보 외에 과다 정보, 불량정보에 대한 부정확판단, 보이지 않는 상대에 대한비방 및 악플, 스팸메일, 인터넷 중독, 피싱, 사이버범죄와 같은 다양한 문제를 일으키고 있다. 또한 어렵게 만든 창작물이나, 기술, 애써 만든 프로그램을 복제하거나 저작권을 침해 한다면 지식이 없는 것보다 못하다. 인터넷 속에서도 우리는 타인에 대한 배려와 존중이 금전보다 우선이라는 마음에서 출발해야 한다. 이제 인터넷이 처음 추구하였던 효율적인 정보교환 및 사회적인 네트워크 구축이라는 명제를 다시 이루기 위해 각종문제들에 대한 답을 찾아야만 한다. 그러기 위해서는 인터넷의 순기능과 역기능을 살펴보고 사용자, 개발자 및 서비스 제공자들이 고려하고 개선해야할 점이 무엇인지 생각해 보아야 할 것이다. 인터넷 정화를 위한 계속적인 노력과 함께 본 서에서 제시하는 주제들이 향후 인터넷의 건전한 이용을 위한 하나의 벤치마킹 자료가 되기를 바라는 마음이다.

지난 수년간 학생들의 사고와 변화하는 모습을 이 교재를 통해 확인 할 수 있었다. 그러므로 본 서는 한 학기 강의에 필요한 주제들을 선택하여 학생들과 생각하고 각종사항을 점검하여 윤리적인 재무장할 수 있도록 교재를 구성해 보았다. 마지막 장에서는 기술적인 내용을 검토할 수 있도록 조금 깊이 있는 주제를 제공하여 학생들이 향후 전공을 공부하는데 도움이 되도록 하고 있다.

중앙대 컴퓨터공학부 대학원의 양현, 오준석, 윤진석의 큰 도움을 밝히며 고마움을 표현하며 책을 잘 만들어 준 GS인터비전 송기수 사장님께도 감사를 드린다. 마지막으로 전 세계로 다니며 집필로 시간을 함께 해 주지 못함에도 사랑으로 지켜보아준 가족들에게 가장 큰 감사를 드린다.

2009년 8월

흑석동에서 자자 씀

이 책의 차례...

제1장 통신언어와 이모티콘 ······ 17

1.1 통신언어 ······ 18
1.1.1 통신언어의 특징 ······ 18

1.2 이모티콘 ······ 28
1.2.1 이모티콘의 정의 및 특정 ······ 28
1.2.2 대표적인 이모티콘 ······ 28
1.2.3 이모티콘의 효과 ······ 32

1.3 통신언어와 이모티콘 사용의 문제점 및 올바른 자세 ······ 34
1.3.1 문제점 ······ 34
1.3.2 올바른 자세 ······ 34

1.4 통신언어에 관련된 보도자료 ······ 37

제2장 인터넷 채팅 ······ 43

2.1 채팅이란? ······ 44

2.2 채팅 방식에 따른 분류와 특징 ······ 44
2.2.1 타이핑 방식의 채팅 ······ 44
2.2.2 음성 채팅 ······ 45
2.2.3 영상채팅 ······ 46

2.2.4 아바타 채팅 ··· 48
2.2.5 게임 상의 채팅 ··· 49
2.2.6 메신저 채팅 ··· 49
2.2.7. 휴대폰 채팅 ··· 52

2.3 채팅의 구성 ··· 53

2.4 채팅 구현 기술 ··· 54
2.4.1 서버 스크립트 ··· 54
2.4.2 클라이언트 스크립트 ··· 54
2.4.3 플러그인 ··· 54
2.4.4 프로그램 ··· 54

2.5 대표적인 채팅 서비스 ··· 55
2.5.1 세이클럽(http://www.sayclub.com) ··· 55
2.5.2 네이트온(http://nateonweb.nate.com/) ··· 55

2.6 채팅의 문제점 ··· 56
2.6.1 채팅을 통해 이루어지는 여러 가지 사건 사고 ··· 57
2.6.2 채팅 중독 또는 사이버 관계(Cyber Relationship) 중독 ··· 61
2.6.3 채팅 시 유의사항 ··· 65

제3장 인터넷 중독 ··· 69

3.1 인터넷 중독의 정의 및 개념 ··· 70

3.2 인터넷 중독의 원인 및 특성 ··· 70
3.2.1 Griffiths의 이론 ··· 70
3.2.2 King의 이론 ··· 71
3.2.3 Young의 이론 ··· 72

3.3 인터넷 중독 단계 ··· 73

3.4 인터넷 중독의 분류 및 증상 73
3.4.1 통신중독 74
3.4.2 게임중독 75
3.4.3 음란물 중독 76
3.5 컴퓨터 중독에 빠지기 쉬운 타입 77
3.6 인터넷 중독 징후 78
3.6.1 가정: 사이버 상에서의 외도 78
3.6.2 학교: 인터넷 중독에 빠진 아이들이 보이는 징후 78
3.6.3 인터넷 중독에 빠진 사원들이 보이는 징후 79
3.7 Goldberg의 인터넷 중독의 진단 기준 79
3.7.1 내성 79
3.7.2 금단 79
3.8 인터넷 중독의 자가 진단 80
3.9 인터넷 중독에 대한 대처 방법 82
3.9.1 청소년의 경우 82
3.9.2 일반인의 경우 85
3.9.3 인터넷 중독자의 경우 87
3.10 인터넷 중독의 사례 90
3.10.1 인터넷 게임 중독 청소년 가족폭행 위험 높다 90
3.10.2 인터넷 안 할 때도 하는 꿈꾼다 91
3.10.3 게임 중독에 빠진 아이들, 어떻게 관리해야 할까 92
3.10.4 '인터넷 바다에 빠진 아이들' 수십만… 국가가 중독자 관리 나서 93

제4장 인터넷 음란물 97
4.1 음란물과 인터넷 음란물 98

4.1.1 음란물의 정의 …… 98
4.1.2 매체에 따른 음란물의 변천 …… 99

4.2 인터넷 음란물 …… 100
4.2.1 특징 …… 100
4.2.3 음란 사이트에 사용된 기술들 …… 101
4.2.2 표현의 자유 …… 102
4.2.3 경제성 …… 103
4.2.4 유형 …… 104
4.2.5 접촉 경로 …… 106

4.3 인터넷 음란물의 부정적 영향 …… 107
4.3.1. 인터넷 음란물 노출의 영향 …… 107
4.3.2 미성년 문제 …… 108
4.3.3. 사회적 문제 …… 110

4.4 인터넷 음란물의 대응 …… 112
4.4.1. 규제 …… 112
4.4.2 성교육 …… 114
4.4.3 개방 …… 115

제5장 피싱(Phishing) …… 119

5.1 피싱의 정의 및 유래 …… 120
5.1.1 피싱의 정의 …… 120
5.1.2 피싱의 역사 …… 120
5.1.3 피싱의 특징 …… 122

5.2 피싱 피해 사례 및 통계 …… 123
5.2.1 피싱 피해 사례 …… 123
5.2.2 피싱 피해 통계 …… 124

5.3 피싱 위협 요소 ···· 127
5.3.1 피싱 공격의 종류 ···· 127
5.3.2 피싱 공격 방법 ···· 128
5.4 피싱 대응 방안 ···· 132
5.4.1 기술적 대응 ···· 132
5.4.2 사회·문화적 대응 ···· 133
5.4.3 법·제도적 대응 ···· 134

제6장 해킹 ···· 137

6.1 해킹의 정의 ···· 138
6.2 해커 ···· 139
6.2.1 해커의 유래 ···· 139
6.2.2 해커의 특징 ···· 139
6.2.3 해커의 단계 ···· 139
6.3 해킹의 역사 ···· 140
6.3.1 60년대, 정밀하고 빠른 컴퓨터 만들기 ···· 140
6.3.2 70년대, 누구든지 공짜로 사용하기 ···· 141
6.3.3 80년대, 무차별 공격하기 ···· 141
6.3.4 90년대, 아수라장으로 만들기 ···· 141
6.4 해킹 유형 ···· 142
6.4.1 트로이 목마 프로그램 ···· 142
6.4.2 백도어 및 원격 관리 프로그램 ···· 142
6.4.3 서비스 거부 ···· 142
6.4.4 다른 공격을 위한 교두보 역할 ···· 142
6.4.5 불법적인 공유 ···· 143

6.4.6 이동 프로그램(자바, 자바 스크립트, ActiveX) 143
6.4.7 웹 링크 상에서의 악성 스크립트 143
6.4.8 이메일 위조 144
6.4.9 바이러스 걸린 이메일 144
6.4.10 숨겨진 파일 확장자 144
6.4.11 채팅 클라이언트 145
6.4.12 패킷 스니핑 145

6.5 해킹 기법과 대응방법 146
6.5.1 서비스 거부 공격(DDoS; Denial of Service Attack) 146
6.5.2 버퍼 오버플로우 147
6.5.3 웹 애플리케이션 해킹 147
6.5.4 스푸핑 공격 149
6.5.5 스니핑 150
6.5.6 백도어와 트로이목마 151
6.5.7 HTTP Session Hijacking 153

6.6 해킹 툴의 종류 154
6.6.1 Backorifice 154
6.6.2 SubSeven 155
6.6.3 NetBus 157
6.6.4 SchoolBus 2.0 158

6.7 화이트해커 양성 160
6.7.1 코드게이트 (http://www.codegate.org/) 160
6.7.2 데프콘 (http://defcon.org/) 161
6.7.3 블랙 햇 (https://www.blackhat.com/) 161

6.8 해킹의 대책 162
6.8.1 업무용 시스템 162
6.8.2 개인용 시스템 162

6.9 국가적 지원이 요구되는 해킹 대비책 165

6.9.1 국민 의식 강화 ··· 165
6.9.2 법제도 정책 지원 ··· 165
6.9.3 정보보호 관리체계 구축 ··· 165
6.9.4 기반 기술 및 전문 해킹기술 연구 ··· 166
6.9.5 전문 인력 양성 ··· 166
6.9.6 국계적인 협력 강화 ··· 166

6.10 피해 사례 ··· 167

제7장 스팸메일 ··· 175

7.1 스팸 메일의 정의 및 특성 ··· 176

7.2 스팸 메일의 분류 ··· 177
7.2.1 스팸 메일의 종류 ··· 177
7.2.2 규제성 스팸 메일의 유형 ··· 177

7.3 스팸 메일의 영향력 ··· 180
7.3.1 스팸 메일의 폐해 ··· 180
7.3.2 스팸 메일의 실태 ··· 183

7.4 스팸 메일 방지 ··· 187
7.4.1 스팸 메일 방지 수칙 ··· 187
7.4.2 스팸 메일 방지 기술 ··· 188
7.4.3 신고하기 ··· 200

제8장 스파이웨어 ··· 203

8.1 스파이웨어 개요 ··· 204

8.2 스파이웨어의 정의 ··· 204

8.3 스파이웨어 종류 ··· 205

8.3.1 트랙웨어 ··· 206

8.3.2 애드웨어 ··· 206

8.3.3 키로거 ··· 207

8.3.4 원격제어 ··· 207

8.4 스파이웨어의 감염경로 및 사례 ··· 208

8.4.1 사용자의 시스템의 설정을 변경하는 행위 ··· 208

8.4.2 정상 프로그램 또는 시스템의 운영을 방해, 중지 또는 삭제하는 행위 · 209

8.4.3 정상 프로그램 또는 시스템 설치를 방해하는 행위 ··· 209

8.4.4 정상 프로그램 외에 프로그램을 추가적으로 설치하는 행위 ··· 210

8.4.5 사용자가 프로그램을 제거하거나 종료시켜도 해당 프로그램이 제거되거나 종료되지 않는 행위 ··· 210

8.4.6 키보드 입력 내용, 화면 표시 내용 또는 시스템 정보를 수집, 전송하는 행위 ··· 211

8.5 스파이웨어 대응 현황 ··· 211

8.5.1 법률적 통제 ··· 212

8.5.2 기술적 대응 ··· 213

제9장 인터넷 금융 결제와 개인 인증 ··· 217

9.1 개요 ··· 218

9.2 인터넷 금융결제 ··· 219

9.2.1 금융결제의 역사 ··· 219

9.2.2 금융결제 사고 및 예방 ··· 220

9.2.3 안전한 금융결제를 위한 기관들의 노력 ··· 222

9.3 인증기술 ··· 223

9.4 대표적 인증 방법 ··· 226
9.4.1 공인인증서 ··· 226
9.4.2 휴대폰 SMS 발송번호 인증 ··· 229
9.4.3 신용카드정보 및 금융계좌정보 인증 ··· 229
9.4.4 OTP(One Time Password) ··· 229

9.5 개인 인증의 한계 ··· 230

제10장 전자상거래 ··· 233

10.1 개요 ··· 234
10.1.1 전자상·거래의 의의 ··· 234
10.1.2 전자상거래의 분류 ··· 237

10.2 전자상거래의 특징과 영향 ··· 239

10.3 전자상거래의 현황 ··· 243

10.4 전자상거래의 문제점 ··· 247
10.4.1 전자상거래의 소비자문제 및 피해 ··· 247
10.4.2 전자상거래의 소비자피해구제 ··· 253

10.5 전자상거래 관련 기술 ··· 258

제11장 사이버 범죄 유형과 대책 ··· 263

11.1 사이버 범죄의 개념 ··· 264
11.1.1 사이버 범죄에 대한 개념정의 ··· 264

11.1.2 종합정리 ………… 265

11.2 사이버 범죄의 분류 ………… 265

11.3 사이버 범죄에 대한 통계 ………… 266

11.4 사이버 범죄에 대한 유형과 대책 ………… 267

11.5 주요 사이버 범죄의 실태 ………… 273

11.6 사이버 범죄 관련 법령 ………… 285

11.7 사이버 범죄 관련 사이트 ………… 296

제12장 프라이버시(Privacy) ………… 299

12.1 정보화 시대의 프라이버시 정의 ………… 300

12.2 개인정보의 개념 ………… 300

12.3 정보화 사회의 프라이버시 문제 ………… 302

12.3.1 개인정보의 수집, 사용, 거래 ………… 302

12.3.2 작업장에서의 근로자 감시 ………… 303

12.3.3 아동의 개인정보보호 ………… 303

12.3.4 스팸 메일 ………… 303

12.3.5 위치 정보 서비스 ………… 304

12.3.6 의료정보 프라이버시 ………… 304

12.3.7 생체인식 기술 ………… 305

12.3.8 전자 정부와 프라이버시 ………… 305

12.3.9 기업의 인수합병시의 개인정보 처리 ………… 305

12.3.10 개인정보의 해외 송출 ………… 306

12.4 국내 프라이버시 침해 현황 ………… 306

12.5 프라이버시 보호를 위한 노력 ………… 308

12.5.1 프라이버시 기구들 ···· 308
12.5.2 국내 프라이버시 관련법 ···· 309
12.5.3 국제 프라이버시 조약 ···· 309

12.6 프라이버시 관련 기술 ···· 311
12.6.1 프라이버시 침해 기술(Privacy Invading Technology) ···· 311
12.6.2 프라이버시 향상 기술(Privacy Enhancing Technology; PET) ···· 312
12.6.3 기타 관련 기술 ···· 314

제13장 DRM(Digital Rights Management) ···· 319

13.1 개요 ···· 320

13.2 콘텐츠 보호 기술 ···· 321
13.2.1 복제 방지 기술 ···· 321
13.2.2 CAS(Conditional Access System) ···· 322

13.3 DRM의 역사 ···· 322

13.4 DRM 관련 기술 ···· 323
13.4.1 워터마킹(Watermarking) ···· 324
13.4.2 핑거프린팅(Fingerprinting) ···· 324
13.4.3 암호화를 이용하는 DRM 기술 ···· 325
13.4.4 Tampering 방지 기술 ···· 325
13.4.5 Obfuscation ···· 325
13.4.6 유통 제어를 위한 DRM 기술 ···· 326
13.4.7 스트리밍 미디어를 위한 DRM 기술 ···· 326

13.5 DRM 연동 기술 ···· 327
13.5.1 Coral의 Ecosystem ···· 327
13.5.2 EXIM(Export Impot) ···· 328

13.6 대표적인 DRM 응용 ······ 329
13.6.1 FairPlay ······ 330
13.6.2 Adobe Protected Streaming ······ 330
13.6.3 OMA DRM ······ 330
13.6.4 SecureSharing 및 SecureCard ······ 331
13.6.5 PlayReady ······ 331

찾아보기 ······ 335

Chapter 01

통신언어와 이모티콘

1.1 통신언어
1.2 이모티콘
1.3 통신언어와 이모티콘 사용의 문제점 및 올바른 자세
1.4 통신언어에 관련된 보도자료

1.1 통신언어

오늘날 컴퓨터가 보급되면서 일상생활의 필수품이 되었고, 통신이 일상화 되면서 누구나 컴퓨터를 사용하여 의사소통을 할 수 있는 시대가 되었다. 전자 우편을 보내거나 게시판에 글을 올리기도 하고, 대화방에 들어가서 대화를 하기도 한다. 이렇게 컴퓨터 통신의 사용자가 많아지게 되고 여기서 쓰이는 언어가 따로 생겨나게 되었는데 그 언어가 바로 통신언어이다. 본 장에서는 통신언어의 특징과 현재 사용되고 있는 통신언어의 모습을 살펴보기로 한다.

1.1.1 통신언어의 특징

(1) 통신언어의 특징

통신언어는 본질적으로 다음과 같은 특징을 가지게 된다.

첫째로, 일상적인 대화에서는 말과 함께 화자의 표정이나 동작이 중요한 작용을 하는데 반해, 통신을 통해서 대화를 할 때에는 일상적인 대화와 달리 송신자와 수신자가 서로를 보지 못하는 상황에서 의사소통을 하게 되기 때문에 통신언어에는 표정과 동작이 담기지 않게 된다. 그렇기 때문에 시각적인 표현으로 이러한 점을 보충하려 하게 되고, 자신이 누구인지 알려지지 않는 익명성 때문에 무책임하게 비속어를 사용하게 되기도 한다.

둘째로, 통신 언어는 시각적인 매체에 의해 전달되는 언어이므로 음성이 담기지 않는다. 우리가 일상에서 말을 할 때에는 말의 높낮이, 빠르기, 성량, 음색 등도 표현되는 말만큼이나 중요한데, 통신언어에는 이러한 음성이 드러나지 않게 된다. 이를 대신하기 위해 개인적인 발음 습관이나 음운의 변동 현상, 또는 정서나 마음 상태를 그대로 표현하려는 모습이 나타나기도 한다.

셋째로, 통신 언어는 시각적인 매체만으로 의사를 전달해야 하므로 신속성이 필요하게 된다. 여러 사람이 대화를 주고받을 경우 일상적인 대화에서는 신체 언어에 의해 '내가 먼저 말 하겠다'는 의사나 '너는 좀 가만히 있어라'는 의사 전달이 가능하지만, 통신을 할 때에는 일일이 말을 다 하기에는 많은 시간이 걸리기 때문에 많은 정보를 재빨리 전달할 필요가 있게 된다. 이 때문에 준말과 띄어쓰기를 무시하는 표기가 많이 사용되고 있다.

(2) 통신언어의 모습

앞에서 살펴본 통신언어의 특징을 토대로 현재 통신언어가 사용되는 예를 설명한다.

표정이나 동작을 전달할 수 없어서 나타나는 현상의 예

^.^	행복한 웃음 1	★.★	놀랐을 때
^*^	행복한 웃음 2	(@.@)	케에에엥엑~
<~_~>	눈 웃음	<^_^>	오호~
^0^	"하하" 웃음	(o_o)	오 마이 갓
^ㅇ^	"호호" 웃음	(@@)	농담이지?
^^;	힘겨운 웃음	(?:?)	혼란스러울 때
^ ^	으쓱하는 웃음	?o?	오, 그래? '귀가 솔깃'
*^^*	뽀얀 웃음	@_@	깜짝 놀라서 주저하기
^_^	전형적인 미소	^_^;;;	난처해서 식은땀 흘리기1
(^－^)	미소짓기	－_－oo	난처해서 식은땀 흘리기2
*^_^*	얼굴 빨개지며 미소짓기	^^;;;	당황해서 식은땀 흘리기 연발
^.^	너무너무 부끄러운 미소	－_－a	손으로 긁적거리기
[^_^]	점잖은 미소	☞_☜	손으로 가린 눈

(^_^)	귀에다 입걸고 미소	♡.♡	사랑에 빠진 눈 1
(－_－)	비밀스런 은밀한 미소	♥.♥	사랑에 빠진 눈 2
n.n	행복한 표정	*♥o♥*	사랑에 빠져 버렸어요
^(^	행복한 표정 1	(*_*)	사랑에 눈 멀었을 때 1
~.~	껄렁대는 눈	<*_*>	사랑에 눈 멀었을 때 2
^L^	행복한 표정 2	⊙.⊙	휘둥그레진 눈
^_^ /	두손들고 신날 때~!	o_o	놀란 눈
^ㅇ^♬	노래하기	☆_☆	반짝반짝 눈
^m^	입을 손으로 막고 웃기	! . !	놀라서 튀어나온 눈
(^o^)	즐겁게 노래 부르기	((+)).(－)	벌에 쏘인 눈
(*,*)	메롱~	ご,,ご	음흉한 눈빛~!
(*.－)	윙크~ 1	(o) (o)	부엉이 처럼 놀란 눈하기
^.~	윙크~ 2	(o)(o)	휘둥그레 눈하기
^_－	윙크~ 3	@.@	번쩍~뜬 눈
^_+	윙크~ 4	$.$	돈에 눈이 멀은 눈
+_^	윙크~ 5	($_$)	돈에 눈이 멀었을 때 1
(－_o)	윙크~ 6	<$_$>	돈에 눈이 멀었을 때 2
<－.~>	윙크~ 7	(!_!)	아, 이제 이해했다
^_~	야하게 윙크	O_O	충격받았을 때
(^|^)	얍체같이 신난 표정	'o'	화가나서 방방뜰때
o(^o^)o	귀여운 표정	^^;	당황할 때
^o^~~♬	신바람 났을 때	('n')	불만스러울 때
^_^	전형적인 미소	'－_－'	심통났을 때

<table>
<tr><td>^____^</td><td>기분이 아주 좋을 때</td><td>(‘o’)</td><td>비명지르기</td></tr>
<tr><td>o(^o^)o</td><td>귀여운 표정</td><td>{{(>_<)}}</td><td>엄청 추울때</td></tr>
<tr><td>~: − (</td><td>머리에서 열날정도로 삐졌을 때</td><td>(X_X)</td><td>몸이 좀 안 좋아</td></tr>
<tr><td>~~: − w</td><td>머리에서 김날 때</td><td>(@u@)</td><td>어지러울 때 1</td></tr>
<tr><td>~~:I</td><td>머리에 뚜껑 열렸을 때</td><td><@_@></td><td>어지러울 때 2</td></tr>
<tr><td>>: − @</td><td>극도로 열받았을 때</td><td>Θ_ Θ</td><td>맛이 간 눈 1</td></tr>
<tr><td>*(</td><td>화가나서 찡그릴 때</td><td>ご ご</td><td>맛이 간 눈 2</td></tr>
<tr><td>;(</td><td>화가 났을 때</td><td>*.*</td><td>맛이 간 눈 3</td></tr>
<tr><td>> − <</td><td>격노했을 때</td><td>=.=</td><td>맛이 간 눈 4</td></tr>
<tr><td>: − &</td><td>난감할 때</td><td>ㅣ. ㅣ</td><td>맛이 간 눈 5</td></tr>
<tr><td><:</td><td>실망~</td><td><g.g></td><td>피곤할 때 1</td></tr>
<tr><td><: − o</td><td>이크~!</td><td>)| − [</td><td>피곤할 때 2</td></tr>
<tr><td>: − |</td><td>거북스러울 때</td><td>∋.∈</td><td>피곤해서 쳐진 눈</td></tr>
<tr><td>: − ||</td><td>화나서 두턱 만들기</td><td>⊇.⊆</td><td>피곤해서 눈 밑에 기미생긴 눈</td></tr>
<tr><td>(: − …</td><td>눈물 흘리기 “주르륵”</td><td>(Z_Z)</td><td>너무 졸려~</td></tr>
<tr><td>:,(</td><td>슬퍼서 눈물 흘리기 “뚝뚝”</td><td>=.=</td><td>졸려서 눈꺼풀이 쳐진 눈</td></tr>
<tr><td>:’)</td><td>웃으며 눈물 흘리기 “뚝뚝”</td><td>Θ.Θ</td><td>졸려서 반쯤 감긴 눈</td></tr>
<tr><td>:~</td><td>다 울고 콧물 나오는 것</td><td>Φ. Φ</td><td>졸려서 성냥개비 꽂은 눈</td></tr>
<tr><td>:,</td><td>조금씩 나오는 눈물</td><td>− o −</td><td>하품하기</td></tr>
<tr><td>:~(~~</td><td>눈물이 턱에서 흘르기</td><td>~O~</td><td>입 크게 벌리고 하품하기</td></tr>
<tr><td>:</td><td>슬플 때</td><td>~o~</td><td>얌전하게 하품하기</td></tr>
<tr><td>:<</td><td>슬플 때 입 꼭 다물기</td><td>(g_g)</td><td>엄청 졸릴 때</td></tr>
<tr><td>: − \</td><td>입이 삐뚤어지게 슬플 때 1</td><td>?.?</td><td>나 자러갈래</td></tr>
</table>

(: -\	입이 삐뚤어지게 슬플 때 2	(u_u)	잠들었을 때 1
) -:	우울할 때	(=_=)~	쿨쿨~취침중일때
8	안경 쓴 아저씨 우울할 때	-.-	잠자기 1
: -e	실망했을 때	-,-	잠자기 2
: -c	시큰둥할 때	<u_u>	잠자기 3
o' !	굳게 다문 입술 1 (옆모습)	< - . - >	콜콜~ 잠자기
' !	굳게 다문 입술 2 (옆모습)	< - _ - >	쿠울~잠자기
o' ″	입술을 앞으로 내민 표정 (옆모습)	(- . -)Zzz..	콜콜콜~~ 잠자기
' ″	심통난 입술 (옆모습)	-.-ZZZZZZ...	코골면서 잠자기
o' T	경직된 얼굴 (옆모습)	'o'	기운 빠질 때
|: -|	매우 경직된 표정	@|@	컴퓨터를 너무 오래 사용했을 때 1
o' \	뚱한 표정 1(옆모습)	@L@	컴퓨터를 너무 오래 사용했을 때 2
' \	뚱한 표정 2(옆모습)	|O	입 크기 풀 하품하기
: -...	가슴이 찢어질 때	:O	눈뜨며 하품하기
: -<	짜증날 때	: -0	점잖은 하품하기
>: -*	새촘하게 삐졌을 때	:0)	껌둥이의 하품하기
~_~	슬픔을 꾹 참을 때	| -O	노멀한 하품하기
TmT	손으로 입을 막고 울 때	| -o	눈 가늘게 뜨면서 하품하기
' _	슬플 때 1	| -(==)	이빨 보이면서 하품하기
(' .)	슬플 때 2	o' U	크게 하품할 때 1(옆모습)
ㅠ.ㅠ	주룩주룩 내리는 눈물	' U	크게 하품할 때 2(옆모습)
ㅜ.ㅜ	눈물이 눈에 맺혔을 때	| -I	잠들었을 때 1
		| -)	잠들었을 때 2

이렇게 여러 가지 기호를 사용하여 표정을 전달하는 방법은 문자로만 의사를 표현할 수 있는 통신언어의 결점을 보충하려는 노력으로 볼 수 있는데 이런 기호들을 사용해서 표정을 묘사하는 것은 다음 절에서 살펴볼 이모티콘의 한 가지 예이기도 하다. 이런 기호 사용 외에도 의성어, 의태어, 감탄사를 사용하여 의사를 전달하기도 하는데, 특히 의성어는 표정이나 음성적 차이를 반영하지 못하는 통신언어 상에서 자신의 감정을 드러내고 말을 이어주는 중요한 구실을 한다. 가장 많이 사용되는 의성어는 '웃는 소리'이다. 웃눈 소리에 쓰이는 의성어로는 '아행행, 푸하하, 냐하하, 쿠첼첼첼, 호호호, 하하하, 히히히, 헤헤헤, 거득키득, 카각카, 까하하' 등 자신의 개성에 따라 다양하게 쓰이는데, 웃음의 길이를 '하', '하하, '하하하, '하하하하하하히하' 와 같이 철자의 반복으로 표현하기도 하며, 'ㅎㅎㅎ, ㅋㅋㅋ, ㅋㄷㅋㄷ'과 같이 모음을 생략한 형태로 표현하기도 한다. 그리고 놀람을 나타내는 감탄사도 '어머, 이크, 우와, 오홀, 우씨, 에궁, 호오, 허걱' 등과 같이 개성에 따라 다양하게 쓰이고 있다. 다음은 의태어를 시용한 예이다.

휘리릭	대화방에서 사라지는 것을 의미
으쓱으쓱	칭찬을 듣고 자랑스럽거나 뿌듯하여 어깨를 들썩이는 모습
삐질삐질	당황하여 땀을 흘리는 모습을 의미

음성이 담기지 않아 나타나는 현상의 예

음성이 담기지 않기 때문에 이를 표현하고자 나타나는 현상의 첫 번째로 자신의 발음을 그대로 상대에게 전달하려는 시도에서 나오는 표현으로 맞춤법에 어긋난 모습을 보이게 되는 경우이다.

제발 가지마로	제발 가지 말어	따랑해	사랑해
화 안내면 가쥐	화 안내면 가지	방가워	반가워
언능	얼른	시로	싫어

다음으로는 음운 탈락이나 축약이 일어난 말을 소리 나는 대로 표기하는 경우를 나타내고 있다.

진짜 조아	진짜 좋아	마니	많이
추카추카	축하 축하	시퍼	싫어
마자마자	맞아맞아	무러봐도	물어봐도
어리자너	어리잖아	이써요	있어요
드뎌	드디어	비됴	비디오
겜	게임	토욜	토요일
셤	시험	추카함다	축하합니다
멜	메일	글쿠나	그렇구나
먄	미안	편케	편안하게
라됴	라디오	나올 수 있는 사람 손!	나올 수 있는 사람 손들어보세요
소개여	소개해주세요	나 전주 살아요	나 전주에 살아요

다음은 애교스러운 음성을 담은 것으로서 정서 상태를 표기한 경우로 주로 어미의 끝에 'ㅇ, ㅅ,ㅁ, ㅂ' 등을 첨가하여 사용하게 된다. 즉 '그런강, 빠이룽, 없당, 예쁘당, 없엉, 가버렸냉, 하잇, 방갓, 잘 지냈는감, 되세염, 그런감, 아닌감, 나가지마염, 넵, 얍' 등이다.

신속성 때문에 나타나는 현상의 예

신속성 때문에 통신언어에 나타나는 현상으로는 말을 간략히 줄여서 사용하거나 약어를 포함하고 있는 은어를 사용하게 되고, 띄어쓰기를 무시하고 표기하게 되는데 다음은 말을 줄여서 사용하거나 은어를 사용한 경우를 나타낸다.

설	서울	즐통	즐거운 통신, 즐거운 통신 되세요
젤	제일	어솨요	어서와요
잼	재미	당스	당연한 스토리
겜	게임	눈팅	눈으로 하는 채팅-통신에서 말없이 상대방이 하는 이야기만을 모니터를 통해 지켜보는 것
앤	애인	졸팅	졸면서 하는 채팅
샘	선생님	취팅	술마신 뒤 하는 채팅
정모	정기모임	몰팅	몰래하는 채팅
통장	통신장애	방장	방의 장 : 대화방을 처음 만든 사람
통친	통신친구	비방	비밀 대화방
강퇴	강제퇴장	비게	비공개 게시판
영퀴	영화퀴즈	잠수	대화방에 들어와서 말없이 있는 것을 의미
비번	비밀번호	번개	사이버 공간이 아닌 실제 공간에서 빠르게 만나는 것을 의미
셜녀	서울여자	도배	대화방에서 자기 혼자 같은 말만 반복히는 것, 게시판에서 같은 글을 연속적으로 올라는 것
남친	남자친구	유령	대화방에서 대화명이 없는 경우나 통신 동호회에서 가입만 하고 활동이 없는 회원
여친	여자친구	짤리다	대화 도중에 접속이 강제로 끊어지는 것을 의미
잠만	잠깐만	직찍사	직접 찍은 사진
핸펀	핸드폰	즐겜	즐겁게 게임하세요
컴	컴퓨터	고	시작하세요

금	그럼	ㅅㄱ	수고하세요
멀	무엇을	ㄴㄱ?	누구세요?
뷁	엄하다	ㄱㅅ	감사합니다
나감	나가면		
씹다	무시하다		
뽀대	멋있다		

통신언어는 우리나라에서만 사용되는 것이 아니라 전 세계적으로 나타나는 현상으로서 앞에서는 우리나라에서 사용되는 통신언어를 살펴보았고, 다음은 외국에서 볼 수 있는 통신 언어의 한 예를 나타낸다.

lol	laugh out loud (크게 웃는다는 뜻)
gtg	got to go (ex) i've gtg. (나 이제 가야해)
asl?	age/sex/location (처음 만났을 때 나이, 성별, 사는 곳 물어볼 때)
plz	please
brb	be right back
nope	no
yup	yeah = yes
sup	What's up
Cu	see you

실제 게시판에 올라와 있는 통신언어의 예

1. 소갯글
萬 *** 女中 안틱 클럽입늬돠 마 늬 마 늬 가 입 해 쥬 세 효 탈 퇴 는 금 물 입 늬 닭
(만 *** 여중 안티 클럽입니다 많 이 많 이 가 입 해 주 세 요 탈 퇴 는 금 물 입 니 다)

2. 공지中
학겨게서 이 클럽에 마니 널러온다는 소리를 들엇는데 거맙꾸여^^히히
(학교에서 이 클럽에 많이 놀러온다는 소리를 들었는데..고맙구요^^히히)
근데 왜 글을 안냄기나여???
(근데 왜 글을 안 남기나요?)
궁금하네….
(궁금하네….)
글좀 마니 냄기구. 굽 ##ㅏ##ㅏ
(글좀 많이 남기구..그럼 빠이빠이)

3. 사진란에..
[마늬허접]ㅡ_ㅡㅇㅇ*믜가 빠릐에 떠똬∩∩ - By 긔족*혁TM
([많이허접]*미가 파리에 떳다 by 귀족*혁)
뒨따 넘 싐싐하길퀘..
(진짜 너무 심심하길래)
연습쏴봐 해또흙..ㅡ_ㅠ
(연습삼아 했어요)
마늬 허졉 하뎌? :
(많이 혀접하죠?)
글애더 이해해듀석거.. ㅡ_ㅡㅇㅇ
(그래도 이해해주시고)
금....
(그럼)

1.2 이모티콘

1.2.1 이모티콘의 정의 및 특정

이모티콘(Enloticon)은 감정(Emotion)과 아이콘(Icon)의 합성어이다. 컴퓨터 자판의 분자와 기호, 숫자 특수문자 등을 적절히 조합해서 미세한 감정이나 특정 인물, 직업, 사물을 묘사하여 의미를 전달하는 사이버공간 특유의 언어이다. 이모티콘을 쓰면 화자의 감정을 정확하게 알렬 수도 있다. 사람의 감정 표현에서 출발해서 각종 사물과 간단한 스토리까지 만들 수 있는 이모티콘은 건조해지기 쉬운 인터넷상의 의사소통(Communication)을 좀더 정감 있게 만들어 주는 사이버상의 공용어 혹은 수화와 같은 매우 유용한 의사 전달 수단이다. 이모티콘 사용의 장점으로는 다음과 같은 것이 있다.

① 문자나 기호 등을 통한 센스 있는 언어구사가 가능하다.
② 이모티콘이 있음으로 현재 자신의 미묘한감정 표시가 가능하다.
③ 이모티콘을 표현함으로서 추리와 상상력이 풍부해진다.
④ 채팅을 보다 더 재미있고 유익하게 할 수 있다.
⑤ 긴 문장의 글보다도 더욱 정확한 의사전달을 해 줄 수 있다.
⑥ 말이 통하지 않는 외국 사람에게도 느낌이나 인상을 주고받을 수 있다.

1.2.2 대표적인 이모티콘

앞 점에서 기호를 사용하여 표정이나 동작을 나타내는 것도 이모티콘의 한 종류이고 다음과 같은 표현도 대표적인 이모티콘의 한 종류이다.

<table>
<tr><th>꽃비</th><th>사랑</th><th>졸려?</th><th>화창한 목요일~</th><th>화이팅</th></tr>
<tr>
<td>＼。＼。＼。＼。
＼♧＼♧＼♧＼♧
＼。 널 닮 은 꽃 비
＼＼♡사랑해요♡
＼＼ ＼ ＼ ＼</td>
<td>┌··♣♧··──┐
♧상쾌한화요일♣
└──··♧♣··┘
행운만땅~아자^O^
활짝웃는하루~!</td>
<td>ご..ご 졸려?
⊙⊙∞ 눈크게떠!
☞_☜ 눈지압하고
(>_<) 눈꼭감고
⊙.⊙ 눈뜨기!</td>
<td>·········· ··△▷ノ
화창한 ◁▽
◁△ 목요일~
▽▷행운가득하길
ノ·· ···············</td>
<td>。 * ○
☆＼●♡●/"
° ■＼/▶☆。
====‖===‖=====
자기야!!화이팅!!</td>
</tr>
<tr><th>키스데이</th><th>키스데이</th><th>점심같이먹자</th><th>졸지말고냉커피원</th><th>비와요 안전운전</th></tr>
<tr>
<td>뽀뽀4단계:
(+－.－)(－.－+)눈
치(－.－)(－.－)
접근("<>") 실행
(^O^*)(*^.^)만족</td>
<td>q☎.,☎p
~ (* ♥*) ~ ~
~(☞メ☜) ~
오늘은 키스데이
나뻐뻐해졍~언능</td>
<td>.*" ^''''^*.
: /＼ /＼ : ○
* " ┌─┐ " *//
"*...＼_/.*"//
점심같이먹자~^^;</td>
<td>◆□/ (_ __ *)
□◇■ 졸지말고
│커│션한냉커피
│피│원샷하삼－
└─┘ ＼(^O^)/</td>
<td>//∞ 비와요∞//
∞//안전운전^^
┌──┐ / //
┌┘ ㅁㅁ └┐ ∞
└⊙──⊙┘ (^^)</td>
</tr>
<tr><th>파전에 동동주 한잔</th><th>찌푸둥한 날씨</th><th>꼬옥안아줄께</th><th>우산챙기셈</th><th>비오는 오후 커피</th></tr>
<tr>
<td>)) .*"'"*. ((
((: 파전 :))
♨ '*...*' ♨
비올땐..
파전에동동주한잔</td>
<td>비오고..찌뿌둥한
날씨..기지개켜고
(/^▽^)/ 아자~
＼(^0^)/ 읏샤!
(*^－^*) 힘내요</td>
<td>이렇게∞비오는날
우울해지지않도록
내가꼬옥안아줄께
(^^)..)つ♥사 (つ
♡と) 랑해</td>
<td>°ρ。 비가 。
__│__온다~ °
＼★ 。/。
°＼☆/우산
。 ∨챙기셈^^</td>
<td>))) 비오는
│~~ ┣┓ 오후에
│ ┣┛ 그윽한
└─┘ 커피향
행복한오후..♡</td>
</tr>
<tr><th>난할수있다</th><th>Have a Good Day</th><th>맛난 점심</th><th>실버데이선물셋트</th><th>복날삼계탕</th></tr>
<tr>
<td>┌┬┬┬┐ I
┌┴┴┘┘┘ can
│┌─┘☆│ do
└─┐ ┌─┘ it!
난할수있다!㉴㉶</td>
<td>'::..:..:..::.:
:..:..::':..:':.
♧°'.:♧♧°:♧¯¯
¯¯¯¯¯¯¯ Have
a Good Day</td>
<td>.*""*..*""*.
: 맛난 점심 :
"*. ☆ .*"
'*..*'
제사랑과 함께</td>
<td>실버데이선물이야
----♡---목걸이
==♡== 반지
~~*♡*~~ 팔찌
셋트!사랑해~♥</td>
<td>♣ 꼬꼬댁~
(^♡^) 오늘은
<( )> 복날!!
우우삼계탕먹고
몸보신하세요~</td>
</tr>
<tr><th>소중한</th><th>사랑의 안테나</th><th>좋은6월</th><th>키스데이선물</th><th>나만담아주세요</th></tr>
<tr>
<td>.*" "*. .*" "*.
* ＼● ●/ *
'*. ■∨▲ *'
♡ '*‖ ‖*'♡ 소중
한사람입니다</td>
<td>▽ ■
‡ ■■
† ■■■
♡ ■■■■
사랑의안테나</td>
<td>◁ △좋은6월
△/¯¯＼▽~♥
│⌒∀⌒│웃는
◁＼___/▷한달
♥~▽ ▷되셈~</td>
<td>┌─────┐
│)))) ///// │
│@ ')**(' @│
└▧▨──▶◀┘
평생 뽀뽀 쿠폰</td>
<td>이♡ ♧======♧액
//s▶◀s// │자 //(^
▽^)// │에♧
======♧－－┘
*나만 담아주세요</td>
</tr>
</table>

가슴이콩닥콩닥	5월마지막한주	힘차게	자기 파이팅	생일축하합니다
너만보면가슴이♥ ┌ㅋ──ㅋ──♡ │ㅗ⊂ ├ㅗ⊂ ├│ └◎─つ◎─つ┘ 정말사랑하나봐^^	├O────O┤ oo oo ＼(^ - ^)/ [===] oo ★5월 / ＼마지막 한주~화이팅~★	…★ ☆‥★ ☆ ☆ *오늘도..... <●/ 힘차게..... ■ 시작해요... /＼ ♬♬♬♬	///. 오늘도 (^.^) 열심히~ ㅓ ├─ 뛰세여! ┌┘ 자기--- *홧팅*	♠♠♠♠ ※iiiiiii※ ※ ┌♣:축:♣┐ ※ ┌"★생♡일★"┐ 생일축하합니다

전화해	자기를 사랑해요	에어컨	아이스크림	투자해줘 응
♡♡‖ //☎//// ┌──┤ 자기야,♬ │▦│ 전화해♡/ │=│(^^)/놀아 └──┘ 줄께(~.^)	♥ ㅇi 손 ● ♥● 절대 /■＼/▲> 놓ㅈi ‖ ‖ 말ㅈr 자기를 사랑해요	┌──┐ ~♧ 끈적한 │▥│ ~더위날려 │=│~♧ 버려^^ │。│시원하지? └──┘ (^0^)/	♡♡ 덥지? (☆★☆)아이스크 ▩▩▩▩림먹고.. ▩▩▩ 더위식혀 ▩▩>------▶	도 ├┤ ┤ ㄹ ├ ㄴ ㄴ┘ ┤ ┐이당 ⑩ ⑩) ⑩ ⑩ (⑩⑩ ⑩ ⑩)⑩) ＼(;⊙.⊙)ノㅋ

자갸 최고	생일축하	배터리없니~???	잘자~♥	저만큼
♥ q∩ .. ≤p ┌┐ ▽ ┌┐♡ ┌┴┤ ♥├┴┐ │≡│자갸│≡│ ♡─┘ 최고 └─┘	★☆ii★☆ ┌──♡──┐ ┌"─☆─☆─"┐ ☆★~HAPPY~!★☆ [★BIRTH★DAY★]	┌────┐ ■ │0% └────┘ 배터리없니~??? 연락좀하면서살자	㉨├ @@@@ ㅈ├ ㉣ (──) * * ┌=u==u=┐ * │ ♥ │ * └───┘	*: /)/)((＼ :* *:(..)(..*):* *:(づ♡て):* 저만큼있어도마음 은늘함께있어요◈

파이팅	너를 위한 맑은공기	보고싶어~	삼겹살먹는날	힘들지
☆)) ㉵㉶ ((★ ＼(^^)/ ＼("*)/ ■ ■ ┘┐ ┌└ 오 늘도◈화이팅◈	○" ★─‥ ★ /＼ /＼★ /＼/ ♤＼/♤ ＼ 맑은공기 느껴져?	(*..)(..*)(*..) (..*)(*..)(..*) (*..)(..*)(*..) 어디있는고얌~ 보고싶당♡.♡	♡ <)^. .^(> ☆ ☆ ("(00)") ___V_____V__☆ 3월3일삼겹살데이 우리돼지먹는날^^	● /▲ ●/ ┌┴──☆┐ ▲ │힘들지│ ‖ └☆───┘

다음은 메신저에서 사용할 수 있는 이모티콘의 예이다.

이모티콘		입력 문자	이모티콘		입력 문자
	미소	:-) 또는 :)		입을 벌리고 하하하	:-D 또는 :d
	깜짝이야	:-O 또는 :o		메롱~	:-P 또는 :p
	윙크	;-) 또는 ;)		슬퍼	:-(또는 :(
	어지러워	:-S 또는 :s		실망인걸	:-| 또는 :|
	울보	:'(		부끄러워	:-$ 또는 :$
	아~더워라	(H) 또는 (h)		화났어	:-@ 또는 :@
	천사	(A) 또는 (a)		악마	(6)
	입 열면 안돼!	:-#		뽀드득~	8o|
	헤헤	8-|		쳇!	^o)
	비밀인데 말야~	:-*		아파요	+o(
	모르겠는걸	:^)		열심히 생각 중...	*-)
	신나는 파티~	<:o)		음.. 글쎄	8-)
	아~ 졸려	|-)		커피잔	(C) 또는 (c)
	잘 했어!	(Y) 또는 (y)		엉망이군	(N) 또는 (n)
	맥주 한 잔	(B) 또는 (b)		마티니 잔	(D) 또는 (d)
	소녀	(X) 또는 (x)		소년	(Z) 또는 (z)
	왼쪽으로 포옹	({)		오른쪽으로 포옹	(})
	박쥐	:-[또는 :[		생일 축하해요	(^)
	따뜻한 마음	(L) 또는 (l)		상처 받은 마음	(U) 또는 (u)

이모티콘		입력 문자	이모티콘		입력 문자
	쪼옥~	(K) 또는 (k)		선물이야	(G) 또는 (g)
	빨간 장미 한 송이	(F) 또는 (f)		시들어 버린 장미	(W) 또는 (w)
	카메라	(P) 또는 (p)		필름	(~)
	고양이	(@)		강아지	(&)
	수화기	(T) 또는 (t)		전구	(I) 또는 (i)
	음표	(8)		초승달	(S)
	별	(*)		편지	(E) 또는 (e)
	시계	(O) 또는 (o)		메신저 아이콘	(M) 또는 (m)
	달팽이	(sn)		까만 양	(bah)
	접시	(pl)		그릇	(||)
	피자	(pi)		축구공	(so)
	자동차	(au)		비행기	(ap)
	우산	(um)		떠나자아~~~	(ip)
	컴퓨터	(co)		휴대폰	(mp)
	먹구름	(st)		번개	(li)
	동전	(mo)			

1.2.3 이모티콘의 효과

직접 짧은 글을 쓰되, 하나는 일상생활에서 사용하는 문어체를 사용해서 다른 하나는 이모티콘을 사용해서 직접 써 본 다음, 이모티콘의 효과를 비교 해보기로 한다.

(1) 보통 글씨체(원문)

안녕?
냐는 중앙대 컴퓨터 공학과에 다니고 있어 컴퓨터 윤리과목 리포트를 작성하고 있는데 지금은 새벽이란다. 그래서 지금 너무 졸려.
학교생활은 꽤 재미있다. 무엇보다 수업이 여유로워서 내가 하고 싶은 것을 할 수 있는 시간이 많다는 것이 제일 좋은 것 같다.
참! 조금 있으면 내 생일인 것 알지? 생일 선물 사주연 내가 예뻐해 줄게 알았지? 선물 안 사면 죽는다~
아~ 정말졸리다! 이제 자야겠다.

(2) 이모티콘 사용

안녕? ^.^;;
나는 중앙대 컴퓨터 공학과에 다니고 있어. 컴퓨터 윤리과목 리포트를 작성하고 있는데 지금은 새벽이란다. 그래서 지금 좀 졸려.(－.－)Zzz..
학교생활은 꽤 재미있다.*^^* 무엇보다 수업이 여유로워서 내가 하고 싶은 것을 할 수 있는 시간이 많다는 것이 제일 좋은 것 같다.ㅋㅋㅋ
참! 좀 있으면 내 생일인 것 알지? ^____^ 생일 선물 샤주면 내가 예뻐해 줄게.
(^)_(^) 알지? 선물 안 사면 주거~(>_<)
아~ 정말 졸려! 이제 자야겠다.o' U

위에서 보면 한눈에 비교가 될 만큼 ②번의 경우가 더 친근감을 주고 있음을 알 수 있다. 또한 감정표현의 말들을 말로만 하는 것보다 더 효과적이고 직관적으로 전달해 주고 있음을 알 수 었다. 즉 글로 쓸 때는 다소 딱딱하거나 무미건조한 문어체가 되기 쉬우나 ②번의 경우에서는 마치 구어체 같이 가까운 느낌을 주고 있다.

반면에 ① 번의 경우에 비해서 ②번의 경우는 내용은 같지만, 가벼운 느낌이다. 그래서 장난스러워 보이거나 진지하지 않는 글처럼 보일 수 있다. 또한 너무 어려운 이모티콘을 사용한 부분(o' U : 하품을 나타냄)에서는 오히려 무슨 뜻이나 감정을 나타내는지 파악하기 힘들 수도 있다는 단점도 있다.

1.3 통신언어와 이모티콘 사용의 문제점 및 올바른 자세

1.3.1 문제점

통신언어와 이모티콘의 사용으로 초래되는 문제점으로는 내용상의 문제와 형식상의 문제가 있다. 내용상의 문제로는 언어 사용에 대한 특별한 검열 체제가 마련되어 있지 않은 상태이고 사이버 공간에서 자신이 누구인지 알려지지 않는 다는 익명성 때문에 무책임하게 '욕설'이나 '음란한 발언', '비속한 표현' 등이 자주 쓰이고 있다는 점이다. 이런 비속어나 은어와 같은 불건전한 언어의 사용은 컴퓨터 통신에 입문하는 경우 혼란을 일으킬 수 있고, 일반적으로 통신을 사용하는 사람들에게 불쾌감을 유발시키며, 언어발달이나 국어순화에 악영향을 끼치게 된다. 형식상의 문제는 일상생활에서 사용되는 언어의 맞춤법과 띄어쓰기가 무시는 것은 물론이고 최근에는 심각한 언어 파괴 현상까지 나타나고 있다. 일부 계층의 네티즌들만이 이해할 수 있는 새로운 언어들이 계속 만들어진다는 점이다. 또 다른 문제점이라면 통신언어가 통신에서만 사용되는 것이 아니라 일상 언어로서도 사용되기도 한다는 점이다. 단편적인 예로 앞으로 언어 생활을 이끌어 갈 청소년들이 무분별한 통신언어와 이모티콘의 사용으로 맞춤법을 제대로 모르는 경우가 비일비재하다는 점도 간과할 수 없는 문제이다.

1.3.2 올바른 자세

어떤 사람들은 "통신언어의 사용이 문법이 바뀔 정도로 큰일이었나요?"라고 말하기도 하는데, 그렇다면 통신언어는 마음대로 만들고 변형해도 괜찮은 것인가? 앞에서 살펴보았듯이 통신언어는 컴퓨터 통신이라는 특수한 분야에서 사용되는 방언(方

言)이다. 이렇듯 통신언어를 사회적 방언의 하나로 볼 수 있는 것이다. 방언은 그 사회의 구성원을 결속시키고 그 사회 안에서 원만한 의사소통을 이루게 하지만, 그 사회를 떠나면 오히려 의사소통에 장애가 될 수 있다. 우리가 표준어를 배우는 것은 이러한 이유 때문인데, 통신 언어를 사용할 때에도 의사소통의 문제를 생각해 보아야 한다. 지나친 방언의 사용이 의사소통에 장애가 되듯이 마음대로 만들고 바꾸어 쓰는 통신언어는 의사 전달에 장애가 된다. 다음과 같은 '?〉!' 부호는 무엇을 나타내는지 그 의미가 모호한 것도 그 예가 될 것이다.

통신언어와 이모티콘을 사용하는 올바른 자세로서 통신 예절에 대해서 생각해 보자. 말에 의해 오해가 풀리고 친밀감이 형성되기도 하지만, 말 한마디 때문에 오해가 생기는 경우도 있다('아'다르고 '어' 다르다). '마마보이'라는 단순한 놀림이 주먹싸움으로 커질 수도 있다. 더군다나 통신 상황에서는 자신과 상대의 모습이 드러나지 않기 때문에 바람직하지 못한 언어가 마구 사용되기도 한다. 노골적으로 상대를 조롱하는 말을 하거나 직접적으로 욕설을 퍼붓기도하며, 비속어를 사용하기도 한다. 이런 비정상적인 언어 사용은 그 사회를 깨뜨리게 된다. 교통의 흐름을 원활히 유지하기 위해 교통 규칙이 있듯이, 원만한 통신을 하기 위해서는 통신 예절이 필요하다. 통신을 할 때에는 반드시 상대에 대한 이해와 배려가 필요한데 이것이 서로 바람직하게 대화를 이어나갈 수 있는 기본적인 예절이 될 것이다. 지나치게 문법을 파괴하는 행위도 반성해야 한다. '너 말 잘 하시네여'와 같이 모순된 높임 표현은 상대를 조롱하는 행위이다. 대기가 오염되면 시야가 흐려지듯이 언어가 혼탁해지면 그 언어를 사용하는 사회도 혼탁해지게 된다.

끝으로, 언어가 언어의 구실을 제대로 하려면 송신자와 수신자 간에 믿음이 있어야 한다. 그러기 위해서는 먼저 책임감 있는 언어를 사용하는 자세가 필요하다. 확인할 수 없다고 해서 지나치게 과장하여 말하거나 거짓말을 하면 믿음을 잃게 되고, 결국은 의사소통이 불가능하게 된다.

본 장에서는 통신언어와 이모티콘에 대해서 살펴보았다.

정리해보자면 통신언어를 시용하면 의사전달을 간단하게 할 수 있고 친밀감이 들고 타이핑을 하는데 시간이 적게 들기 때문에 경제적이다. 하지만 언어 파괴현상이 나타나게 되고 정확한 의미를 전달하지 못하게 된다. 이모티콘의 사용은 감정 표현 등이 빠르게 표현될 수 있으며 이해 전달 속도가 빠르지만 서로 이해하지 못하면 의사소통이 저해될 수 있다.

통신언어의 무분별한 사용으로 언어 파괴현상이 나타나지 않도록 하기 위해서는 일상 언어생활과 통신 언어생활을 명확히 구분하여 언어생활을 할 필요가 있다. 통신언어에 나타나는 여러 현상은 통신언어 사용에 국한시켜, 일상 언어의 규범을 흔드는 일이 없도록 해야 할 것이다.

바람직한 현상으로서 통신언어 사용을 자제하자는 자발적인 노력이 시작되고 있는데, 현재 많은 홈페이지들이 게시판이나 대화방에서 통신언어의 사용을 자제해달라는 공지를 내걸고 있다. 또 언어파괴 현상을 놓고 10대들 내부에서도 비판과 자성의 목소리가 높아지면서 10대들이 주축이 되어 만든 아이두넷(www.idoo.net)은 최근 '10대들의 언어파괴 중단' 캠페인을 시작했다. 아이두넷의 언어파괴 중단 캠페인에는 10대들의 동참이 이어지고 있고, 게시판에는 "외계어" 같은 "통신언어는 자제해야 한다"는 내용의 글이 매일 100여건씩 올라오고 있다. 다음은 아이두넷 게시판에 올라온 게시물의 일부이다.

> 10대를 공략하는 일부 인터넷 업체들이 10대 또래 시장 타켓에게 공감대를 얻기 위해 거친 어법과 욕설, 파괴된 언어를 주도적으로 유포시킨 것도 문제입니다. 채팅이나 커뮤니티 사이트를 운영하는 업체들이 자사 수익성 확보에만 매달린 채 사회의 공익성과 언어 파괴 문제에 관해 고민을 하지 않은 책임도 있습니다.
>
> 무엇보다도 급속하게 변화하는 네트워크 사회에 따라가지 못하는 우리 교육과 사회시스템에 가장 큰 문제가 있다고 하겠습니다. 제일 큰 책임은 언어가 서서히 파괴되는 현상에 마치 공기의 가치를 발견 못하듯 무심코 지나간 우리 네티즌, 특히 유행에 적응하기 위해 어쩔 수 없이 글자를 파괴시킨 청소년과 젊은 네티즌들에게 있습니다.

이제 사회 각계각층과 많은 인터넷 기업들이 이점에 대해 깊이 반성하고, 우리 네티즌들의 의사소통 장애를 해소하고, 특히 10대들의 언어 파괴 현상을 극복하기 위해 뭉치고자 합니다.
언어파괴 게시물에 대해 반성을 촉구하는 답장을 달아줍시다. 우리 스스로 자신들의 달라진 어투를 발견하며 반성합시다. 언어파괴는 자멸을 뜻합니다. 또래 간, 세대간 의사소통을 원활히 하기 위해 올바른 언어를 사용합시다. 온라인에서 존재하는 한글은 우리의 큰 재산업니다. 올바른 한글을 지켜 나가도록 우리 모두 노력합시다.

1.4 통신언어에 관련된 보도자료

① 감탄사로 바뀐 '씨바'와 '졸라'

〈민정배 / 사이버문화연구소장〉

채팅을 처음 시작하는 사람이라면 채팅방에서 사용하는 독특한 언어 때문에 당혹감을 느껴본 경험이 있을 것이다. "안녕하세요"를 "안냐세요"로, "반갑습니다"를 "방가방가"로 표기하는 채팅방 고유의 인사말부터 시작해서 "ㅎㅎㅎ, "ㅋㅋㅋ" 같은 웃음소리나 각종 이모티콘을 동원한 다양한 얼굴표정에 이르기까지 인터넷 공간에는 이상하고 신기한 통신언어의 세계가 무진장 펼쳐져 있다. 그런데 이러한 네티즌들의 통신언어를 못마땅한 눈길로 바라보며 우려하는 목소리가 여기저기에서 많이 들려온다. 과도한 축약어, 맞춤법을 무시한 비어, 그리고 은어의 남벌이 문법을 파괴하고 우리말을 오염시킨다는 지적이다.

이미 널리 알려진 대로 원래 이같은 표기 방식은 타이핑 회수를 줄임으로써 전화비를 아끼기 위한 일종의 경제적 전략으로 개발한 것이다. 통신언어의 사용을 옹호하는 사람도 신속한 의사소통을 통한 통신비 절약 효과를 주된 근거로 들고 있다. 하지만 이미 많은 가정에서 ADSL을 통해 월 정액제로 인터넷을 이용하는 오늘날에는 설득력이 떨어지는 설명이다. 오히려 지금의 통신언어는 통신비 절약보다도 네티즌들만이 갖는 하위문화로서의 의미가 더 크다고 할 수 있다.

■ **통신언어 이젠 양지에서 수용을**

사실 조금만 시야를 넓혀보면 하위문화로서의 고유한 언어를 구사하는 곳은 통신공간 이외의 다른 데서도 얼마든지 찾아볼 수 있다. 군대나 교회가 그러하고, 법률가나 의사와 같은 전문직 집단들도 마찬가지다. 일반인이 듣기에는 상당히 어색할 뿐 아니라 심지어 도무지 알아들을 수 없는 언어들이 그들 하위문화에 속한 사람 사이에서는 너무나 자연스럽게 통용되지 않는가? 통신언어 역시 그저 통신공간에서 통용되는 네티즌들의 고유한 하위문화일 뿐이다.

하지만 여전히 통신언어가 못마땅한 분들은 틀림없이 이렇게 반문할 것이다. 왜 하필 맞춤법을 헝클어뜨리고 문법을 파괴해야만 직성이 풀리느냐고. 그러나 알고 보면 그 대답은 아주 간단하다. 통신언어는 '글'이 아니라 '말'이기 때문이다. 통신공간에서 사용하는 언어가 모니터 위에 분자로 표현되기 때문에 우리는 자칫 이것이 글이라고 오해하기 쉽다. 하지만 네티즌들의 타이핑은 통신공간 위에 글을 쓰는 것이 아니라 말을 하는 행위인 경우가 훨씬 많다.

그리고 문법적으로 잘 정제되어 있어야 하는 글과 달리 말이란 원래 비문법적으로 사용한다. 아무리 화식이 높고 글을 잘 쓰는 사람이라 하더라도 그가 일상생활에서 사용하는 말을 그대로 글로 옮겨본다면 지극히 비문법적인 언어임을 쉽게 알 수 있을 것이다.

그래도 아직 통신언어의 문제점을 비판하는 사람에게 할 말이 남아 있음을 잘 알고 있다. 다른 것은 다 이해한다고 치자. 하지만 걸핏하면 '씨바'니 '졸라'니 하는 욕설을 사용하는 것만은 도저히 용납할 수 없다고 주장할 것이다. 딴지일보에서부터 비롯한 이같은 말투는 이제 네티즌들의 언어에서 흔히 나타나는 관용어같이 되어 버렸다. '씨바'나 '졸라'와 같은 단어는 분명 기존에 널리 사용하던 욕설에서 빌린 말이다. 하지만 지금 네티즌들 사이에서는 단지 강조를 나타내기 위한 감탄사나 추임새와 같은 용도로 사용하고 있을 뿐 욕설의 의미를 담지는 않았다. 비약일지는 모르겠으나 통신언어가 음지의 욕설을 양지의 감탄사로 순화했다고 칭찬이라도 해줘야 할일이다.

영어사전의 교본으로 평가되고 있는 옥스퍼드 영어사전이 최근 'B4(Before:전에)' 'TX(Thanks:고맙다)' 'BBL(Be Back Later:곧 돌아오마)' 'BCNU(Be Seeing You :나중에 보자)' 'HAND(Have A Nice Day:좋은 하루 되길)' 같은 줄임말과 '－)'(기쁘다) '－0'(놀랍다) '－Q'(이해할 수 없다) 등의 이모티콘을 정식으로 포함시킨 개정판을 발간했다. 언어는 동시대 사회현상을 대변하는 만큼 더 이상 통신언어를 무시할 수 없다는 것이 출판사측 설명이었다고 한다. 새로운 조류를 거부하고 배척하기보다는 오히려 적극적으로 수용하고 양지로 이끌어 내려는 자세가 돋보이는 대목이다.

■ **공중파 방송 '부끄', '즐' 등 통신언어 남용**

〈(서울=연합뉴스) 정성호 기자〉

공중파 방송사의 예능·오락 프로그램이 인터넷 등에서 사용되는 통신언어를 무분별하게 사용하고 있다는 지적이 제기됐다. 서울YMCA 시민중계실은 4일 지난해 11, 12월 두달간 KBS와 MBC, SRS 등 3개 공중파 방송사의 예능·오락 프로그램 102편에서 사용되는 통신언어 실태를 조사한 결과 자막을 포함, 모두 230회에 걸쳐 등장했다고 밝혔다.

조사 결과 '부끄' '추카' 등 줄임말과 ';;'등의 이모티콘은 이미 방송사마다 보편적으로 사용되고 있었고 이모티콘의 경우 출연자들의 모든 멘트 뒤에 붙여나올정도로 빈번히 쓰였다. '폐인모드' '면식수행(라면으로만 끼니를 때운다는 뜻)' '귀차니즘' 등 특정 인터넷 사이트 이용자만이 알 수 있는 언어도 등장됐고 '버럭' '허걱' '우쒸' 등의 감탄사도 자주 쓰였다. '뻰찌' '쪽팔림' 등의 은어가 시청자들을 혼란케했고 '즐' 등 인터넷 이용자들조차 좀처럼 뜻을 알기 힘든 단어들도 자막과 함께 쓰였다. 가족 구성원이 함께 모니터링한 경우 동일 프로그램을 보고도 세대와 계층에 따른 이해도가 달라 노인이나 주부 등은 시청 뒤 자녀들과 의사소통에 장애를 느꼈다고 서울YMCA는 지적했다.

서울YMCA는 "통신언어가 방송에서 자주 사용되면 일반인의 언어소통 장애를 가져올 수 있고 언어교육이 한창인 어린이와 청소년의 경우 언어 체계 전반에 나쁜 영향을 받을 수 있다고 지적했다.

서울YMCA는 이 조사 결과를 토대로 각 방송사에 통신언어 사용을 자제하도록 권고하는 한편 방송위원회에 부적절한 방송언어 사용에 대한 대책 마련을 요청할 계획이다.

③ 교육부 "인터넷 외계어 추방"

〈세계일보 - 조풍연 기자(jay24@segye.com)〉

"리하이, 내레 설사는 지은이와요"(안녕, 나 서울 사는 지은이에요), "방(가)붑 뜨 00, 羅 ⓡⓖ孝?"(반가워, 나 알지요?), '헐'(황당하다), '어이엄따'(어이없다). 학생 등 청소년 사이에 사용되는 언뜻 봐서는 의미를 알 수 없는 인터넷 언어를 순화하기 위해 교육인적자원부가 발벗고 나섰다.

교육부는 인터넷 언어를 순화하고 일상생활의 언어 예절을 효과적으로 가르칠 수 있는 교사용 지도 자료집인 '인터넷 언어순화, 생활속의 언어 예절'을 발간해 3월까지 전국 초중고교에 배포할 예정이라고 10일 밝혔다. 책자에 따르면 초중고교생 등을 중심으로 한 우리말 파괴 현상은 심각한 수준을 넘어서고 있다.

우리말을 무리하게 축약한 방가(반가워), 겜(게임), 짱나(짜증난다), 즐팅(즐겁게 채팅하세요)과 소리나는 대로 적거나 된소리를 내는 마자(맞아), 추카(축하), 어이엄따(어이없다), 띤구(친구), ㅂ('그만'과 비슷하게 꾸짖는 말) 등이 이미 인터넷을 통해 널리 퍼진 상태다. 또 은어인 껌이냐?(무시하냐?), 담탱(담임선생님), 또 단어 형태를 바꾼 이써여(있어요), 왔어염(왔어요) 등 본래 낱말의 형태를 왜곡하는 것도 눈에 띄었다.

하지만 이 같은 말은 음과 형태로 의미를 대충 짐작할 수 있는 데 비해 한글과 알파벳, 일본문자를 비롯한 각종 기호의 형태를 빌려 쓴 '외계어'는 뜻을 짐작조차 하기 힘들다. 인터넷을 통해 읍ㅎ°F를_ロてつ효_∩▽∩★(오빠를 믿어요), ゴゴδδ(웃음), ㅁЙ힐_ぜつじH㈜λı ㄲっズき¿?(메일 보내주실 거죠?), 요조夙女…♧(요조숙녀),よøぎビせコ_¤(안녕하세요) 등 뜻을 알 수 없는 용어가 난무하면서 '외계어'를

해석해 주는 사이트(http://tongjang.x－y.net/gg/start.php)까지 등장했다.

교육부는 이 같은 우리말 파괴 현상을 막기 위해 국립국어원과 정보통신윤리위원회 등과 함께 자료집을 제작, 교과수업과 특별활동 시간 등에 활용키로 했다. 교육부 박삼서 교육과정정책과장은 "학생들이 일상 언어를 올바르게 사용하도록 어문교육을 강화할 방침"이라고 말했다.

참고 및 사이트 ...

- 아이두넷 http://www.idoo.net
- 통신 언어의 특징과 문제점과 전망, http://deuxjji.hihom.com/book4.htm
- http://stud.kwc.ac.kr/~kwc1103/hangul.htm
- http://www.korean.go.kr/nkview/nknews/199909/14_5.htm
- http://dusl.x-y.net/cgi-bin/movabletype/archives/000004.html
- http://tongjang.x－y.net/gg/start.php

Chapter 02

인터넷 채팅

2.1 채팅이란?
2.2 채팅 방식에 따른 분류와 특징
2.3 채팅의 구성
2.4 채팅 구현 기술
2.5 대표적인 채팅 서비스
2.6 채팅의 문제점

2.1 채팅이란?

네트워크 상에서 여러 사용자가 다양한 주제를 가지고 실시간(real time)으로 모니터 화면을 통하여 대화를 나누는 것으로, 예전에는 키보드 입력을 통한 타이핑 방식의 채팅이 주를 이루었던 반면, 최근에는 영상 채팅과 아바타 채팅 등 다양한 방법으로 채팅이 이루어지고 있다.

2.2 채팅 방식에 따른 분류와 특징

2.2.1 타이핑 방식의 채팅

PC 통신 시절, BBS를 통해 다른 사람들과 의견을 나눌 수 있는 커뮤니티 공간이 생겨나기 시작하고, 실시간으로 채팅을 할 수 있는 대화방이 생기기 시작하면서 등장한 채팅 방식이다. 이 채팅 방식의 경우는 키보드를 통한 입력으로 대화가 가능한 텍스트 기반의 채팅 방법으로, 채팅의 기본이 되는 방식이다. 현재에도 많이 이용되고 있다.

특징

■ **키보드만을 사용하여 채팅을 한다.**

키보드는 컴퓨터의 기본적인 입력 장치로 손쉽게 접할 수 있다. 하지만 1장(통신 언어와 이모티콘)에서 살펴보았듯이, 키보드만을 사용하기 때문에 타자 속도가 느릴 경우 채팅 상의 상대방과 원활한 대화가 불가능하다는 단점이 있다.

■ **텍스트 형식의 대화**

텍스트 형식으로 의사소통이 이루어지기 때문에 채팅을 하는 동안 오고가는 데이터의 양이 적어 대화가 빠르게 이루어질 수 있다는 이점이 있다. 하지만, 멀티미디어를 많이 사용하는 요즘 사용자에게는 다소 지루함을 줄 수도 있다.

■ 채팅의 맛은 타이핑에 있다.

아무리 여러가지 멀티미디어적 요소를 이용해서 채팅을 하게 되더라도 채팅의 맛은 키보드 입력을 통해 대화를 나누는 것이라고 할 수 있을 것이다. 여러가지 방식의 채팅이 나왔지만 타이핑 방식의 채팅을 기본으로 하고 다른 방식이 추가되는 경우가 대부분이다.

2.2.2 음성 채팅

한때 사운드 카드의 보급과 멀티미디어를 이용한 채팅으로 네트워크 상에서 컴퓨터 모니터를 보며 헤드셋을 통해 음성으로 대화를 나눌 수 있는 음성채팅이 유행한 적이 있었다. 하지만 이 음성 채팅의 경우는 그다지 보급되지 않았으며, 지금도 많이 쓰이지는 않고 있다. 그 이유를 살펴보면 다음과 같다.

특징

■ 음성채팅은 전화 통화와 다를 것이 없다.

음성채팅의 경우 음성으로 상대방과 대화를 나누는 것으로, 전화나 핸드폰으로 대화를 하는 것과 크게 다를 것이 없다.

■ 컴퓨터는 대부분 공개된 장소에 있다.

전화나 핸드폰으로 대화를 나누는 경우 나만의 장소, 혹은 남들이 듣지 않는 장소에서 상대방과 대화가 이루어진다. 그러나 컴퓨터는 대부분 공개된 장소에 있으므로 컴퓨터를 사용하여 음성채팅을 하는 경우, 대화의 비밀성 보장 측면에서 선호도가 많이 떨어지게 되는 것이다. 반면 타이핑을 통한 채팅의 경우에는 주위 사람들이 일부러 보려고 애쓰지 않으면 볼 수 없다.

■ **음성 데이터는 텍스트 데이터보다 크다.**

음성 채팅의 특성상 상대방과 실시간으로 음성을 주고받아야 한다. 하지만 음성 데이터는 텍스트 기반 데이터보다 용량이 크므로 압축을 해서 전송해야 하고 받은 음성 데이터는 압축을 풀어야 한다. 또 네트워크 상태에 따라 전달지연과 끊김 현상이 발생할 수 있다. 하지만 최근 광대역 통신망의 발달로 인해 이런 문제는 점차 사라지고 있다.

이러한 음성채팅의 기술을 이용하여 인터넷 전화 서비스를 실시한 업체들은 큰 성공을 거두지는 못해왔지만 위에서도 언급했듯이, 광대역 통신망의 발달로 음질 문제를 많이 개선했고, 싼 요금을 경쟁력 삼아 저변을 확대하고 있다.

2.2.3 영상채팅

상대방에 대해서 전혀 모르면서 하는 채팅은 상대방을 점점 궁금하게 만드는 매력이 있다. 한지만 값싼 PC카메라의 보급을 통해서 이런 채팅에 대한 고정관념이 깨져버렸다. PC카메라를 통해 내 얼굴을 상대방에게 보여줄 수도 있고 상대방의 얼굴을 보면서 채팅을 할 수 있게 되었기 때문이다. 상대방이 어떻게 생겼으며, 어떤 표정을 짓고 있는지 어떤 자세로 대화를 하고 있는지를 알 수 있게 되었다. 이런 영상채팅은 현재 인기 있는 채팅방식이다.

하지만 최근 들어 영상채팅을 중심으로 음란채팅이 확산되고 있어 사회적 문제가 되고 있다. 성인들의 음란채팅과 만남은 그나마 개인의 문제에서 그친다. 청소년들의 음란채팅을 비롯해, 성매매와 원조교제의 통로로 이용된다는 문제에 이르러서는 법과 윤리를 흔들고, 급기야 청소년들의 탈선을 부추기는 부정적인 면을 보인다.

특징

■ PC카메라의 보급이 영상채팅의 보급을 촉진시켰다.

값이 싼 PC카메라가 나오게 되고, 이 PC카메라들이 전국 PC방에 보급되면서 영상채팅이 시작되었다고 봐도 무관할 것이다. 호기심에 한 두 번씩 해보게 되었다가 영상채팅의 매력을 느끼고 다시 영상채팅을 하는 경우가 많이 있다.

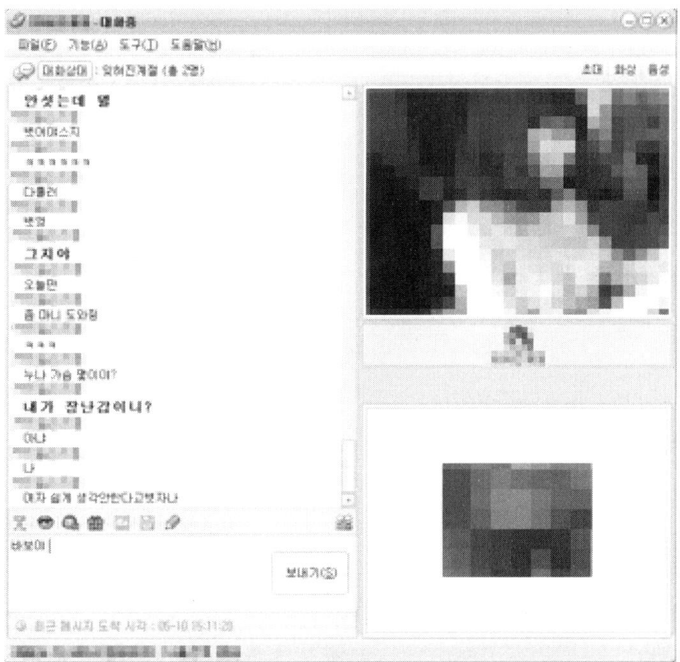

그림 2.1 음란 영상채팅

■ 영상채팅은 성형수술의 인기를 가져왔다.

영상채팅을 통해서 상대방의 얼굴을 볼 수 있게 되어서 좀 더 예쁘게 좀 더 멋있게 보이려고 하는 경향이 나타났다. 솔직히 예쁘고, 멋있는 얼굴이면 좋겠지만, 지구상에 살고 있는 사람 모두가 예쁘고 멋있다고 말할 수는 없을 것이다. 게다가 영상채팅 서비스를 하는 사이트에서는 인기 회원을 단지 외모 통해서만 뽑고 있는 실정이다. 이러한 환경을 통해서 개개인의 만족도를 높이기 위한 성형수술이 인기를 얻게 되었다고 우스개 소리로 말하고 싶다. 꼭 성형수술이 아니더라도 좀 더 예쁘게 멋있게 보이는 카메라 각도를 찾는다든지 하는 것까지도 포함하여 사람을 외모만 보고 판단하는 외모 지상주의로 변화하고 있는 것은 아닌지 되돌아봐야 한다.

■ **화상채팅은 상대방을 보면서 말할 수 있다.**

상대방과 타이핑으로 채팅을 하는 것과 더불어 상대방의 표정과 자세, 그리고 제스쳐도 볼 수 있으므로 다양한 표현과 의미 전달이 가능하게 되었다. 그리고 PC카메라를 이용해서 스틸 사진을 찍을 수 있기 때문에 많은 인터넷 사용자들이 손쉽게 프로필용 스틸 사진을 가질 수 있게 되는 계기도 마련하였다.

2.2.4 아바타 채팅

아바타 채팅은 단순하게 타이핑을 통한 채팅만 하는 것이 아니라 어떤 사이버 공간에서 자신이 만든 아바타를 통해 이동하면서 다른 사람과 대화도 하고, 그 외의 여러가지 부수적인 이벤트와 기능을 제공한다.

특징

■ **아바타 채팅은 채팅이 아니다.**

아바타 채팅은 채팅의 성질을 지니고 있지만, 엄밀히 채팅이라고 볼 수 없다. 그 안에는 다양한 이벤트와 게임 그리고 넓은 가상의 공간들이 있기 때문이다. 2D로 만들어지던 예전과는 다르게 요즘은 3D로 사실에 가깝고 화려하고 멋있게 만들어지고 있다. 아바타를 만들고 꾸미며, 게임을 하는 것이 주 목적이다. 즉, 채팅을 하는 것은 다른 사람과 대화를 하기 위한 부수적인 요소인 것이다.

■ **말 풍선이 뜬다.**

일반적인 채팅의 경우 한줄한줄 텍스트로 뜬다. 하지만 아바타 채팅의 경우, 가상적인 공간이며 아바타라는 캐릭터가 이야기를 하는 것이므로 타이핑을 할 때마다 각각 아바타의 주위에 말풍선이 뜸으로써 대화가 이루어진다. 이곳저곳에서 말풍선이 뜨기 대문에 집중력과 분석력이 뛰어나야 한다. 이렇듯 시야가 산만하기 때문에 상대방의 말을 놓치는 경우도 많다. 그래서 요즘은 텍스트식 표현과 말풍선식의 표현을 모두 사용하는 서비스도 늘고 있다.

2.2.5 게임 상의 채팅

온라인 게임 상에서 게임만 하는 것이 아니라 같이 게임을 하고 있는 다른 사람과 대화가 필요할 때도 있다. 그래서 게임에서도 채팅방식이 존재하고 있다. 게임상의 채팅은 게임 특성과 환경에 맞추어 채팅 환경이 구성되기 때문에 방식과 방법이 다양하다.

특징

■ **국제적인 온라인 게임인 경우 언어 국제화가 필요하다.**

국제적인 온라인 게임, 즉 여러 나라 사람들이 같이 게임을 할 수 있는 온라인 게임이라면, 세계 모든 언어를 쓸 수 있게 할 필요성이 있다. 그리고 더 나아가 통역 없이 어느 나라 사람이든 간에 서로 대화할 수 있는 방안도 필요할 것이다.

2.2.6 메신저 채팅

메신저란 인터넷에서 실시간으로 메시지와 데이터를 주고받을 수 있는 소프트웨어로 요즘에는 채팅 서비스의 대부분을 메신저 채팅이 점유하고 있다. 메신저에서는 대화상대를 보여주는 목록을 사용하여 대화상대가 인터넷에 접속해 있는지를 확인할 수 있으므로 온라인 상태의 대화상대에게 말을 걸면 응답이 즉시 이루어진다. 따라서 전자우편보다 훨씬 속도가 빠르며, 컴퓨터로 작업을 하면서 메시지를 주고받을 수 있다. 최근에는 간단한 의사소통의 수단으로써 핸드폰 SMS보다 더 많은 인기를 끌고 있다.

그림 2.2 MSN 대화창

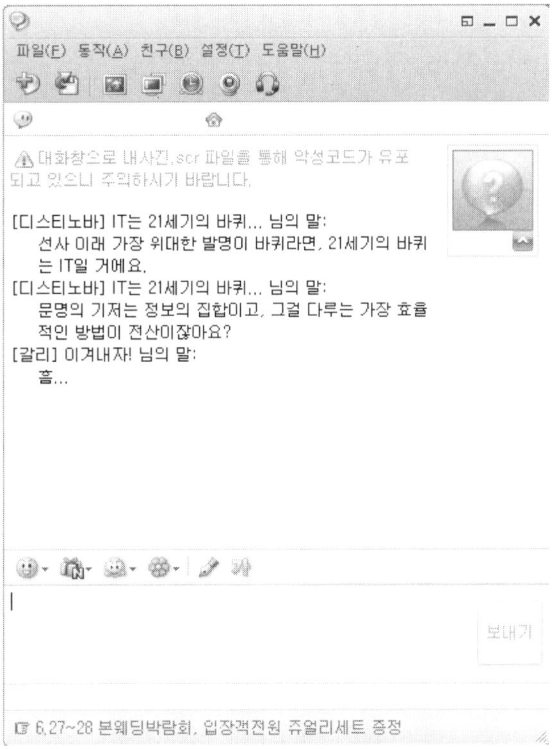

그림 2.3 네이트온 대화창

회원가입과 사용료는 대부분 무료로, 서비스 사이트에 접속하여 회원으로 등록한 뒤 메신저 프로그램을 다운로드 받아 컴퓨터에 설치하여 사용하면 된다. 다운로드 받지 않고 로그인과 동시에 사용할 수 있는 사이트도 있다.

국내 대부분의 인터넷 포털 사이트들이 메신저를 제공하고 있다. 그 중 MSN 메신저는 다양한 기능을 제공하고 윈도우 XP의 기본 내장되어 있어 세계적으로 가장 점유율이 높다. 네이트에서 제공하는 네이트온은 국내에서는 점유율이 가장 높다. 이동전화에 SMS 메시지를 보내주는 서비스를 제공하고, 싸이월드의 미니홈피 연계하여 목록에 있는 대화상대나 자신의 미니홈피에 새 글이 올라왔는지 여부를 알려주기도 하고 곧바로 미니홈피로 들어갈 수 있는 서비스를 제공하고 있다. 야후 메신저는 음성채팅과 뉴스와 주식정보 제공이 강하고, 다음메신저는 디자인을 자유롭게 바꿀 수 있다. 버디버디 메신저는 기분상태 표시기능을 갖추었으며, 친구 찾기 서비스 등이 차별화되어 있다. 전자우편에 버금가는 커뮤니케이션으로 성장하여 비즈니스 모델로도 개발되고 있는데, 특히 전자상거래와 저작권 관리에도 유용하게 사용될 것으로 전망된다.

특징

■ **다양한 서비스를 제공한다.**

다자간 채팅과 음성채팅, 영상채팅도 지원하고 있다. 또 대용량의 동영상 파일은 물론이고 여러 종류의 파일을 전송할 수 있고, 이동전화에 문자메시지도 보낼 수 있는 SMS 서비스도 제공하고 있다. 이 밖에도 뉴스나 증권, 음악 정보 등의 서비스도 제공하고 있다.

2.2.7. 휴대폰 채팅

휴대폰이 보급되면서 인터넷상이 아닌 휴대폰으로 상대방의 얼굴을 보며 문자 채팅을 할 수 있는 서비스도 제공되었다. 휴대폰 업체와 전문 채팅 사이트가 제휴하여 유무선 연동으로 영상채팅을 서비스하고 있는 것이다. 영상 통화와는 다르게 음성정보가 포함되지 않고, 이모티콘과 텍스트를 이용한 감정과 의사표현이 가능하다.

이와는 달리 PC 대 휴대폰, 휴대폰 대 휴대폰 접속자간에 실시간으로 메시지를 주고받으며 채팅을 할 수 있는 휴대폰 전용 메신저인 “모바일 메신저” 서비스도 확산되어 많이 사용되고 있다.

2.3 채팅의 구성

PC에 PC카메라를 설치하면 플러그앤플레이(Plug&Play)로 별도의 설치가 필요 없어졌고 채팅 사이트나 메신저를 이용해서 컴퓨터를 모르는 일반 사용자들도 쉽게 채팅을 할 수 있었기 때문에 텍스트 기반 채팅이나 아바타, 영상채팅이 널리 보급되었다. 대부분은 영상채팅 중심으로 사용되고 있고, 그림 2.4는 영상 채팅의 모형도를 나타내고 있다.

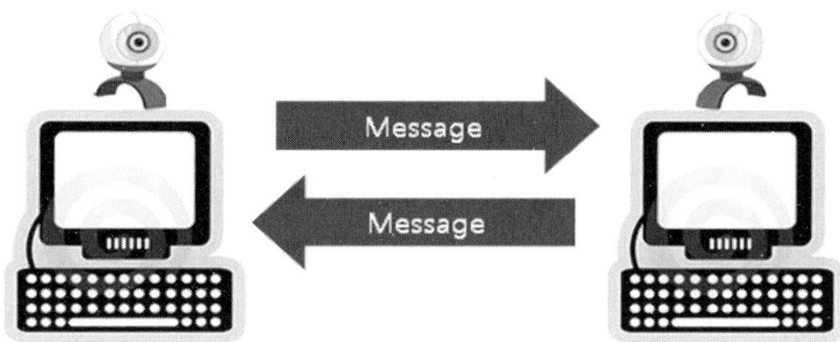

그림 2.4 채팅의 모형도

쉽게 채팅을 할 수 있게 되어 사용자가 급속하게 늘어나면서 여러 가지 문제들도 발생했다. 일대일 대화나 대화방을 성매매나 음란 채팅을 위해 악용하는 사례가 나타나고 있는데 이는 대화가 일어나는 모든 상황을 감시할 수 없기 대문에 발생한다. 그 밖의 문제점에 대한 내용은 6절에 자세히 살펴본다.

2.4 채팅 구현 기술

2.4.1 서버 스크립트

서버에 사용되는 프로그래밍 언어를 통해서 채팅을 구현하는 기술이다. ASP, PHP, CFG, CGI 등의 웹 프로그래밍 언어를 통해서 채팅 기술을 구현하는 것이다. 이러한 서버 스크립트 기술만 가지고는 채팅을 구현하는데 한계가 있다.

2.4.2 클라이언트 스크립트

클라이언트 스크립트는 웹상에서 접속한 컴퓨터 유저 컴퓨터에서 실행되는 스크립트를 말한다. 클라이언트 스크립트에는 대표적으로 자바와 CSS가 있다. 이 중에서도 채팅구현기술에 사용되는 것은 자바이다. 자바만으로도 채팅구현이 가능하며, 대부분의 채팅은 자바를 통해서 만들어지고 있다고 보면 된다. 서버 스크립트 기술과 맞물려서 강력한 채팅기술이 되기도 한다. 클라이언트 스크립트가 많이 쓰이는 이유는 채팅에선 실시간 전송이 중요하기 때문에 클라이언트 측에서 서버에서 전송된 정보를 받아 처리하는 것이 빠르고 효율적으로 채팅을 구현할 수 있기 때문이다.

2.4.3 플러그인

대형 채팅 사이트에 들어가면, 채팅에 들어가기 전에 앞서 플러그인을 설치할 것인지 묻는 창이 뜨곤 한다. 설치를 해야만 제대로 된 채팅을 서비스 받을 수 있다. 즉 플래시와 같이 플러그인 방식으로 설치가 되어서 서버와 클라이언트 스크립트 기술을 보조하여, 한층 업그레이드된 채팅을 구현하는 기술이다.

2.4.4 프로그램

채팅 프로그램을 따로 다운을 받아서 클라이언트 컴퓨터에 설치를 한다. 그 후 웹에 접속하지 않고도 게임이나 다른 응용 프로그램을 실행시키는 것과 같이 바탕화면 같은 곳에서 채팅 프로그램을 실행시키면 곧바로 채팅을 즐길 수 있다.

2.5 대표적인 채팅 서비스

2.5.1 세이클럽(http://www.sayclub.com)

종합 온라인 커뮤니티 사이트로서 커뮤니티, 채팅, 아바타몰, 메신저, 운세, 복권, 음악방송 등 다양한 콘텐츠를 서비스하고 있다.

1998년 6월부터 서비스를 시작한 세계 최초의 웹 기반 채팅서비스 사이트이다. 2001년 1월 서비스를 보강해 커뮤니티 서비스를 강화하였고, 같은 해 가을에는 세계 최초로 캐릭터(아바타) 유료 서비스를 시작하였다. 2001년부터는 캐릭터 서비스를 기반으로 디지털 콘텐츠를 강화하고, 2002년 4월에는 메신저 '타키'를, 2003년 봄에는 '홈피' 서비스를 실시하였다. 2004년 4월부터는 케이티프리텔㈜의 멀티팩을 통해 개선된 유무선 연동 커뮤니티 '멀티팩 세이클럽' 서비스를 시작하였다. 2008년에는 SNS(Social Network Service)를 표방하여 회원끼리 상호 기호와 취미 교환이 가능한 서비스를 제공하고 있다.

서비스를 시작한 이래 2001년 6월 사용자 1000만 명, 2003년 1월 2000만 명을 돌파하여 매출액은 2001년 10월 온라인 캐릭터인 아바타의 매출이 100억원을 넘어선 이후 꾸준히 증가하고 있다. 같은 해 1월 이른 도시바(東芝)와 함께 일본판 세이클럽 서비스를 시작하였다.

2.5.2 네이트온(http://nateonweb.nate.com/)

2002년, SK텔레콤즈의 포털사이트 네이트에서 출시한 네이트온은 현재 우리나라에서 가장 인기 있는 인스턴트 메신저 클라이언트이다. 메신저의 기능뿐 아니라 네이트의 쪽지 및 이메일 서비스를 제공하였고, 후에 싸이월드 연동 및 무료 문자 메시지 서비스로 큰 인기를 끌었다. 코리안클릭의 집계에 따르면 2005년, MSN 메신저를 제치고 메신저 실사용자수 1위를 차지했다. 2007년에는 윈도용 버전뿐 아니라, Mac OS X, 리눅스 용 베타 버전도 배포하고 있다. 리눅스용 버전은 KLDP 프로젝트로 등록되어 있다. 현재 윈도우 버전은 4.0 정식까지 나와 있다.

네이트온은 MSN을 선두로 한 다양한 상품이 난립하던 초기 메신저 시장에서 독보적인 성장을 하여 현재는 가장 많은 사용자가 사용하고 있다. 일반 사용자의 눈높이에 맞춘 직관적인 사용법, 포털의 기능을 포함, 국민 정서에 맞는 사회 활동 플랫폼, 인기있는 서비스와의 적극 연계 유치 등이 그 이유로 꼽힌다. 최근에는 게임 채널링을 통해 온라인 게임을 별로 로그인 없이 즐길 수 있게 연동하였고, 모바일용 메신저를 출시하여 어디서든 핸드폰으로 메신저를 사용할 수 있게 하였다. 이런 기능들은 꾸준히 확장되고 있으며, 앞으로의 행로에도 귀추가 주목된다.

2.6 채팅의 문제점

채팅은 경계가 존재하지 않는 의사소통의 수단으로 대화상대의 제한이 없다. 대화상대가 국내로만 제한되는 것도 아니고 거리에 제한을 받는 것도 아니고 남녀노소 가리지 않아서 실제로 만나기 힘든 사람들을 만나볼 수도 있고, 전혀 모르는 사람들과 자유롭게 의견을 교환할 수도 있다. 또 익명성을 바탕으로 고민상담이 이루어지기도 하는 등 여러 가지 순기능이 있다.

하지만 1장에서도 언급했듯이, 채팅을 통해 발생되는 통신언어를 일상생활에서도 사용하는 등 무분별한 사용으로 세대간의 의사소통이 어려워지고 국어의 파괴 현상도 발생하였다. 또 좋은 취지에서 시작한 익명성을 바탕으로 한 대화가 대화상대에게 욕설이나 비방, 저주의 성격이 짙은 말을 쉽게 하고, 음란한 대화가 오고 가거나, 채팅을 통해 음란물이나 사기 거래가 이루어지기도 한다. 또 채팅 중독 현상도 나타나고 있으며 사이버 공간 상에서의 관계에 집착하게 되는 현상도 나타나고 있다.

채팅을 하는 모든 사람들이 네티켓을 가지고 채팅에 임하여 좀 더 나은 건전한 채팅 문화를 만들어나가려는 노력이 필요할 것이다.

다음은 앞에서 언급했던 문제점들을 단적으로 보여주는 신문 기사들이다.

2.6.1 채팅을 통해 이루어지는 여러 가지 사건 사고

(1) 채팅이 원조교제 '직통로'

〈경향신문 2003.01.26〉

돈을 주고 청소년의 성(性)을 사는 이른바 '원조교제'는 주로 인터넷 채팅을 통해 이뤄지며, 절반가량이 하루 이내에 성관계를 갖는 것으로 드러났다. 서울지검은 2001년 7월부터 1년간 처리한 128건의 청소년 성매수 사건을 분석한 결과 성매수자와 청소년이 접촉한 수단으로는 인터넷 채팅이 78.1%를 차지해 인터넷 채팅이 원조교제의 통로임을 새삼 확인시켜줬다고 26일 밝혔다.

또 50.8%가 첫 접촉에서 성관계를 맺는 데까지 채 하루가 걸리지 않은 것으로 조사됐으며, 심지어 첫 대화를 한 지 1시간 이내에 성관계를 가진 경우도 무려 12.5%에 달한다. 성매수사범의 학력을 보면 대학 재학 이상이 39%였으며, 연대별로는 26－30세가 29.9%로 가장 많았고 21－25세 (23.1%), 31－35세 (21.8%)가 그 뒤를 이었다. 청소년들의 원조교제 동기는 '용돈마련'과 '가출 생활비 마련'이 각각 47.1%와 28.9%인 것으로 조사됐다. 한편 서울지검 소년부(김학의 부장검사)는 이날 청소년 성매매 사범에 대한 집중 단속을 벌여 김모씨(35) 등 7명을 청소년보호법 위반 등 혐의로 구속기소하고 구모 씨(29) 등 9명을 불구속기소했다.

검찰에 따르면 ㅅ실업 이사인 김씨는 지난해 4월쯤 인터넷 채팅으로 만난 김모양(16)과 김양의 친구 등 4명이 가출한 사실을 알고도 43차례에 걸쳐 번갈아가며 성관계를 맺고 생활비조로 6백20만원을 건넨 혐의다.

함께 구속기소된 ㄱ대 휴학생 김모씨(20)는 가출소녀 4명을 관리하면서 원조교제를 미끼로 성인 남자 IS명으로부터 4백50여만원을 가로챘으며, 전직 경찰관인 이모씨(20)는 자신이 운영하던 여관에 가출 청소년들을 투숙시키면서 원조교제 등을 묵인·방조한 혐의다.

(2) 채팅 말다툼→현실 폭력, '현피'를 아십니까

〈머니투데이 2008.04.28〉

온라인 게임을 즐기지 않는 이들에게 '현피'라는 용어는 낯설기만 하다. '현피'란 '현실 피케이(PK, Player Killing)'의 줄임말이다. 또 '플레이어 킬링(Player Killing)'은 롤플레잉게임에서 상대팀 캐릭터를 죽이는 것을 뜻한다. 따라서 '현피'는 온라인상에서 일어난 싸움이 오프라인 공간으로 옮겨지는 것을 말한다.

지난 27일 20대 여성과 10대 여성이 '현피'를 벌여 양측 모두 폭행 혐의로 불구속 입건되는 사건이 벌어졌다. 이날 새벽 2시경 인터넷 게임을 하던 A씨(21)는 평소 게임을 통해 친하게 지내던 친구가 B씨(19)으로부터 욕설을 들은 사실을 알게 됐다. 격분한 A씨는 채팅방에 접속해 B씨와 설전을 벌였다. 약 5시간 동안 계속된 '말싸움'은 결국 '현피'로까지 이어졌다. 연락처를 주고받은 끝에 같은 날 오전 10시경 서울 중랑구 면목동 지하철7호선 사가정역 앞에서 만난 A씨와 B씨는 난투극을 벌이다 경찰에 연행됐다.

'현피'로 인해 당사자들이 경찰에 입건되는 경우는 이번이 처음이 아닌다. 2006년 9월에도 온라인을 통해 중고의류를 판매하던 10대 2명이 '글다툼' 끝에 '현피'를 벌여 폭력행위로 경찰에 불구속 입건됐다.

최근에는 지난 2월 인터넷 커뮤니티사이트 디시인사이드의 '애니－일본갤러리'(애갤) 이용자들이 벌인 '애갤 현피'가 잘 알려져 있다. 이용자 C씨과 D씨는 한 애니메이션 캐릭터를 두고 며칠동안 설전을 벌이다 극심한 인신공격으로 치달았다. 결국 C씨가 2월 20일 오후 5시 서울 마포구 공덕역 3번출구에서의 '현피'를 제안했고, D씨는 여러차례 망설인 끝에 결국 제안을 수락했다. 이 갤러리의 한 이용자가 촬영한 C씨와 D씨의 '현피' 동영상을 통해 그들의 '현피'가 실제로 이루어진 것도 확인됐다. 이 동영상에는 싸움을 피하는 D씨를 C씨가 일방적으로 몇 차례 공격하는 장면이 담겨있다. 특히 당시 현장에는 여러 명의 '구경꾼'들이 몰려 일부 이용자들이 이들의 '현피'를 부추겼다는 비판이 제기됐다. 동영상은 세계최대 동영상 사이트 유튜브에도 올라와 해외 네티즌들의 비난을 사기도 했다.

이 같은 현상에 대해 사이버범죄연구회장 정완 교수(경희대 법대)는 "사이버공간이 현실범죄의 원인 또는 과정이 되는 경우가 있다"며 "사이버공간의 건전화가 필요하다"고 지적했다. 정 교수는 "현피 같은 경우 대부분 욕설이나 명예훼손에 의해 현실공간에서 다툼으로 번지는 것"이라며 "이를 예방하기 위해서는 현행 본인확인제를 보완, 인터넷 실명제를 강화해 욕설이나 비방 등을 이용자 스스로 제어할 수 있도록 해야 한다"고 말했다.

(3) 채팅女 범죄에 쉽게 노출 '채팅 만남 자제해야'

〈뉴시스 2009.05.26〉

"인터넷 채팅 통한 만남 주의하세요."

일상이 돼 버린 인터넷을 통해 사이버상에서 편하게 대화를 주고 받으며 새로운 만남을 가질 수 있는 채팅. 하지만 여성들의 경우 인터넷 채팅을 통해 범행대상이 되는 경우가 빈번하지만 정작 여성들은 "설마 나에게 그런일이..."라는 안일한 태도를 보이고 있어 범죄에 노출돼 있다. 실제로 피해여성 대부분은 "부담없이 만나 술이나 한잔 하려 했는데..."라고 말한다는 것이 경찰 관계자의 전언이다.

지난 14일 전주시 효자동에 사는 A씨(23.여)는 채팅을 통해 정읍에 사는 B씨(26)를 만났다. A씨는 B씨와 이런 저런 이야기를 나누던 중 B씨에게 호감을 느끼던 차에 "만나 술이나 한잔 하자"는 B씨의 제안을 받고 선뜻 받아들였다. 그러나 B씨는 이미 A씨를 성폭행하기 위해 만반의 준비를 해 왔던 것. A씨를 차에 태운 B씨는 돌연 자신이 준비한 흉기를 들이댄 뒤 김제의 한 모텔까지 끌고 가 성폭행을 시도하려 했지만 A씨의 강한 반항에 현금 등 70여 만원을 빼앗은 뒤 달아났다.

채팅을 통한 범죄의 대상은 비단 여성뿐이 아니다. 지난 4일 E씨(20)는 F양(18.여)과 채팅을 하던 중 "술이나 한잔 사달라"는 F양의 제안을 받고 기쁜 마음에 F양이 살고 있다는 다세대 주택으로 향해 방안으로 들어갔다. 하지만 방안에 들어가 F양과 이야기를 나누던 중 갑자기 방문이 열리며 F양의 동거남 G군(18)이 들어와 다짜고짜 E를 때리기 시작한 것. 정신을 차리지 못할 정도로 폭행을 당한 E씨는 결국 이들에게 현금 7000원과 신용카드를 빼앗기고 말았다. 또 23일에는 군산경찰이 여경을 활용해 인터넷 채팅 사이트에서 카페를 운영하며 자신의 카페에 가입한 여성을 유인, 술을 먹인 뒤 마구 때리고 돈을 빼앗은 H씨(28)를 붙잡기도 했다.

경찰 관계자는 범행으로 이어지는 채팅 만남을 아직도 여성들이 경계심 없이 하는 것에 대해 "남성들의 경우 만남을 가질 때 이미 불순한 의도로 접근하는 경우가 많지만 이에 반해 여성들은 '단순한 일상적 만남'으로 생각하는 경향이 있다"면서 "신원파악이 제대로 되지 않은 상황에서 만남을 가질 경우 범죄가 발생했을 때 속수무책으로 당할 수 밖에 없음을 알아야 한다"고 채팅 만남 자제를 당부했다.

(4) 10대男이 채팅서 가출 여고생 행세…1700만원 가로채

〈매일신문 2008.04.30〉

가출 여고생 행세를 하며 인터넷 채팅을 통해 원조교제를 하자고 속여 돈을 받아 가로챈 혐의로 10대 청소년이 구속됐다. 영주경찰서는 30일 인터넷 채팅사이트에서 남자들과 1대1 대화를 유도한 후 원조교제를 하자며 현금을 송금받아 가로챈 혐의로 K(19・예천군 유천면)군을 구속했다.

K군은 지난 2월부터 PC방에서 인터넷 채팅사이트에 접속해 "가출 중이라 여관비가 없으니 돈을 빌려주면 원조교제할 의사도 있다"고 속인 뒤 여자 음성을 흉내내 전화통화까지 해가면서 5만~30만원씩 247회에 걸쳐 1천700만원을 가로챈 혐의다.

2.6.2 채팅 중독 또는 사이버 관계(Cyber Relationship) 중독

대부분의 인터넷 중독자들은 웹 서핑이나 정보수집과 같이 혼자서 하는 것보다는 채팅, 네트워크 게임, 동호회 활동, 전자우편 교환과 같은 상호 작용에 더 깊이 빠져든다. 이들은 온라인상에서 새로운 사람들을 사귀고. 새로운 인간관계를 형성하여 또 하나의 삶을 살고자 한다.

오프라인에선 소심한 모범생이지만, 사이버 공간에선 '00동 양아치'가 되는 것이다. 이들 중 상당수는 앞서 언급한 사이버 섹스나 네트워크 게임 중독의 한 부분으로서 이러한 양상을 보이지만, 또 어떤 이들은 그런 것과 별개로 이러한 사이버관계(Cyber Relationship) 자체에 탐닉한다.

그 대표적인 것이 소위 채팅 중독이다. 이 글의 서두에 언급했듯이 채팅은 그냥 '수다'에 불과하지만, 인터넷 채팅은 곧 '새로운 인생'을 사는 것이다. 새로운 아이디를 정하면 새로운 나의 정체성(아이덴티티, Identity)이 만들어지고, 그렇게 새로 탄생한 '나'는 온라인 공간에서 누군가와 대화를 하고 감정을 주고받으며, '나'로 실존하게 된다. 그 '나'는 오프라인 현실에서의 나와 하등의 연결이 없어도 좋다. 이렇게 사이버 공간에서 사귄 '친구'들과는 급속도로 가까워지고 어떤 경우는 가족이나 친구들보다 더욱 중요한 인간관계를 형성하기도 한다.

예를 들면, 오프라인 현실에서는 남편과 두 아이가 있는 여교사도 온라인 채팅에서는 아이디를 '마타하리'로 정할 수 있다. 그래서 그녀는 모든 사회적 부담으로부터 자유로워져서, 처음 만나는 사람에게 서갑숙씨의 책보다 더욱 진한 이야기들을 털어놓을 수 있다. 그때 사이버 공간의 어떤 '너'가 마타하리의 이야기에 깊은 공감을 표현하면서 자신의 이야기를 들려주기 시작한다.

그러면 이제 그 '너'와 '나-마타하리'는 단순한 아이디가 아니다. 사이버 공간에서는 실존하는 실재요, 인간관계며, 또 다른 인생이다. 이 둘은 그 후에도 사이버공간에서 자주 만나고, 많은 이야기를 하면서, 마치 오래 전부터 알던 사람인 것처럼 친해지게 된다.

이제, 그 여교사는 이 '너'와의 만남, 아니 그 만남을 가능하게 하는 '마타하리'로서의 삶에 '중독'되기 시작하는 것이다! 점점 채팅 시간이 늘어나고, 이제 그만두어야 할 상황에서도 "1분만 더!"를 외치며 컴퓨터를 끄지 못한다. 그러면서 교사와 주부로서의 실제 생활은 무너지기 시작하고. 수면 부족과 요통 등의 건강상 문제까지 생기다가 급기야는 현실과 사이버를 혼동하여 '번개'라는 이름의 오프라인 외도까지 감행할 수도 있다.

그러면서 '마타하리'는 선언한다. "드디어, 나는 나의 인생을 찾았다!"고····이것은 전형적인 예화다 사실, 외국의 연구결과를 참조하여 보면 인터넷 중독 증상 중에서 남자에게는 네트워크 게임에 대한 중독 증상이 심하고, 여성은 인터넷 채팅에 대한 중독증상이 심하다고 한다. 아직 정확한 연구결과는 없지만 국내의 상황도 크게 다르지 않을 것으로 추정된다.

(1) '세컨드 라이프'의 분신놀이

〈동아경제 2007.4.17〉

이름은 쿠키 구스타프슨. 청바지와 하얀 티셔츠를 입은 이웃집 소년과 같은 외모에 돈은 하나도 없고 집도 없습니다. 돈이 없더라도 할 일은 많습니다. 날아다닐 수 있고 원하는 장소로 공간 이동도 합니다. 나이트클럽에서 춤도 추고 사람들과 대화도 합니다.

3차원 가상현실 서비스 '세컨드 라이프'에서 사는 제 분신(아바타) 얘기입니다. 올해 안에 한국어 정식 서비스를 시작할 예정인 세컨드 라이프를 해 봤습니다. 우선 세컨드 라이프(secondlife.com/world/kr)에 접속해 30.8MB 크기의 프로그램을 무료로 내려받습니다. 아바타의 생김새, 회원 등급 등을 정하고 시작합니다. 처음 태어나는 곳은 오리엔테이션 아일랜드라고 하는 곳입니다. 아바타 조작, 다른 이용자들과의 소통 방법 등을 익히는 곳입니다. 그 이후는 정말 마음대로입니다. 특별한 목적은 없습니다. 여의도의 80배에 이르는 새 세상이 펼쳐집니다. '서치'를 통해 유명 장소나 그룹을 검색할 수도 있고 원하는 곳으로 공간이동도 가능합니다. 사이버 섹스도 가능하지만 우선은 '물건'을 돈을 주고 사야 한답니다.

이처럼 세컨드 라이프는 자본주의 사회다 보니 뭔가를 하기 위해서는 돈이 필요합니다. 땅을 사고 건물을 짓는 데 우선 돈이 필요하죠. 그렇다고 진짜 돈을 내고 활동을 할 필요는 없습니다. 집이나 차 없다고 못 사는 것은 아니니까요. 계속 춤을 추면 분당 7~10달러를 벌 수 있는 곳도 있답니다.

세컨드 라이프 안에는 한국인 커뮤니티도 있습니다. 다음의 cafe.daum.net/joywind나 네이버의 cafe.naver.com/sl4korea.cafe에 가면 여러 가지 정보를 얻을 수 있답니다.

세컨드 라이프를 하기 위해서는 걸림돌도 있습니다. 현재는 영어로 서비스가 되고 있고 처음에 조작 방법을 익히는 것이 쉽지 않습니다.PC의 부품 성능도 좋아야 합니다. 그래픽카드가 좋지 않으면 프로그램 자체가 돌아가지 않는 경우도 생깁니다. 프로그램이 계속 업그레이드되고 있어 접속이 원활하지 못할 때도 있습니다. 국내 온라인 게임의 화려한 그래픽에 익숙한 이용자들은 금방 싫증 낼 수도 있을 것 같네요.

하지만 또 하나의 세상에 나의 분신이 살고 있고 그 세상에서 제2의 인생을 살 수 있다는 점은 세컨드 라이프의 거부할 수 없는 매력인 것 같습니다. 그 안에서 어떻게 살지는 이용자의 몫입니다.

(2) '가상게임' 외도로 이혼소송 휘말린 부부

〈서울신문 2008.11.15〉

가상 온라인 게임에서 저지른 불륜도 이혼사유가 될까? 가상게임에서 자신의 남편이 다른 여성과 불륜을 저지르는 모습을 목격했다며 영국의 한 여성이 이혼소송을 내 화제를 모으고 있다.

에이미 폴러드(28)라는 여성은 최근 자신의 남편인 데이비드 폴러드(40)가 불륜을 저지르는 모습을 목격했다며 콘월 가정법원에 이혼소송을 제기했다. 눈길을 끄는 점은 데이비드가 저지른 불륜은 가상게임 '세컨드 라이프(Second Life)에서 벌어진 일이었다는 것. 소송을 제기한 에이미는 "내가 잠시 낮잠을 자고 있는 동안 남편이 가상게임 속 매춘부 역을 맡은 인물과 만났다는 것을 알게 됐다."며 "게임 속 사설

형사까지 고용해 결국 둘의 밀회 장면을 포착한 이상 남편을 용서할 수 없다."고 주장했다. 반면 데이비드는 "이 모든 것은 어디까지나 게임에서 이뤄진 일이며 에이미가 이렇게 예민한 반응을 보이는 지 전혀 이해할 수 없다."며 어이없다는 반응을 보이고 있다.

한편 해당 게임에서 처음 만나 사랑을 키운 데이비드와 에이미는 가상 세계에서 먼저 커플로 이뤄진 뒤 현실에서 만나 결국 3년 전 결혼에 골인했다. 당시 두 사람은 진짜 결혼식이 아닌 가상세계에서 성대한 결혼식을 올려 화제를 모으기도 했다.

그림 2.5 게임 상의 가상 결혼식

(3) 인터넷 채팅이나 사이버 관계에 빠지게 하는 요인들

〈한국일보 2001.06.11〉

■ 사회적 지지도

대부분의 중독자들은 실생활에선 외로움을 많이 느끼는 반면 인터넷을 통해서는 동료관계, 조언, 충고, 자신에 대한 이해, 심지어는 로맨스까지 제공받을 수 있다. 이런 사회적 지지도는 이혼, 재혼, 이사 등과 같이 실생활에서 인간관계가 붕괴된 자들에게 강력한 흡인력으로 작용한다. 특히 자신감이 낮고, 거절에 대한 두려움이 크고. 남들에게 인정 받기를 갈망하는 사람들이 대인관계의 어려움을 극복하기 위해 인터넷을 많이 이용한다.

■ **새로운 성격 표출 또는 새로운 인물의 창조**

중독자들은 인터넷을 통해 그들의 성격 중 또 다른 면을 표현할 수 있는 기회를 제공받는다. 중독자들은 인터넷에 의한 성격표현을 통해 실제 생활에서 억제되어 왔던 부분이 실현되는 느낌을 가진다고 보고하였다. 또한 중독자들은 성별, 나이, 종족 등과 같은 신체적 특성이나 성격을 가상의 이미지로 창조하여 전혀 다른 인물인 것처럼 행동을 할 수 있다. 어렸을 때부터 말더듬이와 뚱뚱한 몽매로 친구들의 놀림감만 되었던 소녀도 인터넷 채팅 룸에서는 '프리마돈나'가 될 수 있다. 많은 경우에서 온라인에서의 인물은 현실 인물과는 반대적인 색채를 띄게 된다고 한다. 사이버 공간에서는 내성적인 사람이 외향적으로, 보수적이고 성에 폐쇄적이던 사람이 개방적이고 문란한 사람으로, 양순한 사람은 공격적인 사람으로 변신할 수가 있다. 인터넷은 어떤 면에서 보면 지킬 박사와 하이드를 오가는 '묘약'인 것이다.

2.6.3 채팅 시 유의사항

다음은 채팅을 할 때 고려해야 할 사항을 잘 설명하고 있는 신문기사다. 여성뿐만 아니라 모든 사람에게 도움이 될 것이다.

■ **여성이 알아야 할 인터넷 채팅 요령 10가지**

〈연합뉴스〉

인터넷을 사용하는 여성은 채팅 또는 그 이후 실제 만남이 이뤄지는 과정에서 성폭력을 비롯한 각종 범죄에 지속적으로 노출돼 왔다.

이런 가운데 한국컴퓨터생활연구소는 '여성이 알아야 할 인터넷 채팅 요령 10가지'를 25일 발표했다.

■ **컴퓨터생활연구소측이 내놓은 '10가지 요령'은 다음과 같다.**

실명을 밝히지 않는다 = 여성을 가장해 음란대화방을 만드는 등 좋지 않은 의도로 상대 여성의 이름을 사용하는 사례가 많으므로 되도록이면 애칭이나 별명을 사용하는 인터넷 채팅사이트에 가입하는 것이 좋다.

전화번호를 알려주지 않는다 = 채팅 도중 직접 전화 통화를 할 필요가 있을 때는 상대의 전화번호를 묻거나 PC방의 전화로 통화하도륵 한다. 안전을 위해 자신의 전화번호는 알려주지 않는 것이 좋다.

집주소나 학교 이름을 알려주지 않는다 = 전자상거래 사기에 집주소가 악용되거나 스토커들이 학교 또는 집까지 찾아와 괴롭히는 경우가 종종 발생한다. 따라서 잘 모르는 상대에게는 학교 이름이나 주소를 함부로 알려주지 말아야 한다.

음란 대화방은 참여하지 않는다 =성적 만남을 목적으로 한다는 의도가 대화방 제목에 드러나 있는 경우 참여하지 않는 것이 좋다.

번개(실제로 만나기)를 할 때는 가족이나 친구에게 알린다 = 번개를 할 때는 만나는 상대에 대한 인적사항과 장소, 시간을 가족이나 친구들에게 알리도록 한다. 이러한 자료는 유사시 행방을 찾을 수 있는 단서가 된다.

번개 장소는 자신이 잘 아는 곳으로 정한다 = 잘 모르는 곳에서 상대를 만나면 상대의 의도대로 일방적으로 끌려 다닐 수 있다.

늦은 시간에 만나지 않는다 = 되도록 낮에 만나는 것이 좋다. 늦은 밤에 만나면 집에 돌아갈 때 교통편 문제가 생길 수 있고 위험에 처할 때 도움을 받기 어렵다.

만나서 술을 마시지 않는다 = 채팅 상대와의 첫 만남은 음료수를 마시는 가벼운 정도로 끝내는 것이 좋다. 술은 상대방에 대한 판단을 흐리게 하고 자제력을 잃게 만드므로 마시지 않는다.

비디오방, 상대의 집 또는 여관에 따라 가지 않는다 = 상대 남성과 단 둘이 좁은 공간에 있게 되면 원하지 않은 성관계나 성폭행을 당하기 쉽다. 그러므로 비디오방이나 상대방의 집, 여관에 따라가지 않는다.

드라이브 요청은 일단 거절한다 = 남성들이 대화방에서 드라이브를 제안할 때는 기분 전환보다 성행위를 염두에 둔 경우가 더 많다. 믿을 수 있는 상대가 아니라면 드라이브에 응하지 않는다.

한국컴퓨터생활연구소 어기준 소장은 "이 주의사항은 지금까지 발생한 범죄 사례를 바탕으로 만들어졌다"며 "인터넷 채팅이 곧잘 만남으로 이어지는 상황에서 이러한 주의사항을 숙지해 만약의 사건에 대비했으면 한다"고 말했다.

참고 및 사이트 ...

- 세이클럽 http://www.sayclub.com/
- 네이트온 http://nateonweb.nate.com/
- 한국컴퓨터생활 연구소 http://www.computerlife.org/
- 대한민국 정책포탈 블로그 http://blog.korea.kr/sinmira
- Second Life http://www.secondlife.com/

Chapter

03

인터넷 중독

3.1 인터넷 중독의 정의 및 개념
3.2 인터넷 중독의 원인 및 특성
3.3 인터넷 중독 단계
3.4 인터넷 중독의 분류 및 증상
3.5 컴퓨터 중독에 빠지기 쉬운 타입
3.6 인터넷 중독 징후
3.7 Goldberg의 인터넷 중독의 진단 기준
3.8 인터넷 중독의 자가 진단
3.9 인터넷 중독에 대한 대처 방법
3.10 인터넷 중독의 사례

3.1 인터넷 중독의 정의 및 개념

인터넷 중독이라는 말은 Goldberg가 1996년에 처음 언급한 인터넷중독장애라는 용어에서 파생되었다. 본래 중독이라 하면 약물 및 특정 행위에 지나치게 집착하는 장애를 뜻한다. 인터넷 중독은 이 중 행위적 중독으로 지나친 인터넷 사용으로 인해 의존성, 내성 및 금단증상과 같은 병리적 증상을 보이는 상태를 말한다. 즉, "정보이용자가 지나치게 컴퓨터에 접속하여 일상생활에 심각한 사회적, 정신적, 육체적 및 금전적 지장을 받고 있는 상태"라고 정의할 수 있다. 기본 개념은 가상 공간의 활동에 집착하고 의존하여 내성, 금단증상, 인터넷 사용으로 인한 주변 사람들과의 갈등 등을 경험하게 되는 현상을 말한다. 정신의학적인 중독의 개념은 단순히 "대상 탐닉"에 그치는 것이 아니라 대상에 몰두해 그 대상으로부터 만족과 편안함을 찾는 대상 의존성, 시간이 지남에 따라 점점 그 의존의 강도가 높아지는 내성 현상, 그 대상에 몰두하지 않으면 나타나는 금단현상의 발현을 필요조건으로 한다. 인터넷 중독이라는 용어는 Scherer가 제시한 인터넷 의존성, Davis가 제시한 병리적 인터넷 사용이라는 용어와도 일맥상통 한다.

3.2 인터넷 중독의 원인 및 특성

인터넷 중독은 인터넷 자체의 속성, 사회 환경적 요인, 개인의 특성 등이 복합적으로 작용해 일어난다고 볼 수 있다. 인터넷 중독을 연구하는 사람마다 인터넷 중독의 원인에 대하여 각기 자신의 이론을 밝히고 있다.

3.2.1 Griffiths의 이론

Griffiths는 인터넷 자체의 속성이 인터넷 중독을 야기시킨다고 주장한다. 이는 마약이나 도박이 주는 쾌락이 중독의 원인이듯이 인터넷 중독 역시 인터넷이 제공하는 강화 또는 보상이 있어서 이것이 이들 개인으로 하여금 욕구의 충족을 일으킴으로써 인터넷에 중독되게 한다는 관점이다. Griffiths는 인터넷중독의 증상으로 다음의 여섯 가지를 제시했다.

① 인터넷이 생활에서 가장 중요한 부분이 되어 그 행동만 생각한다.
② 인터넷을 사용하면 기분의 변화가 생긴다.
③ 인터넷 사용에 대한 내성이 생긴다.
④ 인터넷 사용을 못하면 금단증상이 생긴다.
⑤ 인터넷 사용 때문에 사회생활에 문제가 발생한다.
⑥ 몇 년 후 본래 인터넷 중독상태로 재발할 가능성이 높다

3.2.2 King의 이론

King은 인터넷의 중독적 특성으로 두 가지, 즉 대인관계 의사소통의 측면과 가상세계의 잠복성을 들었다.

(1) 대인관계 의사소통의 측면

대인관계 의사소통 측면은 인터넷이 전자메일, 뉴스그룹, 채팅 룸, 게시판 등 수많은 종류의 대인관계의 장을 제공하는 것에 초점을 맞추고 있다. 인터넷은 사용자들이 이전의 전화나 편지와는 달리 자신이 이전에 알지 못했던 새로운 사람과의 접촉을 쉽게 할 수 있도록 해주고, 자신의 비언어적인 반응이 보여지지 않기 때문에 자신을 제한 없이 자유롭게 표현할 수 있게 해준다. 뿐만 아니라 개인이 접촉할 수 있는 사회 망의 범위를 확장시켜주어 다양한 사람들을 만날 수 있게 해주는 강력한 특성이 있다.

(2) 가상세계의 잠복성

가상세계의 잠복성은 가상세계에서 채팅 룸이나 이메일 그룹을 통해 타인의 활발한 상호작용, 감정, 생각 등을 아무런 위험 없이 몰래 훔쳐볼 수 있는 특성을 말한다. 이는 학술적인 내용의 포럼보다는 개인이 겪고 있는 문제에 대한 정서적인 지지를 제공하는 포럼에서 두드러지는 경향이 있다. 개인은 이를 통해서 현실에서는 얻을 수 없는 극히 개인적인 정보를 위험 없이 얻을 수 있으며 이것이 매우 긍정적인 강화가 되어 인터넷에 빠져들게 된다.

3.2.3 Young의 이론

Young은 인터넷 중독의 특성으로 다음의 다섯 가지 특성들을 들었다.

① 사회적 지지: 심리적으로 깊은 의미를 갖게 함으로써 사람들 간에 강한 유대감을 갖게 된다.

② 성적인 만족: 인터넷 상에서의 성은 안전한 것으로 인식되는 경향이 있어 신체 접촉의 위험부담 없이 자유스럽게 성을 표현할 수 있다.

③ 새로운 인격 창출: 인터넷에서 개인은 자신을 새로운 사람으로 변형시킬 수 있다.

④ 숨은 성격의 발현: 현실에서 수줍음을 타는 사람들은 가상공간에서 적극적이 될 수 있으며 공격적이지 않았던 개인은 온라인 게임을 통하여 강력한 힘을 얻어 마음껏 공격성을 발휘할 수도 있다.

⑤ 인정과 영향력: 온라인 게임을 통해서 개인은 사람들의 인식과 영향력을 획득할 수 있다.

3.3 인터넷 중독 단계

1단계: 인터넷에 빠져들기

인터넷에 대해 배우고 들어가기 시작한다. 며칠 아니면 몇 시간 내에 특별히 관심을 끄는 인터넷 사이트를 발견하고 정기적으로 들어가게 된다. 게임이나 채팅 룸 같은 곳에 참여하게 된다. 거기서 자신의 정체성을 키우게 된다.

2단계: 인터넷을 통한 대리만족

현실에서는 찾지 못했거나 그럴 수 없었던 것의 대체 수단으로서 인터넷 공동체에 깊이 빠져든다. 현실 생활에서 해야만 했던 일과 사람들을 이제 무시하게 된다. 인터넷 세계는 거부할 수 없는 대리 만족의 세계가 되어간다.

3단계: 현실탈출

인터넷 세상에서 진정되고 평화로운 행복감을 느끼며 그곳에서는 외로움이나 기타 문제에 대해 걱정할 필요가 없다. 인터넷 공동체에서 경험하는 느낌은 모든 걱정에 대한 해독제이며 고통을 잊게 해준다. 인터넷에서의 시간이 더 많이 필요해지고 의존성이 생긴다. 현실 세계와 삶에서 탈출하며 그러한 탈출로 인해 현실 세계의 어떤 것도 변화시킬 수 없게 된다.

3.4 인터넷 중독의 분류 및 증상

인터넷 중독에 대한 분류는 학자에 따라 이견이 있을 수 있지만 일반적으로 받아들여질 수 있는 범주로 나누어 보면 통신중독, 게임중독, 음란물 중독으로 나눌 수 있다.

3.4.1 통신중독

통신중독은 정보이용자가 대화방, 머드게임, 동호회 등의 순서로 인터넷을 과도하게 즐겨 전자우편이나 정보검색을 주로 이용하는 일반인들과 달리 현실도피의 수단으로 사이버 공간에 빠져드는 것을 말한다.

(1) 종류

채팅, 머드 게임, 인터넷 서핑, 홈 트레이딩, 인터넷 도박, 인터넷 쇼핑, 개인 홈피(싸이월드), 블로그 등

(2) 원인

통신을 함으로써 마음이 편해지기 때문에 무작정 빠지게 된다. 통신상에서는 익명성을 보장받을 수 있어 자신의 고민이나 욕망을 솔직히 드러낼 수 있을 뿐만 아니라, 매번 새로운 상대를 만날 수 있다는 기대감으로 인하여 채팅에 빠지게 된다. 채팅을 이용한 이성간의 만남을 낭만적으로 묘사하는 영화, TV 드라마 등으로 인하여 채팅에 대한 환상을 가지게 된다.

(3) 증상 및 문제점

과도한 통신중독으로 인한 증상으로는 자기 통제력의 상실, 통신을 통한 행복감의 추구, 사용량의 증가, 일상생활의 부적응, 감정조절 능력의 감소, 대인관계 장애 등의 현상이 나타난다. 문제점으로는 단어의 압축화, 은어 사용으로 인한 언어파괴로 올바른 언어생활에 악영향을 미칠 수 있으며 또한 채팅을 통하여 모르는 사람과 만나는 것은 매우 위험할 수도 있다. 채팅을 통한 만남으로 인신매매, 성폭행 관련 사례가 다수 발생한 바 있다.

3.4.2 게임중독

게임 중독은 과도한 게임 사용으로 인해 학업, 직장, 가정 및 대인관계에 지대한 영향을 끼치고 현실과 가상공간을 구분하지 못하게 되어 심각한 문제를 야기시키는 중독 현상을 말한다.

(1) 종류

아케이드 게임, 액션 게임, 어드벤쳐 게임, 롤플레잉 게임, 시뮬레이션 게임, 네트워크 게임 등

(2) 원인

점차 어려워지는 게임의 특성상 아쉽게 끝이 난 게임에 대하여 끝까지 도전하게 된다. 폭력적인 게임의 경우, 인간에게 잠재되어 있는 파괴본능을 만족시킨다. 가상공간에서는 강력한 파워맨으로 자신을 인식하며 성취 욕구를 느낄 수 있다. 컴퓨터를 대상으로 하는 게임과 달리 네트워크 게임의 경우 매번 다른 상대에 의한 새로운 게임 환경 조성으로 참여자로 하여금 게임에 빠지게 한다. 현실공간은 재미가 없고 지루한 반면 가상공간에서의 게임은 현실을 잊고 강력하게 표현되는 또 다른 자신의 캐릭터를 통하여 대리만족을 얻을 수 있다.

(3) 증상 및 문제점

밤새워 게임을 하고 낮에 졸거나 업무에 집중을 하지 못하며 특히, 게임 중독증을 보이는 청소년의 경우에는 대인기피증, 강박감, 편집증, 체력저하 등의 현상이 발생한다. 문제점으로는 게임의 폭력성에 노출되고 지나친 승부욕으로 인하여 건전한 사회생활에 지장을 받게 된다. 또한 현실과 가상을 혼동하게 되어 현실에서 폭력적인 행동을 보이는 경우도 있다.

(4) 게임 중독 관련 증후군

게임 중독 관련 증후군으로는 리셋 증후군(Reset syndrome), 닌텐도 증후군(Nintendinitis), 1분만 더 증후군(1 more minute syndrome) 등이 있다. 리셋 증후군은 컴퓨터가 말을 듣지 않을 때 리셋버튼을 누르면 시스템이 다시 살아나는 것처럼 자기 맘에 들지 않으면 지금까지 벌여 놓은 일이나 인간관계 등을 쉽게 다시 시작하려는 현상을 말한다. 리셋 증후군은 아이들 사이에 참을성 없는 행동과 타인을 배려하지 않는 자기위주의 행동으로 두드러지게 나타나고, 심지어 책임감 없는 행동으로까지 연장되고 있다. 닌텐도 증후군은 게임을 지나치게 많이 함으로써 발생하는 후유증의 일종으로 두통과 시력저하, 근육통 등의 신체적 문제를 야기시키는 현상을 말한다. 1분만 더 증후군은 게임을 조금만 더 하는 것을 반복하여 계획성 없이 장시간 게임에 빠지게 되는 현상으로 알코올 중독자가 딱 한잔만, 흡연 중독자가 딱 한 개비만, 도박 중독자가 딱 한판만 더 하려는 심리와 유사한 현상이다.

3.4.3 음란물 중독

음란물 중독은 특히, 청소년에게서 많이 볼 수 있는 중독으로 청소년기에는 성에 대한 호기심이 왕성한 시기이므로 인터넷을 통한 음란물 중독이 발생할 수 있다.

(1) 원인

부모들이 컴퓨터를 잘 다루지 못하기 때문에 컴퓨터를 통한 음란물의 유통은 통제의 사각지대에 놓이게 된다. 컴퓨터 음란물은 친구, 컴퓨터 도매 상가, 인터넷 등 다양한 경로를 통하여 쉽게 접할 수 있으며, 비용을 들이지 않고도 방대한 양을 제한 없이 구할 수 있다. 기존의 음란물과 달리 컴퓨터 음란물은 여과과정이 없으며, 우리의 정서와 맞지 않는 변태적인 내용도 고화질로 그대로 전달되고 있다.

(2) 증상 및 문제점

컴퓨터 음란물 중독 현상을 보이는 청소년들은 대체로 지속적으로 음란물에 접근하고, 밤새도록 보고 낮에 졸거나, 부모와 대립하기도 한다. 또한 죄의식으로 결벽증에 걸리거나 신경쇠약증세를 보이기도 한다. 문제점으로는 청소년의 경우, 음란물을 보고 나서의 연상 작용으로 공부에 지장을 받으며, 성충동의 증가를 경험하게 된다. 또한 비정상적인 내용의 설정이 대다수인 음란물을 여과 없이 받아들여 성에 대한 왜곡된 인식을 갖게 되며 모방 성범죄로 이어질 가능성도 있다(4장 인터넷 음란물 참조).

3.5 컴퓨터 중독에 빠지기 쉬운 타입

① 이미 심각한 정서적 문제나 낮은 자존감 상태에 있던 사람

연구조사에 따르면, 인터넷 중독자의 54%가 이전에 우울증 경력이 있었던 것으로 나타났다. 이외에도 34%는 고민에 시달렸으며, 나머지는 지속적으로 낮은 자존감을 느끼고 있는 상태에 있었던 것으로 나타났다.

② 이전에 알코올 중독자였거나 다른 중독 증세가 있었던 사람

연구조사에 따르면, 응답자의 52%가 알코올 중독, 약물 의존증, 강박적 도박, 다이어트 장애 때문에 재활 프로그램을 받은 적이 있다고 한다. 이들은 인터넷을 다룰 때에도 이전의 중독증에서 보여준 것과 같은 동일한 방식으로 과도한 행동, 위로를 받기 위한 의존성을 보인다고 한다.

③ 오래된 컴퓨터 기술자들보다는 시간적 여유가 많은 사람

사회와의 거리감이 있고 현재 자신이 놓여있는 입장에 불만을 느끼고 있는 전업주부나 실업자 등의 비 숙련 초보자들이 오히려 사이버 중독증에 걸리기 쉽다고 한다.

④ **내성적인 사람이 아닌 활달한 성격의 소유자**

많은 이용자들이 대화상대가 없어 채팅 룸에 모여들고 있으며 그저 대화가 즐거워서 채팅 룸을 찾는 경우도 많다.

3.6 인터넷 중독 징후

3.6.1 가정: 사이버 상에서의 외도

① 수면 패턴의 변화
② 프라이버시의 요구
③ 집안일을 소홀히 한다.
④ 거짓말의 증거
⑤ 성격 변화
⑥ 섹스에 대한 흥미가 없어진다.
⑦ 관계에 대한 노력을 하지 않는다.

3.6.2 학교: 인터넷 중독에 빠진 아이들이 보이는 징후

① 지나친 피로
② 성적이 떨어진다.
③ 취미 생활을 점차 하지 않는다.
④ 가까운 친구와 멀어진다.
⑤ 반항과 불복종이 나타난다.

3.6.3 인터넷 중독에 빠진 사원들이 보이는 징후

① 생산성 하락
② 실수의 증가
③ 동료와의 관계가 줄어든다.
④ 컴퓨터 작업을 하고 있을 때 누군가가 다가오면 놀란다.
⑤ 작업 조건에 대한 참을성이 없어진다.
⑥ 지나친 피로
⑦ 아프다는 핑계로 출근을 안 하거나, 지각하거나, 중간에 병원에 가는 경우가 많아진다.

3.7 Goldberg의 인터넷 중독의 진단 기준

3.7.1 내성

① 인터넷을 사용하면 할수록 만족을 얻게 되는 시간이 점차 늘어나는 경우
② 인터넷을 이전과 동일한 시간만큼 하는데도 불구하고 효과가 저하되는 경우

3.7.2 금단

① 특징적 금단 증후
- a. 장기간의 인터넷 사용을 중지 혹은 감소한 경우
- b. A의 발생 후 수일에서 한달 사이에 다음 중 두 항목이상이 발생할 때
  - a) 정신운동성 초조
  - b) 불안
  - c) 강박적 사고(인터넷 사용에 대한 생각과 관련된)

d) 환상 혹은 꿈(인터넷 사용과 관련된)

e) 수의적 혹은 불수의적으로 자판 두드리는 행위와 유사한 행동

② 금단 증상을 완화, 회피하기 위해 인터넷 혹은 유사한 통신망을 사용하는 행동을 할 경우

a. 생각했던 것보다 더 자주, 길게 인터넷을 사용하는 경우

b. 인터넷 사용을 줄이거나 조절하려는 욕구가 지속적으로 있었거나 혹은 그 시도에 성공하지 못하는 경우

c. 상당량의 시간을 인터넷 사용과 관련된 행동에 소비하는 경우 혹은 중요한 사회, 직업, 여가활동이 인터넷 사용을 위해 포기되거나 감소되는 경우

d. 인터넷 사용에 의해 유발되거나 악화되고, 지속적이거나 반복적인 신체적, 사회적, 직업적, 심리적 문제를 갖고 있음에도 불구하고 인터넷 사용을 계속하는 경우

3.8 인터넷 중독의 자가 진단

인터넷 중독 상태를 평가하기 위해 다음 질문에 답하면서 다음과 같이 점수를 기록해 봅시다.

① 전혀 아니다

② 드물지만 있다

③ 가끔 있다

④ 자주 있다

⑤ 항상 그렇다

표 3.1 인터넷 중독의 자가진단을 위한 질문내용

1. 원래 마음먹은 생각보다 더 오랫동안 인터넷에 접속해 있었던 적이 있었는가?
2. 인터넷 때문에 집안일을 소홀히 한 적이 있었는가?
3. 배우자와의 애정관계보다 인터넷에서 더 흥미를 느낀 적이 있는가?
4. 온라인상의 친구를 만들어 본 적이 있는가?
5. 온라인 접속 때문에 다른 사람이 불평한 적이 있는가?
6. 온라인 접속 시간 때문에 다른 성적이나 학교 생활에 문제가 있는가?
7. 해야 할 다른 일을 하기 전에 먼저 전자우편을 점검한 적이 있는가?
8. 인터넷 때문에 업무 및 학업 능률이나 생산성에 문제가 있었던 적이 있었는가?
9. 누군가가 인터넷에서 무엇을 했느냐고 물었을 때 숨기거나 변명을 하며 얼버무린 경험이 있는가?
10. 인터넷에 대한 생각으로 인해 현재 생활상의 어려운 문제를 생각하지 못했던 적이 있는가?
11. 인터넷 사용 후 다시 온라인에 접속할 때까지의 기간을 기다린 적이 있는가?
12. 인터넷이 없는 생활은 따분하고 공허하며 재미없을 것 이라고 두려워한 적이 있는가?
13. 온라인에 접속했을 때 누군가가 방해를 한다면 소리를 지르거나 화를 내거나 귀찮은 듯이 행동한 적이 있는가?
14. 밤늦게까지 접속해 있느라 잠을 못 잔 적이 있는가?
15. 오프라인 상태일 때 인터넷에 정신이 팔려 있거나 다시 온라인에 접속해 있는 듯한 환상을 느낀 적이 있는가?
16. 온라인에 접속해 있을 때 "몇 분만 더" 라고 말하며 시간을 허비한 적이 있는가?
17. 온라인 접속 시간을 줄이려고 노력했지만 실패한 적이 있는가?
18. 온라인 접속시간을 숨기려 한 적이 있는가?
19. 다른 사람과 밖으로 외출하려고 하기보다 온라인 상태에 더 머무르기 위해 접속하려고 한 적이 있는가?
20. 오프라인 상태일 때에는 우울하고 침울하며 신경질적이었다가 다시 온라인 상태로 오면 이런 감정들이 모두 사라진 적이 있는가?

■ 본인의 성적에 따른 평가

① 20~39점

평균적인 온라인 이용자이다. 때로는 너무 오래 웹에서 서핑을 하기도 하지만, 온라인 이용을 자신이 통제할 수 있는 상태에 있다.

② 40~69점

인터넷 때문에 문제가 있었던 적이 많다. 그러한 문제들이 실제생활에 어떠한 영향을 미쳤는지 진지하게 생각해 보아야 한다. 앞으로의 인터넷 사용에 대해서 예방 차원으로 상담을 받을 필요가 있다.

③ 70~100점

인터넷 때문에 생활에 중대한 문제가 발생하고 있다. 지금 당장 이 문제를 다루고 해결해야만 한다. 현재 인터넷 사용에 대해서 심각하게 고려해보고 상담을 받을 필요가 있다.

3.9 인터넷 중독에 대한 대처 방법

3.9.1 청소년의 경우

청소년에게 과다한 컴퓨터 사용이나 인터넷 중독은 대인관계, 학업, 품행문제 등 심각한 증세를 동반하는 경우가 많다. 청소년들에게 이런 문제들을 야기시키는 요인에는 개인적 요인과 외적 요인이 있다. 개인적 요인은 청소년이 느끼는 외로움, 우울한 감정, 소원한 대인관계, 물질중독의 경험, 건설적인 욕구 충족 방법 부재 등 인터넷 중독에 노출될 우려가 있는 개인적 특성이며, 외부 요인은 컴퓨터 보급의 증가, 인터넷의 보급과 PC방의 급속한 확산 등 인터넷 환경의 발전이다.

우선 올바른 컴퓨터나 인터넷 사용 방법을 지도하기 위해서는 청소년기의 특성에 대한 이해가 먼저 필요하다. 청소년기는 공격적인 충동, 성에 대한 호기심과 충동을 가지고, 자율적으로 충동을 조절하는데 어려움이 있는 시기이다. 이런 시기적인 특성이 공격적이고 폭력적인 온라인 게임에 몰두하거나 야화, 야동, 야설이라고 불리는 포르노 사이트를 탐닉하기 쉽게 만든다. 또한 자신은 누구인가? 나라는 존재는 타인에게 어떻게 보일 것인가? 앞으로 사회 안에서 어떤 역할을 할 것인가? 등 자신의 고유한 주체성(identity)을 확립해 나가는 시기이기 때문에 사이버 공간은 다양한 자아를 만들어 나가는 실험의 장이 될 수 있다. 하지만, 주체성의 혼돈을 겪는 청소년의 경우, 사이버상의 자아와 현실세계의 자아를 혼동할 수 있다.

청소년 시기의 특성 중 하나가 소외감이나 외로움을 느끼기 쉽다는 것이다. 컴퓨터는 이런 소외감이나 외로움을 달래주는 손쉬운 대상이며 또래집단의 영향이 많은 시기이다. 친구들 중 다수가 특정한 게임을 하거나 커뮤니티에서 활동을 한다면, 그런 경험을 공유하지 못하면 따돌림의 대상이 되는 것을 두려워 하므로 "친구 따라 강남 간다."는 심리에서 컴퓨터 이용을 하게 된다.

(1) 인터넷 중독 예방과 대응 방법

- 청소년기의 발달 특성을 이해한다.
- 평소에 꾸준한 관심과 대화를 가진다.
- 신문이나 잡지 등 종이 매체를 읽도록 격려한다.
- 다른 사람과 직접 얼굴을 맞대고 만나는 모임에서 활동할 수 있도록 격려한다.
- 가족 단위 외식이나 여행 등을 자주 하는 것이 좋다.
- 부모나 교사가 컴퓨터를 공부하고 활용한다. 컴퓨터와 사이버 공간의 특성을 전혀 모르면서 제대로 지도하기는 어렵다.
- 컴맹이나 넷맹 부모라면 자녀로부터 컴퓨터를 배우는 것도 좋다. 청소년 입장에서 부모를 가르친다는 것은 아이에게 특별한 감정을 느낄 수 있게 해주는 좋은 기회가 될 수 있다.
- 시간표를 정해서 지정된 시간에만 컴퓨터나 인터넷을 한다.
- 컴퓨터를 시작하기 전에 오늘 미리 해야 할 작업과 끝마치는 시간을 정한다.
- 자녀와 함께 가족 홈페이지를 만들어보거나, 자녀와 개인적인 이메일을 주고받는 것, 자녀와 함께 게임을 해보는 것도 좋다. 컴퓨터 이용 자체를 청소년과 대화하는 기회로 삼는다는 마음 자세를 가진다.

- 컴퓨터와 TV 등을 가족들이 모이는 장소에 둔다. 공개된 장소에서는 컴퓨터 사용 시간이나 횟수를 스스로 절제하기가 좀더 쉽다. 공개적으로 보기 곤란한 사이트의 접속도 줄여줄 수 있다.
- 학습을 위한 자료를 찾거나 숙제를 하는 등의 긍정적인 컴퓨터 이용을 격려한다.
- 게시판이나 대화방을 이용하는 기본적인 예절에 대해 교육한다. 윤리와 도덕에 대한 교육의 장으로 컴퓨터를 활용하는 것이다.
- 유해 사이트 접속 차단 소프트웨어를 설치한다. 하지만 근본적인 차단이 되기 힘들뿐더러, 지나친 금지는 오히려 호기심을 불러일으킬 수 있음을 명심한다. 바람직하지 못한 정보가 왜 차단되어야 하는지에 대한 이해를 먼저 시키는 것이 필요하다.
- 자녀와 성, 폭력이나 자살 등 염려되는 사회적인 현상에 대해 토론하고 꾸준한 대화를 한다.
- 자녀의 컴퓨터 사용 이외의 다른 활동에 관심을 기울이고 다양한 경험을 할 수 있는 기회를 제공한다.
- 청소년 스스로 자제할 수 있도록 가르치는 것이 무엇보다 중요하다. 강요나 억압보다는 청소년 자신의 책임감과 독립성을 존중해주고 격려한다.
- 문제가 있다고 느낀다면 청소년과 같이 문제를 인식하고 대화하며, 공감하는 태도를 취한다.
- 어떤 요인들이 과도한 컴퓨터 사용을 강화시키는지를 파악해 본다.
- 가족회의를 통해 컴퓨터 사용에 대한 규칙을 정한다. 이 대화와 토론 과정을 거쳐서 규칙을 가족 모두가 서로 동의하고 실천하는 것이 중요하다.
- 하루 중 컴퓨터를 이용하는 시간을 한두 시간으로 정해놓는 것이 필요하다. 경우에 따라서는 주말이나 휴일에 많은 시간을 사용하도록 허락하는 것도 좋다.
- 학습과 같은 자신이 해야 할 일을 끝낸 후에 컴퓨터를 한다는 원칙을 정한다.
- 스스로 컴퓨터 이용을 자제할 수 없다면 “언제 그만하라고 말해줄까?” 식으로 어른이 통제를 도와준다.

- 컴퓨터에 메모지나 카드를 붙이는 식으로 사용을 자제해야 함을 스스로 상기할 수 있도록 해준다.
- 금지만이 능사는 아니다. 집에서 사용을 금지한다고 해도, 친구 집이나 PC방 등 얼마든지 부모의 지도를 벗어날 수 있음을 이해해야 한다.
- 인터넷이 가능한 컴퓨터는 웹 브라우저 상의 즐겨찾기 구성이나 지난 목록 보기 등을 통해 사용의 기록이나 흔적에 대해 주기적으로 확인한다.
- 컴퓨터를 과다 사용하는 또래들과 서로 토의하고 건전한 정보를 교류할 수 있도록 지도한다.

3.9.2 일반인의 경우

정신적 성숙이 청소년보다 더욱 앞서는 일반인의 경우가 더욱 위험이 덜하겠다고 생각할지 모르겠지만, 곁에서 잡아주고 컨트롤 해줄 사람이 없다는 점에서 더욱 위험할 수 있다.

(1) 본인입장에서의 치료적 노력

① 시간관리법

a. 인터넷 사용시간을 적어본다.

먼저 자신이 인터넷 중독이라고 생각하면 정확히 인터넷 사용시간을 아는 것이 중요하다. 일기를 쓰는 것과 마찬가지로 약 일주일간 인터넷을 언제 시작하고 언제 그만두었는지, 그리고 몇 시간을 사용하였는지, 무슨 이유 때문이었으며, 주로 무엇을 하였는지를 매일 기록한다. 이 기록을 가지고 언제 어디서 인터넷을 하며, 주로 무엇을 하는지도 파악할 수 있다. 가장 중요한 것은 이것이 자신의 인터넷 사용 목표를 정할 때 기준이 될 수 있다는 것이다.

b. 인터넷 사용 시간을 조절한다.

인터넷 사용시간과 패턴을 파악한 후 사용시간을 조절하는 것이 필요하다. 막연히 '아 이제 그만 해야지' 하면 안 된다. 그러면 다시 인터넷으로 빠져들게 되는 것은 불 보듯 뻔한 이야기이다. 그보다 자신을 통제하는 여러 가지 방법을 사용하는 것이 좋다.

우선 문제가 되는 것을 파악한다. 인터넷으로 잠을 못 잔다거나 약속을 못 지키는 것 등이 문제가 되는지 파악한 후 문제를 피해갈 수 있는 시간과 장소를 이용한다.

다음으로 인터넷 사용계획을 작성한다. 하루에 인터넷 사용시간을 파악하였으면 구체적으로 하루에 몇 시간을 쓸 것인지 계획을 한다. 다이어트를 할 때와 마찬가지로 여기서도 요요현상을 가장 조심해야 한다. 즉, 단계를 정하여 조금씩 인터넷 사용시간을 줄이는 방법을 사용해야 한다.

마지막으로 인터넷 사용을 즐기도록 한다. 단, 규정된 시간 안에서의 사용을 말하며, 자신에게 가장 필요하고 중요한 활동을 한다.

c. 대안활동을 찾는다.

인터넷 사용을 줄이기 위해서는 대신할 수 있는 활동을 찾도록 해야 한다. 단순히 인터넷 사용 시간만을 줄이면 남는 시간에 할 일이 없어서 다시 인터넷을 하게 된다. 중요한 것은 인터넷 활동만큼이나 자신이 좋아하는 것이어야 한다. 이러한 방법으로 점점 인터넷에 몰입되어 있던 것에서 벗어나 인터넷을 생활의 일부로 즐기도록 한다. 인터넷 말고도 다른 취미, 다른 기쁨, 그리고 다른 만남이 있다는 것을 경험으로 아는 것이 중요하다.

② 인지행동법

a. 스트레스 조절하기

인터넷 중독은 스트레스에 매우 취약하다. 줄이려고 노력을 해보지만 스트레스가 쌓이면 반대급부로 다시 인터넷에 빠지게 마련이다. 스트레스가 쌓이면 몸이 경직되기 마련이다. 그렇기 때문에 긴장을 이완하여 주는 것이 큰 도움이 된다. 더욱 중요한 것은 '스스로가 자신의 긴장 상태를 풀 수 있다'는 것을 아는 것이다.

b. 장단점 평가하기

장단점 평가하기는 효과적인 인지기법 중 하나이다. 인터넷을 사용하면서 얻는 점과 잃는 점을 노트에 기록하면 된다. 노트를 반으로 접어서 한쪽에는 이득이 되는 것을 적고, 반대쪽에는 해가 되는 것을 적어가는 것이다. 그럼으로써 자신이 잃어가고 있는 것이 무엇인지를 다시 한번 확인해 보는 계기를 마련할 수 있다.

3.9.3 인터넷 중독자의 경우

(1) 개인 스스로 인터넷 중독으로부터 벗어나는 방법

① 더 재미있는 다른 일을 찾아라

항상 하고 싶었던 취미가 있으면, 바로 지금이 시작할 만한 때이다. 헬스 클럽에 가고 싶었으면 바로 지금 회원 가입신청을 하도록 한다. 즐길 수 있는 재미있는 것으로 만들어야 한다. 일상생활에서 더 재미있는 것일수록, 인터넷에 대한 생각이 더 줄어들고 다시 돌아가고 싶은 욕망도 줄어들 것이다.

② 인터넷 사용패턴을 분석하고 그 반대로 하라

현재 인터넷 사용방식에 대해 잠시 생각해보도록 한다. 일주일에서 주로 온라인에 들어가는 날이 언제인지, 어느 시간에 들어가는지, 특정모임에 얼마나 머무는지, 주로 컴퓨터를 어디에서 사용하는지 등등을 생각해 본다. 그리고 습관을 바꾸기 위해서는 그 반대로 해본다.

예 아침에 일어나 전자우편을 확인해 보는 습관이 있다고 하자. 먼저 샤워를 하고 아침식사를 하는 것부터 하도록 시도한다. 인터넷을 밤에만 주로 이용하면서 잠잘 시간을 훨씬 지나서까지 한다면 이제 낮에만 사용하도록 한다. 저녁식사를 하기 전에 컴퓨터로 먼저 간다면 밥을 다 먹고 나서 온라인에 들어가도록 한다.
인터넷에서 신문을 읽는 것으로 인터넷 사용을 시작한다면 대신에 인쇄된 진짜 종이 신문을 읽도록 하고 서재에서 컴퓨터를 사용한다면 침실로 옮겨 놓도록 한다.

③ **외부 방해물을 이용하라**

인터넷을 중단할 때를 알려주고 온라인 시간을 조정해줄 수 있는 프롬프터처럼 반드시 해야만 하는 어떤 것, 가야만할 어떤 약속을 활용한다.

예 오전 7시 30분에 출근한다면 인터넷에는 6시 30분에 들어가도록 한다. 아내가 들어오기 한 시간 전에 온라인 모임에 들어가 아내가 도착하면 그만두겠다고 다짐을 하거나 아이들 발표회에 가기 전 1시간 정도만 할 수도 있다.

④ **주간 일정표에 인터넷 사용시간도 계획하여 넣어라**

인터넷 이용에 제약을 가하고자 한 수많은 시도가 실패로 끝나고 마는 이유는, 온라인 모임의 사람들이 언제 오는지 알지 못한 채로 무작정 시간을 줄이려고 하기 때문이다.

여기서는 다른 방법을 제시하고자 한다.

합리적인 목표 즉, 현재 주당 40시간 동안 인터넷을 하고 있다면 주당 20시간 정도로 줄이는 식의 목표를 정한다. 다음에는 이 20시간을 기준으로 시간표를 작성하고 주간 또는 월간 계획표에 기록은 한다. 모임에는 가능한 한 자주 짧게 들르도록 한다. 이렇게 하면 금단증상이나 욕구를 피할 수 있고 정기적으로 2시간씩 모임에 참여하면 시간왜곡경험에 빠지지 않게 될 수 있다.

(2) 인터넷 중독에 빠진 배우자와 의사소통 하는 방법

① 구체적인 목표를 정한다.
② 대화하기 좋은 시간을 마련한다.
③ 무슨 말을 가장 하고 싶은지 정한다.
④ 비난조의 말투를 쓰지 않는다.
⑤ 공감을 하며 듣는다.
⑥ 부정적인 반응에 대비한다.

⑦ 다른 방법을 생각한다.

(3) 인터넷에 빠진 아이들을 다루는 방법

① 어머니와 아버지가 함께 통일된 입장을 견지해야 한다.
② 애정을 보여준다.
③ 인터넷 사용시간을 정한다.
④ 합리적인 규칙을 정한다.
⑤ 컴퓨터를 보이는 위치에 놓게 한다.
⑥ 인터넷 이외의 다른 취미활동을 더 권장하도록 한다.
⑦ 아이들을 중독된 상태에서 벗어나도록 도움을 주어야 한다.
⑧ 필요하면 외부의 도움을 받는다.

(4) 대학 내 인터넷 중독자를 돕는 방법

① 문제에 대해 알도록 한다.
② 현재 가장 유해한 인터넷 습관을 없앤다.
③ 캠퍼스 안의 학생모임에 가입한다.
④ 대학 도서관을 찾도록 한다.
⑤ 동료학생들에게 인터넷 중독에 대해 알려준다.

(5) 직장 내 인터넷 중독자를 돕는 방법

① 인터넷 사용에 대해 직접 정확히 질문한다.
② 직원이 진정으로 도움을 원하는지 확인한다.
③ 적절한 재활 프로그램이나 상담원을 찾자.
④ 인터넷 접속에 대한 통제를 강화하자.

3.10 인터넷 중독의 사례

3.10.1 인터넷 게임 중독 청소년 가족폭행 위험 높다

〈연합뉴스 / 2009.06.12〉

인터넷 게임에 중독된 청소년이 그렇지 않은 청소년보다 형제・자매를 향한 폭력성이 배 이상 높다는 연구 결과가 나왔다.

연세대학교 김재엽 사회복지학과 교수 연구팀은 최근 중고등학생 820명을 설문 조사한 결과, 인터넷 게임에 중독된 청소년 중 41%(36명)가 `형제, 자매를 발로 차거나 혁대, 몽둥이로 때린 적이 있다'고 답해 `비 중독 청소년'의 20%(36명)보다 갑절 이상 높았다고 12일 밝혔다.

인터넷 게임 때문에 생활에 지장을 받는 `중독 청소년'은 전체의 10.7%인 88명이었고 중독 잠재집단은 549명(67%), 비 중독집단은 183명(22.3%)으로 집계됐다.

형제, 자매에 대한 폭력 조사에서는 `발과 주먹으로 때리거나 혁대, 몽둥이로 폭행한 적이 있다'고 답한 청소년이 277명이었고 365명은 물건을 집어 던지거나 밀치는 정도가 가벼웠다.

여학생(45%)이 남학생(31%)보다 형제, 자매에게 더 많은 폭행을 한 것으로 조사됐다.

인터넷 게임에서의 폭력 행위를 현실에서 해보고 싶다는 충동을 느낀 적이 있느냐'는 질문에는 중독 집단의 21%인 18명이 `그렇다'고 답해 비 중독집단(18명.10%)보다 10%가량 높았다.

연구팀은 인터넷 게임에 중독된 청소년이 그렇지 않은 청소년에 비해 가상공간과 현실세계를 구분하는 능력이 현저히 떨어진다고 지적하면서 자극적인 인터넷 게임을 법적으로 규제하고 청소년 게임 사용의 통제와 교육을 병행해야 한다고 강조했다.

3.10.2 인터넷 안 할 때도 하는 꿈꾼다

〈제주일보 / 2009.05.27〉

인터넷 중독으로 일상생활에 지장을 받거나 통증을 호소하는 역기능 현상이 심각한 것으로 진단됐다. 특히 10대 계층의 인터넷 중독 현상이 갈수록 위험수위로 치닫고 있어 대책 마련이 요구되고 있다.

제주특별자치도는 26일 지난해 인터넷 중독예방 상담센터를 방문한 486명에 대해 인터넷 중독 여부를 진단한 결과 매우 심각한 상황인 것으로 분석됐다고 밝혔다.

진단 결과를 보면 '인터넷을 하지 않을 때에도 인터넷에서 나오는 소리가 들리며, 인터넷을 하는 꿈을 꾼다'는 응답자가 전체의 63.5%를 차지했다.

또 '인터넷 사용으로 인해 생활이 불규칙해졌다'는 응답과 '인터넷 사용으로 인해 학교 성적이 떨어지거나 머리가 아프다'는 응답도 다수를 차지, 인터넷 역기능으로 생활에 지장을 받아 치료를 요하는 경우가 적지 않은 것으로 나타났다.

상담자 분포는 10대가 63.2%로 가장 많았으며 이어 40대 18.5%, 30대 10%, 50대 4.4%, 20대 3.3%, 60대 0.6% 등의 순이었다.

제주도는 "사례별 척도 분석을 실시한 결과 10대 청소년 등 저 연령으로 갈수록 통증 호소 등의 인터넷 중독 현상이 심각한 상황인 것으로 나타났다"고 설명했다.

이로 볼 때 청소년들의 인터넷 중독 현상을 예방하고 중독 피해자들을 체계적으로 치료하기 위한 대책 마련과 함께 건전한 인터넷 활용 문화 조성 방안이 절실해지고 있다.

제주도는 이에 대해 올해 3600만원의 예산을 도내 140개 학교에 지원, 학생 2만 8430명에 대한 인터넷 중독 예방교육 등을 실시하고 있다고 밝히고 있으나 보다 체계적인 대응 방안이 요구되고 있다.

제주도 관계자는 "청소년을 대상으로 인터넷 중독 자가진단방법을 교육해 인터넷의 건전한 활용과 함께 중독으로 인한 폐해를 줄여 나가겠다"고 말했다.

3.10.3 게임 중독에 빠진 아이들, 어떻게 관리해야 할까

〈게임동아 / 2009.05.11〉

"중학교 2학년인 우리 아이가 하루 종일 컴퓨터 앞에 앉아 있어요. 그만 해라 말을 해도 듣지를 않아요. 어떻게 해야 할지 원."

게임이 국내의 대표적인 놀이 콘텐츠로 자리잡고 있는 가운데, 게임에 빠진 아이를 둔 부모들의 시름도 함께 깊어지고 있다. 게임은 한두 시간 가볍게 즐기면 생활의 청량제가 되기도 하지만, 하루 종일 컴퓨터나 TV 앞에 앉아 게임을 즐기는 아이가 늘어나면서 가정 불화의 원인이 되기도 한다. 게임 중독에 빠진 아이들, 어떻게 관리해야 할까?

〈무조건 못하게 하는 것은 부작용 낳을 수 있어〉

전문가들은 무작정 게임을 못하게 막는다고 해결될 수 있는 일은 아니라고 단언한다. 아이 주변의 친구들이 다 게임을 즐기고 있고, 부모 몰래 게임을 즐길 수 있는 환경이 이미 갖추어져 있기 때문이다.

황상민 연세대 심리학과 교수는 "요즘 아이들에게는 게임이 단순한 시간 때우기가 아닌, 세상과의 소통 수단인 점을 이해하는 것이 필요하다"고 말했다.

그래서 무조건 못하게 하는 것 보다는 '게임을 하고 싶은 욕구를 조절하도록 유도해야 한다'는 게 전문가들의 조언이다. 날마다 정해진 시간 동안만 게임을 즐기도록 유도하고, 스스로 컴퓨터나 게임기를 끄도록 훈련시켜야 한다는 것. 컴퓨터 옆에 알람 시계를 두고 조절토록 해도 좋고, 영어단어 외우기나 숙제를 다한 경우 보상 차원으로 게임을 즐기게 해주어도 좋다.

전문가들은 "매일 컴퓨터를 켠 시각과 끈 시각을 컴퓨터 사용일지에 기록하게 하면 자신의 게임 습관를 파악할 수 있고, 스스로 과도한 게임 습관을 고쳐나가는 계기가 될 수 있다."고 조언했다.

〈부모도 게임 배워야 통제 가능〉

부모들도 게임을 알아둘 필요가 있다. 과도하게 폭력적이거나 선정적인 게임을 아이가 즐기고 있을 수도 있고, 게임을 즐기는 아이들의 입장에서 아이들과 대화할 수 있기 때문이다.

우선 아이들이 주로 즐기는 게임이 어떤 게임인지 알아봐야 한다. 인터넷 포털에 접속하면 해당 게임의 이용 등급, 폭력성 정도 등이 상세히 나온다. 또 대부분의 게임이 처음 실행시키면 이용 등급이 화면 내에 표시되고, 레벨 등으로 플레이 시간을 예측할 수 있기 때문에 그 부분을 주의 깊게 살펴봐야 한다.

한 전문가는 "많은 어린이들이 부모의 주민등록번호를 도용해 성인 게임을 즐기고 있다. 연령대에 맞는 게임을 즐기도록 유도하는 것이 아이를 게임의 해악으로부터 멀리 하는 길이 된다"고 조언했다.

시중에는 '아이와 통하려면 게임에 통달하라'는 책도 나와 있다. 이 책의 저자는 "호랑이를 잡으려면 호랑이 굴에 들어가야 하듯이 아이를 잡으려면 게임을 해야 한다"며 "최근 연구결과에 따르면 게임에 대한 부모의 이해가 높을수록 아이들은 게임을 긍정적으로 이용할 수 있다"고 주장하고 있다.

3.10.4 '인터넷 바다에 빠진 아이들' 수십만… 국가가 중독자 관리 나서

〈조선일보 / 2009.03.06〉

서울에 사는 중학교 2학년 A(14)군은 초등학교 6학년 때부터 하루도 빼지 않고 15시간씩 인터넷 게임을 하고 있다. 밥 먹는 것도, 자는 것도 잊을 정도다. 게임을 그만 하라는 부모님 잔소리가 듣기 싫어 세 차례 가출도 했고, 말리는 어머니를 때린 적도 있다.

강원도에 사는 B군(13 · 초등 5년)의 증세도 비슷하다. 참다 못한 부모가 B군을 6개월간 정신병원에 입원시켜 초등학교를 1년 유급하기까지 했다.

인터넷 중독현상을 보이는 아동(9~19세)은 현재 전국에 약 16만7000명, 중독 가능성이 있는 아동은 87만8000명으로 추정된다(복지부).

상황이 심각해지자 보건복지가족부가 손을 대고 나섰다. 올해부터 초등학교 4학년생을 대상으로 인터넷 중독 검사를 시범 실시하고, 내년부터는 전국 초등학교 4학년생 전체를 대상으로 검사를 확대할 계획을 세웠다. 중독이 심한 아이들은 각 지역 정신보건센터의 치료를 받게 할 계획이다.

복지부는 올해 검사를 시행할 470개 초등학교를 잠정적으로 선정했고, 추후 신청하는 모든 학교에 대해서도 검사를 시행할 예정이다.

초등학교 4학년생으로 대상을 잡은 이유는 중·고등학생보다 치유가 빠른 연령대이기 때문이라고 복지부 류지형 정신건강정책과장은 말했다.

인터넷 중독 검사는 설문 검사로 진행된다. 설문지는 '인터넷에서 알게 된 사람들이 현실에서 아는 사람들보다 나에게 더 잘해준다' '인터넷이 없다면 내 인생에 재미있는 일이란 없다' 등 40개 질문으로 구성돼 있다.

검사에 응하는 학생은 각 질문당 '항상 그렇다(4점)' '자주 그렇다(3점)' '때때로 그렇다(2점)' '전혀 그렇지 않다(1점)' 중 하나를 선택해 총점을 계산한다. 초등학생의 경우 총점이 94점(중·고교생 108점) 이상일 땐 '인터넷 중독 고(高)위험 사용자군(群)'으로 분류된다. 복지부는 이들을 보호자 동의 하에 일주일에 1~2회씩 2개월 정도 상담 치료를 받게 한다는 계획이다.

참고 및 사이트 ...

- 인터넷 세상의 문제 바로보기 II
  권영빈, 인터비전
- 인터넷중독과 청소년비행의 관계
  http://www.nia.or.kr/open_content/board/fileDownload.jsp?tn=QX_0000193&id=49227&seq=1&fl=7
- Internet addiction disorder

http://www.webs.ulpgc.es/aeps/JR/Documentos/ciberadictos.doc

- 인터넷 중독 온라인 상담 센터
  http://psyber119.com
- 인터넷 중독 예방 상담 센터
  https://www.kado.or.kr/IAPC
- 청소년 인터넷 문화 지킴이 – 아이윌 센터
  http://www.iwill.or.kr/

Chapter 04

인터넷 음란물

4.1 음란물과 인터넷 음란물
4.2 인터넷 음란물
4.3 인터넷 음란물의 부정적 영향
4.4 인터넷 음란물의 대응

4.1 음란물과 인터넷 음란물

4.1.1 음란물의 정의

음란(obscenity)의 어원은 라틴어 obscenus에서 유래한다. 고대 로마시대에 이 말은 현대 영어에서와 똑같은 뜻을 지니고 있었으며 ob(~편에, ~에 대항하여)와 caenum(불결)이란 어근에서 파생된 것이다. 이 단어는 문자의 뜻대로 하면 점잖은 사회에서 관용할 수 없을 정도의 불결한 것을 가리킨다. 미국에서는 이 단어가 대체로 불결하며 품위를 떨어뜨린다고 생각되는 성행위에 관련된 일을 나타내는데 사용된다. 그리고 언어에 적용되었을 경우의 음란은 대부분의 보통사람들의 귀에 즉각적인 불쾌감을 일으키는 성행위나 변태적 행위에 관련된 조잡한 단어들을 사용하는 것을 의미하고 성행위나 성적인 변태적 행위를 묘사하는 사건이나 그림들은 대체로 음란한 것으로 간주된다.

음란물이란 성적 충동을 일으키게 하는 이성의 나체, 성행위 장면이 담긴 사진, 비디오, 소설, 만화, 그림, 성기구 같은 것들 중, 그 내용과 수위가 사회규범을 침해할 정도로 음란한 것을 말한다. 성적 묘사가 있지만 규제의 대상이 되지 않는 성인물과는 다른 의미로 사용되지만, 성인물도 포괄적인 의미로써의 음란물에 포함한다. 음란물은 수요자들의 다양한 욕구에 맞추어 여러 장르와 종류가 있다. 여기에는 비교적 건전한 나체사진도 있지만, 대부분 감추어진 욕구의 표현이므로 사회의 보편적인 윤리와 규범을 벗어난 내용이 많다.

음란물은 사회의 문화적인 관점에 따라 다르게 판단 된다. 일부 국가에서는 표현의 자유, 언론의 자유, 성인들의 즐기는 권리 존중이라는 명목으로 하나의 산업으로 인정되고 있으며, 이익이 많이 나는 산업 분야의 하나이다. 그러나 음란물은 개인과 사회에 큰 영향을 미친다. 그래서 세계 각국에서는 음란물에 대한 찬성과 반대의 의견이 첨예하게 대립하고 있다.

음란물에 대해 같은 사회 구성원이라도 관점에 따라 다른 판단을 할 수 있다. 국내에서는 윤리위원회나 콘텐츠 제공 업체를 비롯한 곳에서는 구체적이고 실정적인 원칙과 기준을 두고 음란물을 구분하고 있다. 대표적인 것이 정보통신윤리위원회심의세칙 제7조 음란성에 관한 기준으로, 성기노출, 성행위, 비윤리성, 변태적 묘사 등을 구체적으로 정의하고 있다. 이런 원칙은 기본적으로 법원의 판례에 따르는 것으로, 법원에서 말하는 포괄적인 음란물의 기준은 '일반인의 성욕을 자극해 성적 흥분을 유발하고 성적 수치심을 해하여 도의관념에 반하는 것'이었다. 최근 '사람의 존엄성과 가치를 심각하게 훼손·왜곡하거나 노골적으로 성적부위나 행위를 표현·묘사한 것'으로 음란물의 기준이 바뀌면서 성적 표현의 제약은 완화하였고, 인간의 존엄성은 더욱 중시하게 되었다.

4.1.2 매체에 따른 음란물의 변천

유럽에서는 르네상스 시대 이후 인간의 본성이 문화계의 주제로 떠오르면서 성의 표현과 낭만주의의 흐름을 탄 작품들이 등장한다. 유럽의 근대에 들어 낭만주의와 자유주의가 만연하고, 20세기까지 계속되어 에로티시즘으로 발전한다. 그 중 포르노그라피는 인간의 사실적인 성적 행위를 부분적으로 확대하여 그 묘사된 부분을 성의 상품화로 유도하는 표현양식이다. 이는 현대의 대표적인 음란물로써, 다양한 매체를 통해 보급이 되었다.

음란물이 처음 대중에게 노출되기 시작한 것은 1953년 월간지 플레이보이(Playboy)가 발간되면서부터다. 이 잡지는 미국인의 성행동과 성의식의 변화를 대중문화권에 편입시켰고 섹스를 대중소비의 세계로 단숨에 끌어내렸다. 1969년에는 플레이보이의 경쟁지인 팬트하우스(Panthouse)가 영국에서 출간되었고 1974년에는 허슬러(Hustler)라는 도색잡지가 나왔으며 그 외 수많은 포르노 잡지가 후속적으로 발간되었다.

그런데 1970년대 중반 홈 비디오의 출현으로 인해 포르노의 제작과 배급에 획기적인 변화가 일었다. 소위 '포르노의 황금시대'로 불리게 되었다.

잡지 이후에 영화와 비디오를 통해 보편화되기 시작한 포르노는 1980년 초에 비디오의 세계적 확산 때문에 완전히 일반화를 이룬다. 이때부터 소위 미디어 섹스의 대중화가 이루어진 것이다. 비디오는 개인의 미디어 섹스를 한층 가까이 다가서게 한 매개체이다.

비디오가 일반화되고 곧 등장한 것이 한국에서 전화방으로 알려진 전화섹스이다. 송신자나 수신자 모두 철저히 누구인지 알 수 없는 익명성이 잠재하기 때문에 얼마든지 개방적인 섹스 커뮤니케이션이 허용되는 섹스 기제가 되었다. 비록 한국에서는 전화방을 제도적으로 통제하였으나 변종의 전화 포르노는 아직도 행하여지고 있다. 가정적 규범이 강력한 한국 사회에서 전화섹스는 대단히 호응을 받을 수 있었다.

4.2 인터넷 음란물

4.2.1 특징

음란물은 성인을 위한 문화로써 개인적인 욕구 충족을 위해서도, 사회의 정체된 욕구 해소를 위해서도 좋은 수단이 된다. 또한 예술적인 가치를 지닌 작품으로 승화하기도 한다. 이는 삶을 윤택하게 해주고 사회의 안정과 문화적인 발전에 도움을 준다. 하지만 성적인 욕구는 올바른 방향으로 다루지 않으면 개인적, 사회적으로 불건전하고 악의적인 현상이나 행위로 이어지기 쉽다. 그래서 음란성을 내포하는 콘텐츠들은 성인에게만 허용되며, 관계자들에게 많은 의무를 지우고 있고, 사회 규범을 지나치게 침해하는 경우에는 아예 금지하는 것이다.

인터넷이 보편화되면서 음란물의 양상은 전에 비하여 많은 변화를 보이고 있다. 음란물의 본질은 변하지 않지만 음란물에 접근하는 방법은 달라지는 것이다. 인터넷의 특성상 글, 음성, 영상을 비롯한 대부분의 매체를 수용할 수 있다. 또한 사용자 간의 상호작용이 가능한 특성을 이용하여 영상채팅과 같은 새로운 형태의 음란물도 등장하고 있다. 인터넷은 누구나 이용할 수 있으므로 음란물로의 접근이 매우 쉽다. 익명성이 보장되기 때문에 음란물을 취득하기 위한 심리적 장벽도 낮아졌다.

한편 사회적, 법적으로 허용하는 수준인지 판별하기가 어렵기 때문에 불법적이고 사회적 통념에서 벗어나는 콘텐츠도 다수 유통되고 있다. 쉬운 접근성은 미성년자가 음란물을 쉽게 접할 수 있는 문제도 같이 야기했다. 또한 상호작용이 가능하다는 점을 악용해 불법 성매매도 빈번하게 이루어지고 있으며, 성희롱과 성범죄가 발생하기도 한다. 규제가 어려운 인터넷의 특성상 이런 왜곡된 문제점들은 심각한 사회적 이슈로 떠오르고 있다.

음란물은 기존에도 상품으로 시장성을 인정받아왔지만, 인터넷의 등장으로 인해 그 시장은 날로 커지고 있다. 기존 형태의 시장과 융합하고, 새로운 형태의 사업 또한 등장하고 있다. 음란물은 미디어의 성격을 띠고 있기 때문에 미디어의 발전과 함께 그 상업적 형태가 변화하고 있다. 큰 경제 시장을 형성하면서 조직적 범죄가 가담하기도 하고, 불법적인 영업과 유통도 이루어지고 있다.

4.2.3 음란 사이트에 사용된 기술들

음란물의 유통 경로가 인터넷으로 옮겨오면서 많은 양상에 변화가 생겼다. 음란물은 윤리적 이유와 청소년 보호 때문에 공개적인 홍보가 어렵고 유해매체로 여겨져 유통이 어렵기 때문에, 인터넷에서 이를 우회하기 위한 방법이 발전해왔다. 이는 때때로 사용자의 불편함을 야기하고, 컴퓨터의 기능에 손상을 주기도 하는 문제를 낳기도 한다.

초기의 음란 사이트들은 컨텐츠 수익에 비해 광고 배너로 인한 수익의 비중이 큰 편이었다. 2000년을 전후한 시기에는 배너 노출 횟수로 광고금액을 지불하는 CPM(Cost per Mill) 방식이 많았기 때문에, 여러 개의 팝업 창을 한꺼번에 띄워서 배너를 노출하는 기법이 생겨났다. 사용자가 음란 사이트에서 빠져나가지 못하게끔 하는 편법도 등장하였다. 웹 브라우저의 사이즈와 위치를 조작하여 종료 버튼을 가리거나, 의도하지 않은 다른 음란 사이트가 열리거나, 웹 브라우저를 종료해도 새로운 웹 브라우저가 음란 사이트와 함께 실행되는 기술들이 등장했다. 이는 컴퓨터의 성능을 떨어뜨리고, 사용자가 의도한 대로 컴퓨터와 웹 브라우저를 제어할 수 없기 때문에 불편함과 스트레스를 준다. 이후 성인 사이트 사업이 성숙해지고 웹 브라우저의 보안 성능이 향상되면서 이런 편법들은 사라졌지만, 팝업 기술들은 다른 일반적인 상용 사이트들에도 확산되어 사용되었다.

이후 피싱에서 영향을 받은 기술들도 나타났다. 사용자도 모르게 페이지 주소가 변경되게 만드는 페이지 하이재킹 기술이 음란 사이트에 적용되었다. 간단하게는 유명한 사이트의 도메인과 유사한 도메인 이름을 사용해 오타로 인해 음란 사이트로 유도하거나, 위장된 하이퍼링크를 사용하여 클릭을 통해 유도하는 방법이 있다. 또한 스파이웨어나 악성코드에 사용된 기술도 음란물 사이트에 유입되었다. 이런 기술들은 웹 브라우저를 사용할 때마다 음란 사이트를 열거나 팝업 창을 띄우게 하고, 사용자가 일반 사이트에 들어갈 때도 강제로 음란 사이트를 연결 할 수도 있다.

음란 사이트 중에는 합법적인 성인물로 인정 받지 못하고 유해물로 분류되는 것들은 국내의 실정법 위반을 이유로 폐쇄된다. 하지만 해외에서 유입되거나 국내 사업자가 해외에 서버를 둔 경우에는 법적인 조치를 받아 DNS 서버에서 해당 사이트의 도메인 이름을 막거나, ISP에서 서버의 IP를 차단할 수가 있다. 하지만 사용자가 DNS 서버의 차단을 피해서 해외의 DNS 서버를 사용하거나, 업자가 ISP의 차단을 우회하기 위해 프록시를 경유하거나 계속적으로 IP를 변경하는 방법을 쓰기도 한다.

4.2.2 표현의 자유

음란물 중에서도 사회적, 문화적으로 용인을 받고 상업적으로도 사용할 수 있는 범위의 것이 있다. 이는 성인을 위한 문화와 성 콘텐츠로써 사회 규범을 지나치게 침해하지 않는 범위의 표현력을 지닌다. 또한 예술 작품은 지나친 선정성을 지니지 않는다면 신체의 노출은 허용하고 있다. 하지만 인터넷의 등장 후, 이런 전통적인 기준에 대해 누리꾼은 의해 찬성과 반대의 입장의 대립과 의견 교환이 많이 이루어졌고, 성적 표현에 대한 새로운 규제나 기준을 도입해야 한다는 목소리도 높아지고 있다.

사회 일부에서는 표현의 자유를 침해한다는 이유로 이런 규제 자체를 거부하고 있다. 단지 법조에 기술되어 있는 세부 항목을 어기거나, 예술성을 지닌 작품을 선정성 때문에 규제하는 것은 옳지 않다는 주장이다. 선정성을 강조하지 않았음에도 불구하고 성기나 성행위의 표현을 규제하는 것은 옳지 않은 것으로 보는 관점이다. 2000년 김인규 교사가 인터넷 홈페이지에 자신과 부인의 전라 사진을 게재하였다가 전기통신기본법 위반 혐의로 기소되었다. 이는 1, 2심에서 무죄를 선고 받았으나 대법원이 제작자의 의도보다 사회 평균인의 입장을 강조하며 음란물로 판정하여 사회 각층에서 다양한 반향을 일으켰다. 특히 이 사건은 누구나 쉽게 접근 가능한 인터넷과, 예술적 표현영역과 사회적 통념의 충돌이 함께 다뤄졌다는 점에서 주목을 받았다. 지금도 자유와 규제의 양 주장은 첨예하게 대립하고 있다.

4.2.3 경제성

음란물이 오랜 시간 동안 꾸준히 부흥해온 사실의 이면에는 음란물을 둘러싼 시장 경제가 자리하고 있다. 음란물 생산자들은 오래 전부터 음란물을 생산해 도서, 그림 및 사진, 비디오 등의 매체를 통해 유통해왔으며, 음성적인 시장이라고는 믿기지 않을 정도의 거대한 경제 규모를 이루어 왔다. 특히 인터넷의 등장으로 인해 보급, 유통, 접근 모두 수월해져서 그 규모는 아직도 성장세에 있다.

이런 경제의 이익은 생산자에게만 돌아가는 것이 아니다. 중간에서 유통을 맡고 있는 CP(Contents provider)도 상당한 이익을 얻고 있다. 또한 최근의 음란물은 동영상과 같은 대용량의 매체가 주를 이루기 때문에 ISP(Internet service provider)에게도 음란물이 발생하는 트래픽은 수익의 상당 부분을 차지한다. 유료 P2P나 웹하드 사업자에게도 같은 이유로 수익이 돌아간다. 사법기관에 의해 불법 음란물에 대한 단속이 이루어지고 있지만 경제성을 이유로 성인물 뿐만 아니라 불법 컨텐츠까지 돈

벌이의 수단으로 사용하고 있다.

마크 펜(Mark Penn)의 마이크로트렌드에 따르면 전세계 포르노 시장 규모는 무려 570억 달러(약68조원)에 달하고, 미국 내에서의 포르노 산업이 창출하는 총 이윤은 120억 달러(약14조원)에 이른다. 이는 2006년 ABC, CBS, NBC 방송 3사의 수익을 합친 것 보다 두 배 정도 큰 액수이다. 일본의 성인 영화인 AV(Adult Video)의 시장규모도 연 4000억엔(약5조원)에 이른다. 또한 미국 시장조사기관인 SA(Strategy Analystics)의 보고서에 따르면 2004년 전세계 휴대전화를 통한 성인 콘텐츠는 4억 달러(약4800억원)의 매출을 달성했으며, 2010년에는 그 규모가 50억 달러(약6조원)에 달할 것으로 예측했다.

한편 일반인들이 스스로 음란 동영상을 제작하여 인터넷에 올리는 것이 인터넷 음란물의 일부를 차지하게 되면서 성인물 시장에도 변화가 일어나고 있다. AVN 미디어 네트워크에 따르면 지난 몇 년간 꾸준히 성장했던 포르노 비디오 판매 및 대여액은 지난해에 36억2천만 달러(약4조3천억원)로 2005년의 42억8천만 달러(약5조원)에 비해 감소했고, 성 관련 산업 총 시장규모는 올해 130억 달러(약15조원) 가량 축소될 것으로 예측하고 있다. 초고속 인터넷의 발달로 사람들이 무료 동영상을 쉽게 내려받을 수 있게 되고 아마추어 작가들이 자신의 제작물을 쉽게 인터넷에 올리는 것도 갈수록 쉬워지고 있기 때문이다. 이렇게 컨텐츠 생산자의 시장규모는 작아졌지만 컨텐츠를 유통하는 중간 경로인 P2P나 ISP에서의 음성적인 수익을 고려하면 시장 규모가 축소된다고만 보기는 어렵다.

4.2.4 유형

음란 동영상은 이른바 '야한 동영상'의 줄임말인 '야동'으로 불린다. 대표적인 인터넷 음란물로써, 예전에는 CD-ROM에 담겨 유통되었는데, 광대역 통신망의 발달로 스트리밍 또는 다운로드를 통해 쉽게 취득할 수 있다. 야동은 크게 포르노 비디오, 음란 애니메이션, 몰카(몰래카메라), 셀카(셀프카메라) 등이 있다. 초기의 야동은 외국의 음란물 제작업자가 주로 제작했지만, 개인이 제작한 동영상의 비중도 늘어나고 있으며, 이런 동영상들은 일반인들의 복제와 공유를 통해 유통되고 있다.

'야설'은 '야한 소설'의 줄임말이며, 인터넷에서 유표되는 음란소설을 뜻한다. 이는 인터넷이 국내에 보급되기 이전, PC 통신을 통해 쉽게 접할 수 있었다. 성에 도착적인 묘사가 많고, 왜곡된 인간관계 인간관계를 표현하는 내용과, 아마추어적인 문장이 일반적인 성인 소설이나 로맨스 소설과는 다른 점이다. 이는 국내 제작 비율이 80%를 넘고, 현실감이 느껴지는 묘사와 왜곡된 성관계 설정은 음란물 중에서 가장 정도가 크다.

야음은 '야한 음향'의 줄임말로 포르노나 성인 동영상의 신음소리나 구연동화처럼 하는 섹스이야기 등의 음란 음향을 소리 파일로 만든 것을 말한다. 성행위 할 때 나는 소리나 자위하며 내는 소리, 자신의 성경험을 이야기 하는 내용 등이 있다. 외국의 음란 사이트에서 고객 서비스용으로 제작되었는데, 다른 음란물에 비해 별로 확산되지는 못했다.

야겜은 '야한 게임'의 줄임말이다. 야겜에는 옷 벗기기 게임인 '스트리퍼 게임'과 많은 사람과 성관계를 하는 것을 목표로 하는 '어드벤처 게임', 크게 두 가지 부류로 나눌 수 있다.

컴섹 또는 웹섹은 PC통신, 인포샵, 인터넷의 대화방에서 글과 화상채팅으로 음란 대화를 나누는 것을 말한다. 처음 만난 이성 상대와 성에 대해 제한 없이 대화를 나누므로 호기심 충족에 대한 만족도가 높아 습관적으로 참여하게 되는 중독성을 가지고 있다. 10대 남학생, 20대 이상의 성인들의 참여도 많지만, 시각적인 음란물에 상대적으로 관심이 적은 여자들도 감성적인 음란물에 속하는 컴섹에 많은 관심을 보이고 있는 것으로 알려져 있다.

헨타이 망가는 변태 만화를 말하는데, 변태적이거나 폭력적인 왜곡된 성행위를 담은 만화를 의미한다. 일반적인 애니메이션 형태의 음란물을 일컫기도 한다. 일부에서는 만화의 일본어 발음인 '망가'를 성인 만화의 대명사로 이용하기도 하여 외국어의 의미 왜곡과 국어 오염을 일으키고 있다.

4.2.5 접촉 경로

인터넷이 보급되기 전에는 음란물은 음지에서 유통되었다. 인쇄물, 비디오와 같은 매체를 통해 은밀히 주고받았던 것들은 이제 인터넷을 통해 쉽게 접할 수 있게 되었다. 컴퓨터가 발달하면서 CD-ROM과 같은 매체를 통해 음란물이 유통되기도 했다. 인터넷은 현재 음란물의 접촉에 가장 큰 비중을 차지한다. 인터넷이 문화의 중심 축을 이루고 있다면, 음란물 역시 문화의 중심 축에 섞여 들어온 셈이다.

인터넷을 사용하는 도중 의도하지 않게 음란물을 접하는 경우가 많다. 잘못된 주소를 입력하거나, 링크 피싱을 당하는 경우도 있다. 합법적인 성인물은 청소년들에게 영향이 적은 곳이라면 공공연한 광고가 가능하기 때문에 이를 통해 음란물을 접하는 것도 가능하다. 특히 음란물 유통업자들은 인터넷 사용자에게 무작위로 스팸메일을 송신하기도 하는데, 그 대상이 연소자와 성인을 가리지 않는다는데 문제가 있다. 인터넷 검색의 결과로 음란물이 검색되기도 한다. 2007년에는 야후 코리아의 메인 페이지에 음란 동영상이 게시되어 6시간 동안 방치된 사건이 있었다. 이런 문제를 해소하기 위해 검색 업체, UCC 업체의 모니터링과 자동 필터링을 통해 관리되고 있다.

음란물을 쉽게 접할 수 있는 다른 경로는 성인 사이트이다. 국내에서 운영되는 합법적인 성인 사이트 외에는, 해외의 포르노 사이트와 개인이 운영하는 음란물 커뮤니티가 있다. 이들은 국내 실정법에 어긋난 내용을 담고 있거나, 청소년과 성인 여부를 가리지 않고 내용을 공개하기도 한다. 페이지 재킹으로 인해 다른 사이트로 자동으로 연결이 되거나, 팝업 창이 무수히 많이 뜨는 문제도 발생한다.

P2P와 웹하드는 음란물의 유통 경로로써 그 비중이 가장 크게 늘고 있다. P2P와 웹하드는 영화, 음악과 같은 정보들을 값싸게 다운로드 할 수 있기 때문에 폭발적으로 증가해왔다. 이런 것을 이용하면 음란물의 검색과 다운로드가 쉽고, 타인들과 쉽게 공유할 수 있기 때문에 그 확산 속도가 매우 빠르다. 웹 하드에서 유료로 음란자료를 다운받으면, 그것을 업로드 한 이용자는 마일리지 형태의 수익을 얻을 수도 있다. 물론 업체들이 제시한 이용약관에는 성인물에 대한 언급이 있어왔지만, 그 실

효성은 크지 않았다. 그러나 최근, 업체의 모니터링과 사법기관의 단속을 통해 합법적인 성인물을 제외한 부적절한 음란물을 차단하려는 노력과 성과가 나타나고 있다.

4.3 인터넷 음란물의 부정적 영향

4.3.1. 인터넷 음란물 노출의 영향

(1) 중독

처음 음란물을 접한 사람은 강한 호기심을 갖게 되고, 이들은 호기심 충족을 위해 많은 음란물을 자주 접하려고 한다. 음란물을 통해 얻는 만족과 쾌감에 익숙해지면 중독에 빠져들기 쉽다. 이들은 사회적인 성규범을 충족하는 적절한 수위의 성인물을 반복해서 보게 되지만, 접촉한 음란물들에 익숙해지면 새롭고 강한 자극을 주고 새롭고 변태적인 음란물을 찾게 될 수도 있다.

성에 대한 묘사는 자극이 강하기 때문에 음란물을 접한 후에도 정신에 영향을 미친다. 일상 생활 중에도 자극이 지속되어 죄책감에 빠지거나 또는 결벽적인 반응을 보이기도 한다. 일부의 청소년들은 음란물 중독에 빠져 일상생활이 어려워 성 상담 또는 정신과 치료를 받기도 한다. 음란물로 인해 겪는 부부 생활의 장애도 보고되고 있다. 음란물 중독증에 걸린 이들은 다양한 종류의 음란물을 접하는 특징을 보이며, 정기적으로 음란물을 보아야 마음이 안정되고, 한번 음란물을 보기 시작하면 멈추기가 어려운 증상을 보인다.

이러한 음란물 중독에 대한 모닝도스와 섹티즌이라는 새로운 용어가 나타났는데 모닝도스는 회사원이 회사에 출근해서 음란물을 보아야만 업무를 시작할 수 있는 음란물 중독현상을 말하는 용어이고, 섹티즌은 틈만 나면 음란 사이트에 접속하는 사람들을 지칭하는 용어로 섹스와 네티즌의 합성어이다.

(2) 성 관념 왜곡

음란물을 계속 접하다 보면 파격적인 음란물에도 무감각하게 되어 변태적인 성적 기호를 갖출 수도 있으며, 일부 사람들은 자기가 접촉한 음란물이 일반적인 성의 표현이라고 잘못 이해할 수도 있다. 또한, 음란물을 장시간 접촉한 이들은 실제로 성 경험을 하고자 노력하기도 한다. 이런 문제점은 음란물에 노출되기 전에 충실한 성교육을 받지 못한 사람들에게서 주로 나타난다.

관념의 왜곡이 심각해지면 현실의 혼동을 일으켜, 모든 이성이 다 음란물을 즐기는 것처럼 여겨지거나, 여성은 강간당하고 싶은 환상을 갖고 있다든지, 여성이 성폭행을 도발한다는 의식이 발생하기도 한다. 이를 '강간신화'라고 한다. 대부분은 음란물은 강간신화를 내포하고 있기 때문에 조금이라도 음란물을 접하면 이런 의식에 젖기 쉽고, 특히 사회 전반에 걸쳐서 나타난다는 점에서 그 심각성이 있다.

4.3.2 미성년 문제

수년 전 언론을 중심으로 키드넷 운동이 활발히 펼쳐졌다. 차세대의 핵심 정보원인 인터넷의 급속한 발전과 변화를 따라잡으려면 어릴 때부터 인터넷에 익숙해야 한다는 판단에 따라 학교 단위의 인터넷 기반을 조성하고 어린이들에게 인터넷 활용 방법 및 정보 수집요령 등을 보급했다. 이제 도시뿐만 아니라 시골의 초등학교에서도 인터넷을 활용하는 학교가 늘었고, 어린이 교육에 도움을 주는 인터넷 사이트도 많이 생겼다. 청소년을 비롯하여 어린이의 인터넷 사용은 권장 추세다. 이는 역설적으로 음란 사이트를 청소년과 어린이에도 노출시키게 되었다. 2008년, 방송통신심의위원회가 서울 경기 지역의 만 13~18세 청소년을 대상으로 한 조사에서 35%가 인터넷을 통해 음란물을 접촉한 경험이 있는 것으로 나타났다. 인터넷으로 접촉할 수 있는 음란물은 그 접촉 경로가 다양하기 때문에 완벽한 차단이 어렵기 때문에, 미성년들은 유해환경에 무방비로 노출되어 있다.

(1) 어린이

어린이들은 일찍부터 텔레비전과 같은 매체를 통하여 애정 행위에 대한 인식을 깨치게 된다. 그 후, 영화나 만화와 같이 자의적으로 취득할 수 있는 매체를 통해 성행위를 접하게 된다. 또한 인터넷은 어린이들에게 음란물로의 접근을 제공하는 도구가 될 수 있다. 음란물은 매우 자극적이기 때문에 정신과 육체가 다 성장하지 못한 어린이들은 큰 충격으로 받아들일 수 있다.

특히 컴퓨터 조기교육 열풍 탓에 가정에서는 어린이들을 위해 컴퓨터를 사고, 인터넷을 설치한다. 이는 자칫 음란물 접근을 방조하는 위험을 나을 수 있다. 방송통신심의위원회에 따르면 유해정보를 접하는 장소의 95.8%가 집이었다. 컴퓨터를 거실로 옮기고, 조기 성교육을 통해 그른 성의식을 예방하고, 유해정보 차단 소프트웨어의 보급이 해결책으로 꼽히고 있지만, 완벽한 해결책이라고 볼 수는 없다.

(2) 청소년

컴퓨터 음란물은 청소년들에게 건전하지 못한 성의 개념을 심어준다. 1992년에 중고교생이 만들어 온 사회를 떠들썩하게 했던 빨간 마후라 비디오테이프 사건, 임신한 여중고생들이 남의 집 화장실에서 아기를 출산하고 버린 사건은 비뚤어진 성 개념, 상품화된 성 개념이 낳은 현상이다.

성에 대해 눈뜨기 시작한 청소년들은 음란물을 대했을 때의 반응이 어린이와 다르다. 성적 만족감을 느낄 수 있는 나이이기 때문에 중독에 빠질 여지도 있다. 한편 경험과 지식이 부족하기 때문에 올바른 성적 행동과 그렇지 못한 것을 구분하지 못한다. 이로 인해 왜곡된 성의식을 갖게 될 수 있다. 또한 청소년들은 가상공간 내의 음란한 현실을 실재의 현실과 연계시키고자 하는 충동을 느끼기도 한다. 이는 청소년 범죄의 원인을 제공하기도 한다.

4.3.3. 사회적 문제

(1) 사회적 악영향

누구나 인터넷에서 다양한 정보를 접할 수 있고, 그 계층 또한 나이, 성별 등에 구애받지 않는다. 또한 익명성도 보장되기 때문에 자유로운 발언과 의견 교환을 할 수 있다. 한편 이런 인터넷의 영향이 범죄를 초래하기도 한다. 인터넷에서 채팅을 하거나 게시판에서 글을 쓰는 도중에 발생하는 성폭력은 매우 빈번히 일어난다. 성적 비하나 모멸감을 주는 언어로 인해 피해를 입을 수 있다. 또한 채팅을 통해서 음성적인 성매매가 일어나기도 한다. 국내에서는 성매매가 불법이지만 통제가 어려운 인터넷의 특성상 별다른 예방책이 마련되지 못하고 있다. 성매매가 청소년에게까지 미쳐 원조교제로 발전하는 경우도 있다. 정부는 이의 방지를 위해 청소년성보호법을 제정하고 위반자를 엄벌에 처하고 있다.

이런 일련의 현상들의 원인으로 인터넷 음란물로 인한 개인들의 성의식 왜곡을 들기도 한다. 하지만 인터넷이 원인을 제공했다기 보다는, 암묵적으로 깔려있던 남성우월주의와 사회의 왜곡된 성의식이 익명성을 계기로 드러났다고 보는 것이 옳은 견해이다.

(2) 기술자

인터넷에서 불법적인 컨텐츠의 유통을 위한 웹 솔루션은 물론, 단속 회피 등을 위해서도 기술자의 협력은 필수적이다. 하지만 이런 사업이 불법이라면, 이에 참가한 기술자도 법적 징계를 받게 된다. 2007년에는 게임 프리 서버를 운영한 혐의로 구속된 바가 있고, 2009년 3월에는 해외 서버를 두고 도박 사이트 '야마토'를 개발, 운영한 혐의로 개발자가 구속되기도 했다. 이는 불법 음란물에도 적용된다.

2008년 2월에는 성인 사이트 광고를 무작위로 화면에 띄우는 스파이웨어를 개발한 혐의로 개발자가 구속되었다. 자신의 사업을 위해 개발을 한 경우는 물론, 의뢰를 받아 개발을 한 경우에도 법적 제제를 받는다. 사업 내용을 모르고 솔루션을 제공한 경우에도 내용을 알고 개발에 참여한 것과 같은 처벌을 받을 수도 있다.

사업의 불법성을 모른 채, 의뢰에 따라 솔루션을 제공했다가 뜻하지 않게 개발자가 희생되는 경우가 벌어지고 있다. 불법 사업의 경우 합법적 사업에 비해 보수가 크기 때문에 이에 쉽게 유혹당해 범죄에 연루될 수 있다. 이런 경우를 피하기 위해, 개발자는 사업자의 사업 내용이 합법적인지 미리 조사하여 신중히 수주 여부를 결정해야 한다.

(3) 유통 관계자

일반인들도 쉽게 저지르는 인터넷 음란물 관련 범죄는 음란물의 유통이다. 주로 음란사이트를 개설하거나, P2P나 웹하드를 통한 음란물 공유가 있다. 특히 음란물 공유는 개인적인 행위로 여겨 심각히 생각하지 않는 경우가 많지만, 법령에 따라 유포자와 취득자 모두 처벌을 받을 수 있는 범죄행위이다. 이에 대한 대표적인 법령들은 '전기통신기본법'과 '전기통신사업법'에 기재되어 있으며, 통신 매체를 매개로 음란하거나 불건전한 정보를 주고 받아서는 안 된다는 것이 주된 내용이다.

(4) 여성

사람들이 포르노그라피가 아무런 해가 없다고 보는 것은, 포르노의 이미지에서 묘사되는 사람들이 비실재적이라고 생각하기 때문이다. 하지만 포르노그라피에서 폭력의 대상이 되는 여성들은 인간이다.

포르노그라피는 잠재의식에 작용하는 방식으로 불평등한 성역할, 성차별의 근거, 성폭력을 표현한다. 이름도 없고, 끝없이 갈구하고 기다리며, 남성들을 위한 아무 생각 없는 성 놀이감이자, 돈벌이를 위해서라면 옷을 벗고 알몸으로 나서는 존재로 여성들을 묘사하는 것이 평등하고 상호 존중하며 인간적으로 공존할 수 있다는 메시지로 받아들여 질 가능성은 없을 것이다.

포르노그라피는 이용자들에게 아주 부정확할 뿐 아니라 잘못 이해될 수 있고 위험한 정보를 가르친다. 포르노는 가학/피학성 변태행위, 성폭력, 여성에 대한 비하,

아동과의 성행위, 근친상간, 그룹 섹스, 관음증, 성적 타락, 수간, 성적 고문, 페티시즘, 및 "강간 신화"에 대한 찬양 등과 같은 건강하지 못하고 반사회적인 유형의 성행위를 묘사한다. 아동들을 포함한 포르노그라피의 소비자들은 폭력적인 섹스가 정상적이고 정당함 것으로 배우고 받아들일 것이고, 극히 위험하고 반사회적인 행동들에 대해 무감각하게 되기 쉽다. 그러한 윤리 의식의 둔화로 인해 여성의 안전이 영향을 받게 된다. 이는 또한 강간과 다른 성범죄들을 대수롭지 않게 여기는 문화를 만들어 낸다.

더욱이, 비폭력적인 포르노도 실제 생활에서의 여성의 가치를 무너뜨린다. 포르노의 세계에서, 포르노그라피의 의도적이고, 소비자들을 혹하게 하고, 충격효과를 노리는 제작기준에 따라 여성의 가치는 그 성적 매력에 직접적으로 결부된다. 포르노그라피는 여성의 존엄성, 지성, 정치적 독립성, 지혜, 인격을 고려하지 않고, 성적 정형성을 강화하고 여성의 사회적 역할을 주장하는 언설들의 의미를 공공연하게 격하시킨다.

4.4 인터넷 음란물의 대응

4.4.1. 규제

(1) 인터넷 사용자 단계에서의 기술적인 규제

이용자가 어떤 서비스를 받는지, 어떤 사이트를 방문하는지를 감시한다는 것인데 이 경우 개인의 비밀통신까지 감시의 대상이 되어 이용자의 프라이버시를 침해할 가능성이 크고 정보사회로의 발전에 중대한 장애요인으로 등장 할 수 있다.

인터넷은 그 어떤 매체보다 이용자의 능동성이 중시되는 매체이다. 이러한 점에 중점을 두어 인터넷 음란물을 능동적인 이용자 차원에서 관리・운영하도록 하는 것이 차단 프로그램이다. 차단 프로그램에는 우선 음란물 주소를 데이터베이스화하는 방식이 있다. 그리고 차단 프로그램은 차단 범위에 따라 블랙리스트, 화이트 리스트, 중립적 방식의 3가지 종류가 있으며 차단 접속방식에 따라 인터넷 접속 이용자용 소프트웨어와 인터넷 접속 서버용 소프트웨어가 있다.

첫째로 블랙리스트 방식은 음란, 폭력 등 불건전한 내용을 담고 있다고 판단된 사이트를 차단하기 때문에, 인터넷에서 제공하는 대부분의 정보에는 접근 가능하다. 그러나 차단 목록의 주기적인 갱신이 어렵고, 포괄적 기준 설정으로 인한 무차별 차단의 가능성이 있으며 차단도구 개발자나 차단 목록 제공자에 의한 실질적인 검열권 행사의 우려가 존재한다. 둘째로 화이트 리스트 방식은 내용이 검증되어 리스트에 등록된 사이트만 접근을 허용하고, 이외의 사이트는 모두 차단한다. 그러나 이 방식은 접근할 수 있는 사이트가 극히 제한적이라는 단점을 가지고 있다. 셋째로 중립적 방식은 일정 기준에 의해 정의된 등급에 의해 차단하는 것으로 인터넷 내용 선택 기술표준에 의해 등급표시 방법이 표준화된다. 이 방식은 다양한 환경에 적용 가능한 융통성과 보안성을 제공한다는 장점이 있다. 그러나 현재 웹사이트의 약 99%에 등급표시가 없고 등급부여자의 실질적인 검열권 행사의 우려가 존재한다.

음란물 사이트가 하루에도 수백 개씩 새롭게 계속 생겨나고 있기 때문에 실시하는 것이 인터넷 내용 등급제이다. 정보제공자가 자율적으로 자신의 사이트에 등급을 설정하면, 이용자가 스스로 정보를 판단하거나 이미 정해진 등급 내에서 정보를 볼 수 있는 시스템이다. 하지만 등급을 표시하지 않은 불법적인 사이트나 음란 사이트와는 별개로 다운받은 컨텐츠에 대한 음란물 판정도 필요하다. 몇몇 업체는 인터넷 상에서 떠도는 이미지나 동영상의 음란성을 검사하여 블랙리스트를 만든 후, 개인 PC에서 이를 사용할 때 블랙리스트와 대조, 차단하는 솔루션을 제공하고 있다. 또한 패턴인식을 사용하여 컨텐츠가 음란성을 지니고 있는지 지능적으로 인식해서 차단을 하는 기술들도 속속 등장하고 있다. 하지만 합법적인 성인물과 명화를 음란물로 오판할 수도 있고, 음란성이 없는 컨텐츠도 음란물로 분류할 정도로 정확도가 떨어지는 게 현재의 실정으로, 기술적 성숙이 필요하다. 하지만 많은 노력을 들이지 않고 음란물을 판독할 수 있다는 점에서 장기적으로는 전망이 있는 방식이다.

(2) ISP 단계에서의 기술적 규제

자국의 판단에 따라 기술적인 방법으로 인터넷 음란물을 규제하는 방법이다. 일단 자국 내의 DNS 서버에서 유해 사이트의 도메인 이름을 블랙리스트에 등재하는 규제 방식이 있다. 하지만 법의 제재가 닿지 않는 해외의 DNS 서버를 사용하면 우회가 가능하다. 도메인 이름이 아니라 서버의 IP를 기준으로 연결을 차단하는 방법도 있다. 하지만 사용자가 프록시를 이용해 우회를 하거나 음란물 업자가 IP를 계속적으로 변경하면 이 역시 무효화된다. 뿐만 아니라 계속해서 새로 등록되는 인터넷 음란물 사이트에 대해서는 쉴새 없는 단속이 필요하기 때문에 실질적인 규제가 이루어지기 힘들다.

(3) 음란물 제공자에 대한 직접적 규제

정보제공자에 대한 규제는 일반적인 미디어 규제가 제작자나 배포자를 처벌하는 것을 근거로 한 것이다. 따라서 법을 근거로 음란물을 제작하거나 유통한 자를 규제하는 것이다. 그러나 인터넷이 전 세계를 네크워크로 연결하는 것인데다가 이용자 누구라도 인터넷의 정보제공자가 될 수 있는 특징이 있다. 해외의 포르노 사이트를 예를 든다면, 미국과 같이 인터넷 서비스 대부분이 자국의 법적 효력 내에 있다면 문제가 덜하지만, 우리나라에서는 법 효력 밖에 있는 경우에는 규제가 불가능하다. 따라서 각 사회마다 차이가 있는 음란물에 대한 다양한 인식을 공통으로 포함할 수 있는 개념이 제시되어야 하고, 서로 다른 처벌 규정에 대해 모든 나라들이 만족할 만한 공통분모를 찾아내야 한다.

4.4.2 성교육

음란물은 차단으로 완벽히 해결되는 것이 아니다. 컴퓨터 음란물에 대응하는 방법 중 가장 원론적인 방법은 올바른 성교육을 하는 것이다. 음란물을 보게 된 배경, 계기, 느낀 점, 문제점 등에 대해서 솔직히 나누는 것은 좋은 성교육의 출발점이 될 수 있다.

가장 우선시 되어야 하는 것은 청소년들의 성교육이다. 청소년들이 음란물을 보더라도 옳고 그름을 정확히 파악할 수 있는 판별력을 길러주는 것이 최선이다. 성교육을 받고 올바른 성의식을 갖춘 청소년은 음란물을 보더라도 옳고 그름을 판별할 수 있는 판별력을 갖추게 되므로 음란물의 악영향에서 멀어질 수 있다.

성인들에게도 지속적인 성교육이 필요하다. 성인이라고 해도 음란에 대해 자제력을 갖지 못하거나, 왜곡된 성 관념을 가지고 있는 경우도 많다. 특히 성에 대해 열린 대화를 나누지 못하는 성인은 불완전한 성 의식을 옳은 것으로 규정짓고, 외부에 표출하지 않아 음란물을 통한 성 의식 왜곡을 야기할 가능성이 있다. 이런 잠재적인 문제를 해결하고 성 범죄에 대한 의식을 갖추기 위해서는 적절한 수준의 성교육과 열린 대화가 필요하다.

음란물로 인해 잘못된 성지식보다 성의식의 왜곡을 초래하는 것이 더 큰 문제이다. 그 때문에 사회 전반이 성에 대한 올바른 인식을 갖춰야 한다. 성욕은 성인이라면 마땅히 갖추고 있을만한 욕구이고, 제어 가능하며, 좋은 방향으로 승화할 수 있기 때문에 이에 대해 죄책감이나 불결함 등의 부정적인 자세를 취하지 말아야 한다. 성에 대한 열린 담론을 통해 부정적인 영향을 제거하고 긍정적인 자세나 실천 방안을 도출할 수 있다. 한편 적절한 수위를 갖춘 성인물과, 사회통념상 인정받지 못하는 음란물을 구분할 수도 있어야 한다. 인간의 존엄성을 해치면서도 공공연히 상식으로 인정받는 강간신화, 성의 상품화, 성매매와 같은 사회 전반에 걸친 왜곡된 성 의식도 바로 잡아야 한다.

4.4.3 개방

포르노와 같이 음란성이 짙은 컨텐츠를 어느 정도 개방하는 것이 적절한지, 미국과 같이 표현의 자유를 내세운 개방 정책이 옳은가 아니면 한국과 같이 문화적인 전통에 따라 폐쇄적으로 일관하는 것이 옳은지, 한국은 수년간 이로 인한 논란이 계속 일고 있다. 개방의 입장은 이러하다. 이미 현대사회에서 온갖 음란물들은 각종 뉴미디어의 발달과 함께 다양한 통로를 거쳐 유통되고 있다. 따라서 섹스의 문제를 대외적으로 드러내는 것이 마땅하다. 오히려 검열과 법적 통제는 음성적 미디어 섹스의 확산을 더욱 불러일으킬 뿐이라는 것이다. 한국은 유교적 관습에 따라 오랫동안 섹스에 대한 공개적 담론을 금기시해왔다. 그러나 지금은 아니다. 한국의 그러한 통제를 정치적 맥락으로 이해되기도 한다. 성이라는 개인적인 주제가 사회 문제로 부각된 이유는 정치적인 이해에서 기득권자들의 현상유지를 위한 결과라는 것이다.

그런데 이쯤 포르노는 제도적 울타리를 벗어난 뉴미디어 시대에 접어들었다는 점을 상기해야 한다. 또한 일본의 경우, 포르노의 개방으로 인한 심각한 우려에도 불구하고 실제 성범죄는 지극히 낮다는 점을 염두에 둘 필요가 있을 것이다. 문제는 포르노의 노출이 일반 성인이 아닌 미성년 집단에 의해서 이루어진다는 점이다. 뉴미디어 수용의 주도 집단이 미성년자들이란 사실인 점을 감안하여 뉴미디어 섹스의 노출은 매우 우려할만한 일이 아닐 수 없다.

물론 한국은 미국과 섹스에 대한 인식이 다르다. 그리고 한국은 미국과 같이 포르노에 대한 사회적 연구를 정부차원에서 다룬 적이 없다. 따라서 한국의 문화권에서 포르노가 갖는 사회적 유해성에 대해 과학적이고 공개적으로 다루지를 못했다. 다만 포르노가 섹스 문화에서 차지하는 깊이가 심화되고 성의 상품화가 주류를 이루는 데 우려를 품고 있는 것이다.

그래서 아직도 한국에서는 성인 전용 영화관 설립 여부와 같은 문제에 대한 여론이 분분하여 가려진 성 문화가 지배하고 있다. 그러나 문제점은 확실하다. 성의 개방이 과연 더 많은 사회 문제를 야기시키는가 아니면 축소시키느냐이다. 성적 개방이 우리보다 활발한 서구에서는 문제가 없다. 그러나 우리의 풍습이나 역사적 배경으로 볼 때 반드시 서구의 것과 비교할 수 없다. 그러나 지배적인 주장은 개방이다. 가려질 수 없는 인간의 고유의 욕구가 성적 담론이라는 것이다.

성애를 다른 컨텐츠와는 다른 성격으로, 성에 대한 담론을 나눌 수 있는 커뮤니티도 등장하고 있다. 이는 성인들에게 건강한 성생활을 위한 의식 교육과 바른 정보의 교환을 목적으로 하고 있다. 인간의 존엄성과 정신의 건강을 지키는 범위 안에서는 노골적인 성적 묘사도 수용하고 자유로운 성생활도 인정하자는 의견도 히피 시대 이후로 꾸준히 제기되어왔다. 이를 위해서는 사회 구성원 개개인이 성의 상품화를 부정하면서도 성의 대상화는 인정하고, 성의 대상화가 비현실에서 현실로 이어지지 않게끔 하는 분별력을 갖춰야 한다. 노골적인 성적 묘사도 폭력이 아닌 사랑과 건강한 욕구 대한 표현으로 수용할 수 있는 성숙하고 양성 평등한 성의식 또한 필요하다.

참고 및 사이트 ...

- 일상의 반란
  Gloria Steinem, 현실문화연구, 2008
- 포르노그래피 – 여자를 소유하는 남자들
  Andrea Dworkin, 동문선, 1996
- 나는 미소년이 좋다
  남승희, 해냄, 2001
- 마이크로트렌드: 세상의 룰을 바꾸는 특별한 1%의 법칙
  Mark J Penn, E. Kinney Zalensne, 해냄, 2008
- 사이버 음란물과 처벌법규(우리나라의 사이버음란물 대응법제)
  백광훈, 한국정보보호진흥원, 2001. 12.
- 청소년의 인터넷 음란물 접촉경험과 음란물 추구성향 및 성태도와의 관계
  정향미, 아동간호학회 하계학술대회, 2008. 6.
- “컴퓨터 통신상 음란성 표현의 한계”
  정보통신정책연구원, 정보통신연구진흥원 학술정보, 2003

- 음란물, 과연 사회에 독인가 약인가

  임지봉, 인터넷법률신문, 2008,

  http://www.lawtimes.co.kr/LawSeries/SeriesNews/ScmnNewsContents.aspx?serial=41850&kind=ba09&page=3&m=
- 성표현물의 음란성 판단기준에 관한 연구

  이건호, 한국형사정책연구원, 2001
- 형사정책연구

  한국형사정책연구원, 2000년 봄호 통권41호
- 성폭력 피해현황과 그 대책

  정경자, 한국피해자학회, 1993

Chapter 05

피싱(Phishing)

5.1 피싱의 정의 및 유래
5.2 피싱 피해 사례 및 통계
5.3 피싱 위협 요소
5.4 피싱 대응 방안

5.1 피싱의 정의 및 유래

5.1.1 피싱의 정의

피싱(Phishing)은 메일, 메신저 또는 전화를 통해 신뢰할 수 있는 사람 또는 기업이 보낸 메시지로 가장하여 계정의 비밀번호, 금융정보와 같은 민감한 개인 정보를 부정하게 얻으려는 행위다. 피싱이란 용어는 개인정보(Private Data)와 낚시(Fishing)의 합성어로 해커들이 만든 용어이다. 피싱은 유명기관을 사칭한 위장 메일을 불특정 다수 메일 사용자에게 전송하여 위장된 홈페이지로 유인하여 인터넷 상에서 신용카드 번호, 사용자 ID, PW 등 민감한 개인의 금융정보를 획득하는 사회공학(Social Engineering) 기법을 사용한다. 또한 특정 사이트로 위장하거나 메일 또는 인스턴트 메시지에 악의적인 코드를 삽입하는 은닉기법도 사용되고 있다. 컴퓨터를 이용하지 않고 전화와 사회공학적 방법에 의존하는 보이스 피싱(Voice Phishing)의 등장이 사회적 이슈가 되고 있으며, DNS 하이재킹 등을 이용해 사용자를 위장 웹사이트로 유인하여 개인 정보를 절도하는 피싱의 진화된 형태인 파밍(Pharming)도 출현하고 있다. 사회공학적 피싱이 성공 확률이 낮은 반면 파밍은 상대적으로 판별이 어렵기 때문에 피해 유발 가능성이 높다.

5.1.2 피싱의 역사

1987년, HP의 유저그룹인 Interex의 논문에 피싱에 대한 자세한 기술이 최초로 기술되었다. 피싱이란 용어는 해커들 사이에서 2600이라는 해커 뉴스그룹에서 최초로 사용되었던 것으로 알려져 있다. 그 후 1996년에 AOL(America Online)의 사용자 계정 도용 사건을 통해, 피싱이란 용어가 공식적으로 사용되기 시작했다. 당시 신용도가 높은 사용자의 계정을 도용한 이 해커들을 피셔(Phisher)라고 불렀으며, 타인 ID와 패스워드를 일컫는 피시(phish)는 해커들 사이에서는 일종의 사이버머니로 유통이 되기도 하였다. 이후 AOL은 피싱의 근절을 위해 많은 노력을 기울였다. 메신저 사용시, 당사 직원은 고객의 비밀번호와 계좌 정보를 묻지 않는다는 메시지가 처음으로 등장하기 시작한 것도 이 무렵이다. 피싱은 타인정보 획득뿐만 아니라 금융정보 불법접근 및 사기성 사이트의 유인으로 변화되었으며, 피싱 사기의 성공률이 증가하면서 금융사기, 취업알선, 국제 돈세탁 등의 사이버 범죄의 수단으로도 사용되었다.

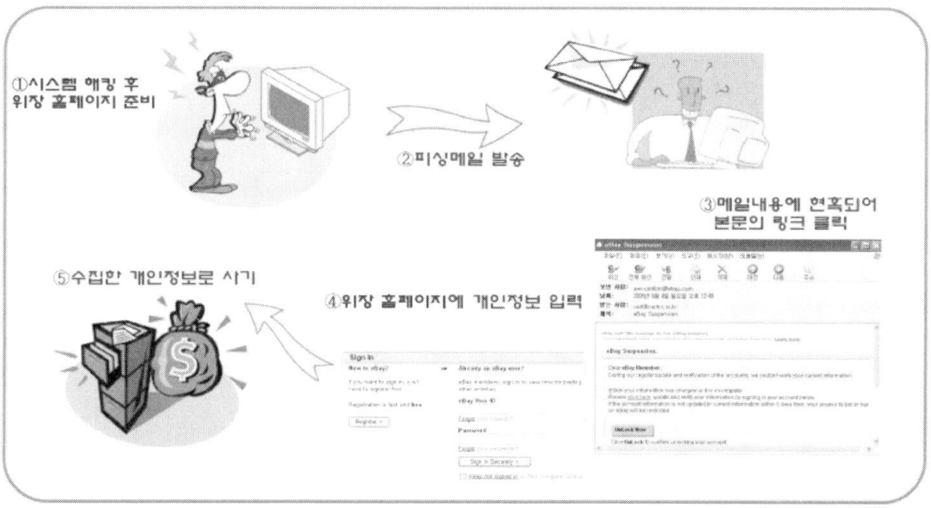

그림 5.1 전형적인 피싱 절차 (출처: 한국정보보호진흥원)

최근에는 피싱이 트로이목마나 웜, 바이러스와 결합하여 사용자 컴퓨터의 취약성을 이용함으로써 더욱 지능적으로 변화되었다. 사회공학적 기법을 이용한 메일에 악의적인 코드 또는 파일을 첨부하여 사용자에게 송신한다. 컴퓨터에서 실행된 트로이목마는 사용자의 ID, 패스워드를 수집하거나 컴퓨터 모니터링 정보를 다른 사이트로 전송할 수 있다. 또한 웜, 바이러스를 이용해 사용자 호스트파일을 변경시켜 전송경로를 재설정함으로써 원하는 사이트에 접속할 경우 피싱 사이트로 경로를 변경하는 기법과 '키 로거(Key Logger)' 등의 스파이웨어(Spyware)를 이용하여 실제 사이트에 접속한 사용자가 이용하는 ID, 패스워드를 수집하여 전송하는 기법이 널리 사용되고 있다.

5.1.3 피싱의 특징

피싱은 컴퓨터 기술과 사회공학적 방법을 동시에 사용하여 사용자를 공격한다. 피싱 공격자는 피해자의 민감한 정보를 수집하기 위해 타인과의 상호작용을 통해 타인을 속여서 규정된 보안절차를 무력화시키는 비기술적 방법으로 침해를 시도한다. 또한 피싱 공격자는 정보 기술 의존도가 심화되는 문화에 빠르게 적응하지 못하는 상황을 이용한다.

피싱은 금전적 피해를 유발할 수 있다. 피싱 공격을 통해 개인의 금융정보를 획득하여 개인 금융계좌에서 돈을 유출하여 개인에게 금전적인 피해를 유발할 수 있다. 피싱 공격은 유명기관의 브랜드에 대한 고객 신뢰를 이용하여 유명기관의 웹 사이트로 위장하면서 기업의 인지도를 손상시킬 수 있다.

피싱 공격의 유형은 역동적으로 변화하며 위협 모델도 급속히 변화한다. 피싱은 지속적인 변화를 거듭하면서 대응책이 나올 때마다 지능적인 사기범들은 이를 교묘히 피할 수 있는 새로운 공격기법을 개발한다. 고도의 숙련된 범죄집단이 피싱을 이용하여 사기범죄를 수행할 가능성도 더욱 증대하고 있다.

피싱은 기존의 전통적인 방식의 사기와는 다른 지능적인 기술을 이용하므로 기술적, 법제도적 대응이 매우 어렵다. 피싱은 메일, 웹 기술을 이용한 사기 수법으로 기존의 사기와는 달라 지능화된 대응 기술이 필요하다. 피싱 대응을 위한 기술로 메일 인증, 웹 사이트 인증 기술의 이용이 필요하다. 피싱 사고 대응을 위한 법제도 제정도 매우 어렵다.

5.2 피싱 피해 사례 및 통계

5.2.1 피싱 피해 사례

2003년 11월 17일 미국의 이베이 사이트에서 '보안상의 위험으로 계정이 차단되었으니 재등록 해야 한다' 라는 메일이 인터넷 이용자에게 무작위로 발송됐다. 이베이 이용자들은 메일의 친절한 내용 때문에 의심 없이 개인정보와 금융정보를 도용당했다. 이는 피싱의 대표적인 피해 사례로 남아있으며, 이후 유사 사례가 지속적으로 증가하고 있다.

이외에도 거대한 기업들을 사칭한 피싱은 여러 경우가 있다. 영국계의 유명 금융회사인 로이드 퍼스널뱅킹(Lloyd TSB)를 사칭한 피셔가 개인 금융정보 입력을 요구하는 메일을 발송하였고, 가짜 구글 사이트를 통해 "400만 달러의 상금이 당첨되었습니다!"라고 광고하여 링크를 클릭하면 신용카드 정보나 주소 입력을 요청하는 메일이 발송되기도 하였다. 또한 AOL을 사칭해 "신용카드 사용정지 공지," "사용자 정보 확인 요구" 등으로 개인정보가 도난 당한 사건이 발생하였다.

최근에는 피싱 기법이 더욱 정교해지면서 금융이나 인터넷업체뿐 아니라 다양한 분야로 사칭하는 브랜드 범위도 확장되고 있다. 해리포터 e-Book을 사칭해 애독자들에게 은행계좌를 입력하고 책을 구매할 것을 소개하는 메일이 발송되었으며, 적십자를 사칭하여 해일 쓰나미로 피해를 본 사람들을 위한 성금모금 메일을 발송되기도 하였다.

국내에서는 아직까지 피싱으로 인한 실제적인 피해가 해외에 비해서는 낮은 상태이다. 이는 대부분의 피싱이 씨티뱅크, 이베이 등 외국업체를 사칭하여, 영문 메일에 익숙치 않은 국민에게 큰 피해를 끼치지 않은 것으로 여겨진다.

그러나 피싱에 대한 피해와 피싱 사이트는 꾸준히 증가하고 있으며, 최근 피싱보다 치밀한 수법의 신종 금융사기가 발생하여, 국내에서도 피싱으로 인한 피해 우려가 높아지고 있다. 2005년 11월 피싱 사이트를 개설, 비밀번호 등 개인 금융정보를 알아내어 돈을 몰래 유출한 피싱 사기로 5명 구속되는 사건이 발생하였다. 피셔는 인터넷 카페에 시중은행 명의로 가짜 대출광고를 게시하여 피해자를 피싱 사이트로 유도하는 방법을 통해 개인금융정보를 훔쳐내 새 인증서를 발급받아 피해자 거래은행으로부터 1억2천여만 원을 절도하였다. 피셔는 외국서버를 이용하여 피싱 사이트를 구축하고, 돈을 빼내는 과정은 모두 무선으로 처리하여 인터넷 접속기록을 남기지 않는 지능적 수법을 사용하였다.

예전에는 주로 금융기관이나 게임 사이 등을 사칭대상으로 삼았으니 2008년부터 국내기관을 사칭한 피싱 사고도 발생하고 있다. 한편, 국내 사이트 또는 개인 PC를 피싱의 경유지로 사용하는 경우도 크게 늘고 있다. 국내의 메신저 사용자가 늘어나면서 이를 이용한 범죄도 증가하고 있다. 친구 목록의 사용자로부터 URL이 전송되어 피해자가 별 의심 없이 클릭하게 되면 "당신을 차단한 사용자를 확인해 보라"거나 인터넷 커뮤니티에서 정보를 공유하자는 등의 메시지가 적힌 웹사이트로 연결되어 메신저의 아이디와 패스워드를 입력하도록 하여 로그인 정보를 빼내는 형태의 유사 피싱 사례가 발생하기도 하였다.

5.2.2 피싱 피해 통계

몇 년 사이에 국내외 피싱 관련 사고가 큰 폭으로 증가하였지만, 최근에는 피싱 근절의 노력 덕분에 안정세에 접어들었다. 하지만 노력들도 피싱이 완전히 근절되지는 않았다. APWG(Anti Phishing Working Group)에 따르면, 전세계 피싱 사고 접수 건수는 2004년 10월 6,957건에서 2008년 7월 24,007건으로 크게 증가하였다. 하지만 2008년 10월은 34,758건, 12월은 23,187건으로 변동 폭은 있지만 상승과 하락을 반복하면서 어느 정도의 수준을 유지하고 있다.

2008년의 하반기의 피싱 통계의 추세를 분석해보면 99%가 HTTP 80번 포트를 이용하여 사이트를 개설하고 있었다. 2008년 4사분기의 통계에는 피싱 사이트에 도용된 브랜드 중에 금융기관이 46%로 가장 많았으며, 결재 서비스 업체가 38%, 옥션이 11%를 차지하고 있다. 2005년 9월의 통계에서 금융기관의 도용이 81.2%였고,

인터넷 공급업체가 11.8%이었던 것에 비해 다소 변화를 볼 수 있다.

특히 최근 동향에서 주목되는 점은 악의적인 코드를 이용하여 비밀번호를 가로채는 빈도가 크게 늘었다는 점이다. 2008년 1월 3,362건이었던 것에 비해 12월에는 31,173건으로 크게 증가하였다.

시만텍이 발표한 2007년 11월 '시만텍 월간 피싱 현황 보고서'에 따르면, 2007년 11월 한 달간 발견된 IP 주소를 이용한 피싱 웹사이트 공격 통계에서 한국이 미국이 이어 전세계 2위에 올랐다. KrCERT/CC(인터넷 침해사고 대응지원센터)의 통계에 따르면, 국내의 피싱 경유지 신고 접수건수는 2008년 월별 평균이 약 97건으로, 등락폭을 보이면서도 일정한 수준을 유지하고 있다.

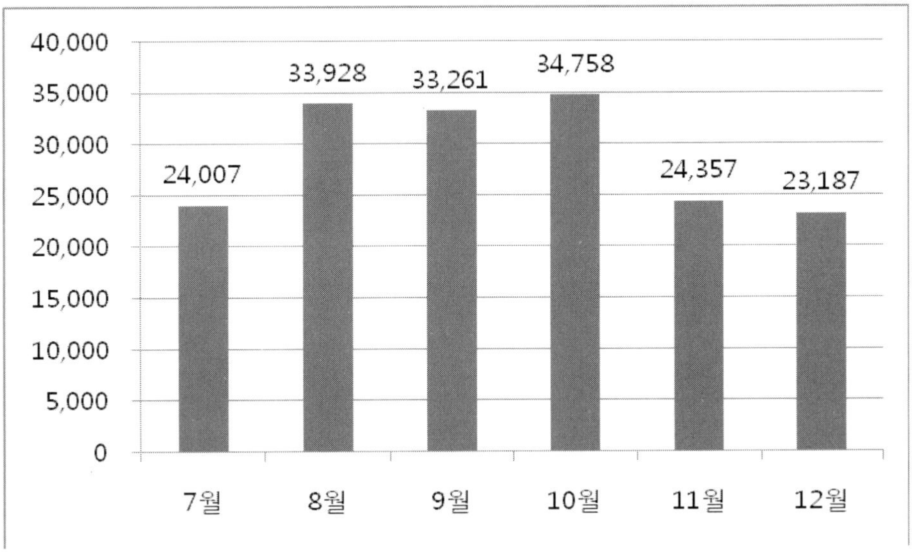

그림 5.2 2008.7~2008.12 피싱 접수 건수 (출처:APWG)

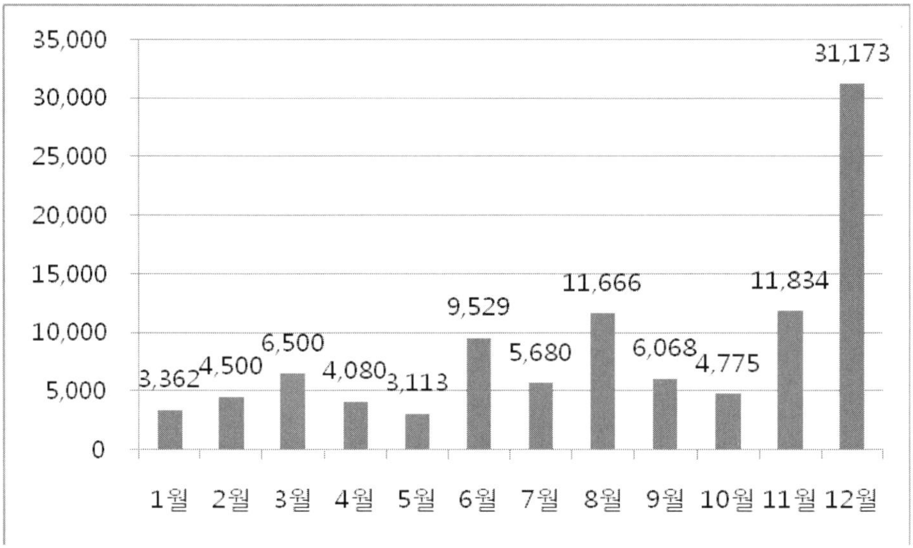

그림 5.3 2008년 악의적인 코드 적발 건수 (출처:APWG)

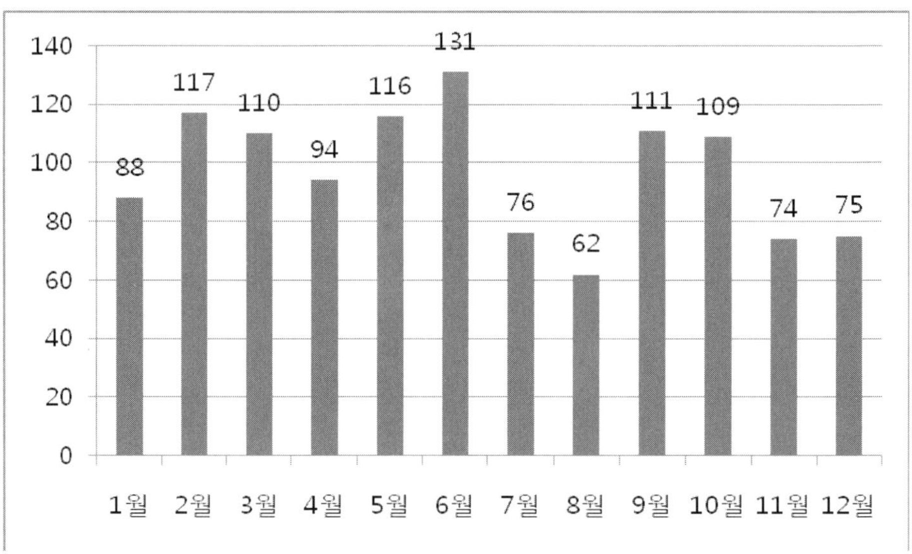

그림 5.4 2008년 국내 피싱 경유지 신고처리 현황 (출처:KrCERT/CC)

인터넷 이용자는 피싱 방법의 지능화와 피싱에 대한 인식 수준 등이 미흡하여 피싱으로 인한 피해 가능성이 매우 높은 것으로 조사되고 있다. APWG는 피싱 공격의 지능화로 피싱메일에 5%의 이용자가 응답할 것으로 예상하고 있다.

피해 규모는 극적으로 증가했다. 가트너(Gartner) 그룹은 2004년 미국에서 한해 240만 인터넷 이용자들이 피싱 피해를 입었으며, 피해액은 9억3천만 달러(한화 약 1조)로 추정하였고, 2007년에는 1억 2400만명이 피싱 메일을 받아 4천만 명이 피해를 입었고, 그 피해액은 30억 달러(한화 약 3조 6천억)의 규모로 추정하였다.

5.3 피싱 위협 요소

5.3.1 피싱 공격의 종류

피싱 공격의 가장 일반적인 방법은 메일 피싱이다. 수백만 인터넷 이용자에게 위장된 메일을 전송하기 위해서는 스팸 전송 기술이 이용된다. 메일을 이용한 피싱은 공식적인 문서로 보이는 메일, 쉽게 인식하지 못하도록 약간의 URL을 변경한 메일, 목표하는 URL 정보를 혼란스럽게 하는 HTML 기반 메일, 인기 게시판이나 메일링 리스트에 위장된 광고 등을 이용한다.

새로운 피싱 매체로 메신저 활용도 증가하고 있다. 메신저를 이용한 커뮤니케이션 활용이 보편화되고, 메신저의 기능성이 향상되면서 메신저를 이용한 지능적인 피싱 공격이 증가하고 있다. 이는 메신저가 그래픽, 멀티미디어 등 동적인 콘텐츠를 메신저 참여자에게 전송하는 기능이 추가되면서 웹 기반의 피싱 공격 기법이 쉬워졌기 때문으로 여겨진다.

보이스 피싱은 그 수법이 단순하고, 가장 큰 증가세를 보이고 있기 때문에 사회의 비상한 관심을 받고 있다. 금융기관을 사칭하여 개인 정보를 요구하는 것이 일반적이었지만, 국가기관을 사칭하거나 ARS로 가장하여 피해자를 더욱 혼란스럽게 한다. 또한 정보 보호 의식이 취약한 노인을 대상으로 삼거나, 가족의 납치 또는 사고를 빙자하는 악질적인 범죄도 나타나고 있다.

웹 사이트 변조를 이용한 피싱 방법도 점차 증가하고 있다. 피싱 공격자가 직접 운영하는 웹 사이트에 거짓 웹 사이트 콘텐츠를 포함시키거나, 다른 사람이 운영하는 사이트를 활용한다. 웹을 이용한 피싱 기법으로는 유명한 웹 사이트나 게시판에 HTML 주소를 속인 연결, 인터넷 이용자를 공격자의 웹 사이트를 유인하기 위해 거짓 배너 광고, 피싱 공격자의 위치를 위장하기 위해 팝업 윈도를 사용하는 방법이 이용되고 있다. 특히 PC나 라우터에 저장된 DNS를 변조하여 공격자가 의도한 웹 사이트로 유도하거나, 서버와 통신하는 중간에서 정보를 가로채는 방식을 파밍이라고 한다.

가정의 PC에 설치된 트로이목마에 감염된 PC를 통한 피싱 방법도 있다. 키 로거(Key Logger) 트로이 또는 넷버스(Netbus)와 같은 프로그램을 이용해서 공격자는 개인 PC 이용자가 입력하는 금융정보나 개인정보를 수집하거나, 공인인증서 파일을 유출한다.

5.3.2 피싱 공격 방법

피싱 공격 방법으로는 사회공학적인 방법, 데이터 감시, 은닉방법, 링크 조작(Link Manipulation) 방법, 웹 사이트 위조(Forgery) 방법, Cross－site Scripting (XSS), Man－in－the－Middle 공격이 있다.

앞서 피싱의 정의에서도 언급했던 것과 같이 피싱은 공격 대상을 속이기 위해 전산학 기술과 더불어 사회공학적인 방법을 사용한다. 이런 공격은 메일과 메신저를 통해 이루어지며, 보내는 사람의 정보를 변조하거나 도용한다. 하지만 이런 메시지는 수신자의 호칭을 정확히 하지 않거나 공격자가 만들어 놓은 가짜 사이트로의 링크를 담고 있고, 즉각적인 반응을 하지 않으면 피해를 입을 것처럼 위협을 한다.

데이터 감시는 키 로거나 스크린 그래퍼(Screen－grapper)와 같은 프로그램을 사용자의 컴퓨터에 몰래 잠입시켜 이용자의 비밀 번호나 개인 정보를 알아내는 방법이다. 은닉을 이용한 방법에서는 공격자가 은닉 프레임, 웹 페이지 콘텐츠 중복, 그래픽 교환을 통해 실제의 웹 페이지 화면을 은닉하고 위장된 웹 페이지 화면을 인터넷 이용자에게 표시한다.

링크 조작 방법은 일반 사용자가 파악하기 어렵지만, 피셔가 가장 흔히 사용하는 방법이다. 첫 번째는 유명한 사이트 주소와 비슷하게 글자를 추가, 생략 혹은 바꿔서 사용자가 이동을 의도한 곳과 다른 사이트로 연결을 하는 것이다. 두 번째는 이메일 또는 웹페이지에 포함된 하이퍼텍스트의 링크 문자열 주소와 실제 링크의 주소가 다른 경우이다. 세 번째는 URL에 계정 구분자인 @를 포함하는 것이다. @ 앞에는 사용자 이름이, 뒤에는 사이트 이름이 자리한다. 네 번째는 국제화된 도메인 이름 (International Domain Name; IDN)을 이용하는 것이다. 유니코드 문자 집합에서 URL과 모양이 비슷한 문자를 이용해 목적지는 다르지만 모양은 같은 도메인 이름으로 위장하는 것이다. 이와 같이 동일 링크처럼 보이게끔 하는 공격을 호모그라프 스푸핑(Homograph Spooping) 공격이라고도 한다.

웹 사이트 위조 방법은 사용자에게서 정보를 얻을 수 있게 사이트를 꾸미는 방법이다. 이런 사이트를 만들 때 팝업 창을 사용하거나, 주소 창과 속성 표시줄을 보이지 않게 하여 사이트 위조를 눈치챌만한 정보를 차단하여 공격대상자를 속일 수 있다.

표 5.1 링크 조작 방법의 예

유사한 URL	http://www.mybank.com/ http://www.mydamk.com/
문자열 URL과 다른 링크	http://www.mybank.com/ http://www.phishibank.com/
IDN을 사용한 URL	'a' UNICODE 0061, 'a' UNICODE 0430 다른 문자지만 같은 모양

XSS 공격은 실제 웹 사이트에 악의적인 코드를 삽입하여 이루어진다. 이는 피해자가 웹 페이지 변조를 인식하지 못해 대처하기 매우 어려운 것이 특징이다. XSS는 피싱 공격을 위해 변조된 URL을 이용하여 웹 애플리케이션의 설계 취약점을 파고든다. URL을 변조하는 방식에는 일반적으로 세 가지 분류가 있다. 첫 번째는

표 5.2 XSS 공격을 위한 변조 URL의 예

HTML 전체를 대체	http://www.mybank.com/banking?URL=http://www.phishibank.com/
HTML에 코드를 삽입	http://www.mybank.com/banking?client=”<script>...</script>”
스크립트 페이지 로드	http://www.mybank.com/banking?svr=www.phishibank.com%21code.js

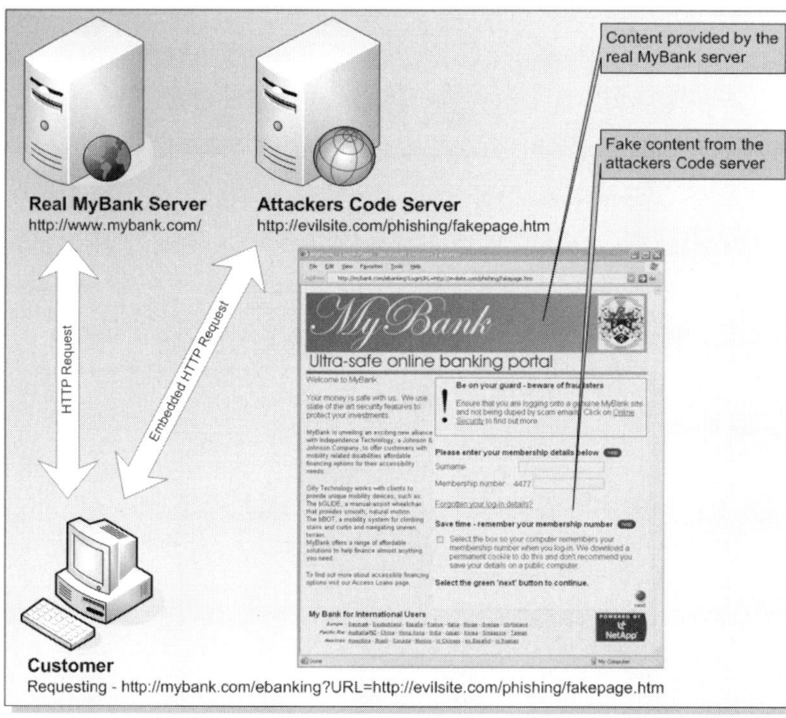

그림 5.5 XSS 공격 (출처: Technical Info)

HTML을 모두 대체하는 방법으로, 공격대상자가 접근하길 위하는 사이트 주소와 공격자가 미리 구축해 둔 사이트의 주소를 포함한 링크를 함께 URL에 기술한다. 두 번째는 URL에 악의적인 스크립트 코드를 직접 포함시키는 것이다. 세 번째는 공격자가 미리 구축해둔 사이트에 존재하는 악의적인 스크립트를 로드 하게끔 URL을 조작하는 것이다. 이렇게 변조된 URL 주소를 통해 피해자가 사이트에 연결하려고 하면, 악의적인 코드가 실행되어 접속 세션 정보가 피셔에게 전달된다.

Man–in–the–middle 공격은 공격대상자와 웹 서버와의 연결을 공격자가 가로채서 웹 서버에게는 사용자의 패킷을 전달하고 사용자에게는 웹 서버의 패킷을 전달하면서 이루어진다. 공격을 성공하게 되면 공격대상자와 웹 서버 사이의 모든 메시지를 공격자가 가로채어 살펴보고 중요한 정보를 조작할 수도 있다. 이 공격은 HTTP 연결뿐만 아니라 SSL(Secure Sockets Layer)을 사용하는 HTTPS 연결도 공격이 가능한데, 앞에서 설명한 방법들로 공격대상자를 속여 악의적인 웹사이트로 접근하도록 만들거나, 라우터의 정보를 변조하는 DNS 캐시 오염(Cache Poisoning) 기술을 이용하여 사용자의 접근을 유도할 수 있다. 실질적으로 DNS 캐시를 변조하여 공격대상자와 웹 서버 사이의 통신에 끼어들기는 어렵지만, 구현과 실제 공격 가능성이 존재하며 큰 위협이 될 수 있는 기술임이 RSA 시큐리티에 의해 밝혀진 바 있다.

그림 5.6 Man–in–the–middle 공격 (출처: Technical Info)

5.4 피싱 대응 방안

5.4.1 기술적 대응

피싱에 대한 기술적인 대응으로는 웹 사이트 인증, 메일서버 인증, PC 확인 방식의 전자서명 메일, 게이트웨어 확인 방식의 전자서명 메일 방법 등이 있다.

웹 사이트 인증은 전자상거래, E－뱅킹을 사용하는 이용자들이 스마트카드와 같이 물리적인 토큰(소프트웨어 또는 하드웨어)을 사용해서 자신을 인증하는 방법이다. 이를 위해 서비스 제공업체는 토큰을 이용자에게 발부하고, 이용자는 필요한 소프트웨어를 PC에 설치하며, 인증기관은 인증서를 발부한다. 또는 사용자가 사이트에 고유한 메시지나 이미지를 설정해 놓고, 그에 대한 정보를 PC의 쿠키에 저장하는 방식이 있다. 피셔가 피싱 사이트를 만들었더라도 사용자가 설정한 메시지나 이미지는 모방할 수 없기 때문에, 사용자가 피싱 사이트의 여부를 파악할 수 있다.

최근에는 기존 SSL 인증서의 허술한 감독과 약한 발급 기준으로 인해서 신뢰성을 잃어가고 있으며, 이를 극복하기 위해 EV(Extended Validation) SSL 인증서가 제안되었다. 이 새로운 인증서는 기존에 비해 보유 사이트의 신원 확인 절차가 엄격하고 가격이 비싸기 때문에, 상대적으로 사이트에 대한 신뢰성을 보장 받을 수 있다.

메일서버 인증은 메일을 전송하는 메일 서버에 대한 인증을 수행하는 방법이다. PC 확인 방식의 전자서명 메일 방식은 전자서명이 부착된 메일을 전송하고 수신자 PC에서 사실여부를 확인하는 방법이다. 메일 보안관련 산업표준인 S/MIME(또는 PGP)을 사용하여 메일에 전자서명을 첨부하여 수신자가 메일 전송자의 사실 여부를 확인한다. 게이트웨이 확인 방식의 전자서명 메일 방식은 전자서명 된 메일을 전송하고 수신자의 메일 게이트웨이에서 사실여부를 확인하는 방법이다.

최근에는 피싱에 대한 관심이 확대되면서, 현재 접속한 사이트가 피싱 사이트인지 여부를 알려주는 피싱 필터 기능을 웹 브라우저들이 내장하고 있다. 신고된 정보를 바탕으로 작성된 피싱 블랙리스트를 이용하여 사용자가 보고있는 사이트의 위험성을 알려주는 방식이다. 사용하는 브라우저에 피싱 필터 기능이 없더라도 피싱을 차단할 수 있도록 브라우저 피싱 필터 기능을 내장한 확장 툴바도 속속 등장하고 있다. 이는 악의적인 공격자가 띄운 주소창이나 팝업창에 의해 브라우저의 주소 입력 창, 툴바, 속성 표시줄이 가려지지 않게도 해준다.

상기한 기술적 대응 방법을 종합적으로 보면 전자서명메일(PC 확인) 방식에 전자서명(게이트웨이 확인) 방식 또는 IP 필터링 방식을 조합하면 피싱 공격을 송신자와 수신자 측면 모두에서 해결할 수 있다. 일반 사용자는 피싱 필터링이 가능한 웹 브라우저 또는 확장 툴바를 사용하거나 피싱에 관련된 뉴스레터를 구독하여 피싱 사고 발생을 미연에 방지하는 노력이 필요하다.

5.4.2 사회 · 문화적 대응

피싱에 대한 사회 · 문화적 대응은 피싱 인식제고 활동, 피싱 대응 실천문화 확산, 피싱 정보 공유 및 신속 대응을 통해 이루어진다.

피싱 인식제고 활동은 피싱 위협을 감소시키기 위해 전자상거래 업체 및 정보보호 관련 기관의 다양한 인식제고 활동을 포함한다. 이들 기관은 기업 메일이나 웹 사이트에서 발생한 피싱의 일반적인 정보를 고객에게 제공하며, 특정 회사를 직접 겨냥한 피싱에 대하여 고객에 주의경고를 제공한다. 또한 고객이 자신의 계정에 관한 기업정책을 인지하도록 지원하고, 사용자 및 기업을 대상으로 정보보호 커뮤니티의 자료를 보급하고 설명한다.

APWG은 2008년 10월에 기업들에게 권장하는 모범 관행(Best Practice)을 작성하여 인터넷 서비스 업체들에게 배포한 바 있다. 피싱 대응 실천문화 확산은 피싱 위협 및 피해를 감소시키기 위해 기업의 모범 관행 수립 및 전파를 통해 수행될 수 있다. 기업은 메일에 대한 일관성 있는 기업정책을 수립하여 이용자에게 전파하고, 메일의 적법성을 확인할 수 있도록 이용자에게 보내는 모든 메일에 인증정보를 포함하도록 하는 정책을 수립한다. 또한 서비스를 제공하는 웹 사이트에 대해 보안성이 강화된 인증방법을 이용하며, 피싱 발생 가능성이 높은 사이트에 대한 주기적인 모니터링을 실시한다.

피싱 정보 공유 및 신속 대응은 피싱 관련 기관간의 활발한 정보 공유 및 사고 발생시 신속한 대처방법을 통해 가능하다. 이를 위해 피싱 대응을 위한 산업계의 자율적인 협의체 구성 및 정보 공유를 실시하며, 금융기관들은 고객들이 피싱 공격의 위험에 대한 인식을 높이고, 피해 발생시 신속한 신고를 할 수 있도록 고객에게 거짓 메일의 사례, 신고 및 지원 사이트 연결, 새로운 공격 발생시 경고, 피싱 방지 방법을 제공한다.

사용자가 직접 피싱 범죄 대상이 되지 않도록 주의를 기울일 수 있도록 개인정보 관리를 위한 권장사항이나 사이버 범죄 교육, 피싱 솔루션 서비스 등도 제공되고 있다. 한국정보보호진흥원은 사용자가 피싱 메일이나 사기성 이벤트 등에 현혹되어 개인 정보를 제공하지 않을 것, OS의 보안 패치와 백신 프로그램의 사용, 피싱의 목적이 의심 되는 사이트를 신고하도록 권고하고 있다. 또한 여러 금융 서비스와 전자상거래 사이트들도 보이스 피싱을 비롯한 피싱 발생 여부를 꾸준히 모니터링하여 고객에게 공지하고, 피싱 여부를 판별할 수 있는 요령도 교육하고 있다.

5.4.3 법 · 제도적 대응

미국에서는 2005년 2월 패트릭 리히(Patrik Leahy)는 피싱방지법안(the Anti-Phishing Act of 2005)을 하원에 제안하였다. 지난 11월에 캘리포니아주 하원은 피싱방지법안을 통과시켜 법으로 채택하였다. 동 법안은 피싱 메일 제공 및 피싱 웹 사이트 구축을 범죄로 규정하여 관련자를 처벌하도록 규정하고 있다.

일본경제산업성은 2005년 4월 금융기관, 보안업체 등이 참여하는 피싱대책협의회를 설립하였다. 동 협의는 피싱에 관한 정보 수집 및 제공, 피싱 동향 분석, 기술 및 제도적 대응, 해외기관과의 제휴를 수행한다.

영국 정부는 피싱 관련 절도에 대해 10년 이하의 징역에 판결할 수 있도록 기존의 절도법 개정안을 제안하였다. 절도법안 개정안에는 피싱과 같이 허위 표현, 금전적 이익을 위한 정보 유출, 지위의 남용 행위를 범죄로 규정하고 있다.

국내에서는 정통부가 피싱 관련 범죄를 처벌할 수 있도록 하는 '정보통신망법 이용촉진 및 정보보호 등한 관한 법률' 개정안을 마련하였다. 재경부는 전자금융사고 발생시 거래당사자의 권리·의무 관계를 명확히 하는 전자금융거래법 제정안을 마련하였다. 금융감독원은 피싱 위험을 감소시키기 위해 은행, 금융기관을 대상으로 메일서버등록제(SPF; Sender Policy Framework) 도입을 추진하고 있다.

피싱에 대해 각국의 다양한 법제도적 대응을 준비하고 있지만, 법적 대응에는 온라인 피싱 범죄자 색출의 어려움, 피싱 범죄자에 대한 재판권 획득의 어려움, 판결 내용 증명의 어려움, 범죄 증거 소멸의 용이 등 해결과제가 많다.

참고 및 사이트 ...

- McAfee, "Phishing & Pharming"
  http://www.rel.co.il/UserFiles/File/REL/Mcafee/SCM%20Appliances/Whitepaper_Understanding%20phishing%20and%20pharming.pdf
- Gunter Ollmann., "The Phishing Guide"
  http://www.ngssoftware.com/papers/NISR－WP－Phishing.pdf
- FSTC, "FSTC Counter－Phishing Initiative"
  http://www.fstc.org/press/press_detail.php?id=56
- Anti－Phishing Working Group
  http://www.apwg.org/
- KrCert/CC, "Korea Phishing Activity Trends Report"
  http://www.antiphishing.org/reports/200606_KoreaPhishingActivityReport_Jun2006.pdf
- McAfee, "Anti－Phishing: Best Practices for Institutions and Consumers"
  http://www.mcafee.com/uk/local_content/white_papers/wp_antiphishing.pdf

- FDIC, "Putting an End to Account－Hijacking Identity Theft"
  http://www.fdic.gov/consumers/consumer/idtheftstudy/index.html
- Robert Louis B. Stevenson, "PLUGGING THE "PHISHING" HOLE: LEGISLATION VERSUS TECHNOLOGY"
  http://www.law.duke.edu/journals/dltr/articles/2005dltr0006.html
- ZDNet, "Government moves to tackle phishing"
  http://www.zdnet.co.uk/talkback/0,1000001161,39201079－39001093c－20041941o,00.htm
- RSA Security, "New Universal Man－in－the－Middle Phishing Kit Discovered"
  http://www.rsa.com/press_release.aspx?id=7667
- Symantec Phishi Report Network: Fighting Online Fraud
  http://www.phishreport.net/
- 한국정보보호진흥원, "2008 정보시스템 해킹 바이러스 현황 및 대응"
  http://www.itfind.or.kr/ITRPT/file53980－2008년%20정보시스템%20해킹.바이러스%20현황%20및%20대응.pdf

Chapter

06

해킹

6.1 해킹의 정의
6.2 해커
6.3 해킹의 역사
6.4 해킹 유형
6.5 해킹 기법과 대응방법
6.6 해킹 툴의 종류
6.7 화이트해커 양성
6.8 해킹의 대책
6.9 국가적 지원이 요구되는 해킹 대비책
6.10 피해 사례

6.1 해킹의 정의

해킹은 컴퓨터 통신망을 통하여 사용이 허락되지 않은 다른 컴퓨터에 불법으로 접근하여 저장되어 있는 파일을 빼내거나 정보를 마음대로 바꾸어 놓기도 하고, 심지어는 컴퓨터 운영 체제를 손상시키는 것을 뜻한다.

해킹이란 용어의 사전적 의미는 자신의 개인적인 즐거움을 위해 자신이 습득한 컴퓨터 기술을 사용하여 시스템에 접근하는 것을 의미하기 때문에 범죄적인 행동으로 정의되지는 않는다. 엄격히 말해 정보시스템의 불법침입 혹은 파괴행위를 저지르는 범죄행위는 해킹과 구별하여 크래킹이라는 용어로 불려진다. 그러나 현재 해킹은 크래킹과 구별되지 않고 일반적으로 크래킹을 의미하는 용어로 사용되어 범죄적인 행위를 의미하는 것으로 받아들여지고 있다

"크래킹(Cracking)"이라는 단어는 많은 의미를 내포하고 있다. 그만큼 사용하는데 있어서 주의를 기울여야 하는 단어이기도 하다. 해킹과 비슷한 용어로 "크래킹"이라는 용어에서 "크래커(Cracker)"라는 용어가 등장했다. "크래킹(Cracking)"에 대한 정의 역시 개인마다 차이가 있을 수 있으며, 객관적인 기준은 없다. 다만 누구에게나 공통적인 것은 "크래킹"이 "해킹"과 상대적인 의미를 갖는다는 점이다.

미국, 유럽 등을 비롯한 선진국에서는 해커보다는 시스템 불법침입자는 intruder, attacker, 파괴자는 cracker 로 부르며 해커와는 구분하여 사용하고 있으나 국내에서는 혼용 사용되고 있다. 국내에 네트워크 환경이 본격 보급되기 이전에는 대중들이 크래커라는 개념을 이해하지 못해 해커라는 용어를 사용하였다. 국내에서는 해커를 범죄적 해커(Criminal Hacker) 와 단순히 호기심이나 실력을 연마하려는 레크레이셔널 해커로 구분하려는 경향이 있으나 HackersLab에서는 정보통신망 안전관리자는 해커고, 타인이 관리하는 전산망에 불법 침입하거나 시스템을 파괴하는 자는 크래커로 불러서 해커와 크래커를 명확하게 구분하여 사용하여 범죄행위자들과 엄격히 구분되는 컴퓨터 전문기술자 또는 정보보호의 최고 전문가라는 원래의 의미로 되돌아가야 한다.

6.2 해커

6.2.1 해커의 유래

해커라는 이름은 1950년대 미국 MIT 공과대학내 "신호기와 동력분과"라는 동아리모임의 학생들이 프로젝트 수행을 위해 대학내 제26동 건물에 밤마다 몰래 들어가서 IBM704 컴퓨터 시스템을 사용한데서 유래한다. 그 당시 그러한 노력가들을 핵(Hack)이라고 부르게 되었고, 그래서 그들을 지칭하는 "Hack"과 "Producer"를 합쳐서 '해커'라고 부르게 되었다.

6.2.2 해커의 특징

해커들의 특징은 대개 호기심이 많고 어떤 일에 집착하는 것을 좋아하며 자신이 알고 있는 것에 대해 무척이나 높은 자부심을 가지고 있고 고의나 악의적인 일을 저지르지 않는 것으로 알려져 있다. 또한 해커들은 반드시 해킹 후에 증거를 소멸하고 자신의 신상에 대해서 공개되는 것을 무척이나 꺼려하며 각각의 사람마다 독특한 지문처럼 자신만의 독창적인 해킹 기술을 가지고 있다.

6.2.3 해커의 단계

(1) 레이머

기술적인 지식 없이 이곳저곳에서 수집한 단순한 몇 가지 도구를 사용하는 그룹으로 또래 집단에서 누리는 소영웅주의에 빠져있는 단계다.

(2) 스크립트 키디

네트워크와 운영체제에 약간의 지식을 갖고 GUI에 머물러 있으면서 남들이 심혈을 기울여 개발한 스크립트를 이용하는 수준을 말한다.

(3) 디벨로프트 키드

이미 10대 후반에 어느 정도의 지식을 무장하고 강한 시행정신으로 인해 와레즈 해적판, 누킹, DoS같은 심각한 컴퓨터 범지에 연루돼 있으며 법의 심판을 받는 경우가 많다.

(4) 세미 엘리트

컴퓨터 일반과 운영체제 시스템을 이해하고 있으며, 운영체제에 존재하는 특정한 취약점을 알고 그 취약점을 공격할 수 있는 익스플로이트를 코딩할 정도의 최소한의 지식으로 무장한 단계이다

(5) 엘리트 해커

운영체제의 안팎을 모두 꿰뚫어보고 있으며 프로그래밍은 기본이다. 고도의 테크닉과 노련함을 가지고 있으며 시스템 안팎을 흔적도 없이 해킹한다.

6.3 해킹의 역사

6.3.1 60년대, 정밀하고 빠른 컴퓨터 만들기

최초의 '해커'라는 칭호는 MIT 대학의 인공지능 연구소에서 대규모의 메인 프레임을 다루는 컴퓨터에 관한한 달인이라는 함축적 의미로 통용됐다. 현재 리눅스 진영의 정신적 지주로 자리 잡고 있는 리처드 스톨먼이 바로 제1세대 해커다. 스톨먼은 고가의 교내 컴퓨터에 손쉽게 접근할 수 있는 프로그램을 개발, 역사상 최초의 해킹 사건을 일으킨 주인공이다. 이러한 해킹의 의미는 데니스 리치와 켄 톰슨이 1969년, 유닉스라는 운영체제를 만듦으로 인해 절정을 이뤘으며, 유닉스의 등장을 계기로 실력가들은 새로운 알고리즘과 구조를 컴퓨터에 적용하기 시작했고, 컴퓨터

의 개척 시대가 열렸다

6.3.2 70년대, 누구든지 공짜로 사용하기

제2세대 해커인 존 드라퍼(John Dropper)는 폰 프리커(phone phreaker)라고 불린다. '캡틴의 곡물 크런치'라는 제품의 부록으로 받은 피리의 주파수가 AT&T 전화 네트워크 주파수(2600Hz)와 일치한다는 것을 알아내어 미국 정부가 베트남전 참전 비용을 마련하고자 전화 사용세를 부과하려 하자 무료 전화 사용법을 유통시켰다.

6.3.3 80년대, 무차별 공격하기

1981년 IBM은 개인용 컴퓨터, 이른바 PC를 발표했다. 이후에 컴퓨터에 침입해 자료를 훔치거나 삭제하는 크래커(cracker) 또는 데커(위험한 해커란 뜻인 Dangerous Hacker의 줄임말)가 등장했다 이들이 제3세대 해커다. 미국 국방망에 침입, 군사기밀을 소련에 넘긴 '87년 카오스사건과 네트워크로 연결된 수천대의 컴퓨터가 한꺼번에 정지된 '88년 인터넷 웜' 등이 대표적 사례이다. 16세에 해킹의 길로 접어든 불세출의 해커 케빈 미트닉이 등장한 것도 바로 이시기다.

6.3.4 90년대, 아수라장으로 만들기

1990년대 제4세대 해커는 '사이버 테러리스트', '핵티비스트(hacktivist)'로 불린다. 정치적 이념을 내걸고 정부를 상대로 국가 안보를 위협하는 수준이다. 최근 들어 이들은 국가간의 사이버 전쟁의 전면에 나서는 '사이버 전사'로 탈바꿈을 시도하고 있다.

6.4 해킹 유형

6.4.1 트로이 목마 프로그램

트로이 목마 프로그램들은 공격자들이 사용자를 속이는 전형적인 방법이다. 사용자들을 속여 백도어 프로그램을 설치하도록 만드는 것이다 일단 이 프로그램이 설치되면 공격자들은 자유롭게 컴퓨터로부터 정보를 빼내거나, 시스템의 정보 변경 또는 시스템을 바이러스에 감염시키는 등의 일이 가능하게 된다.

6.4.2 백도어 및 원격 관리 프로그램

마이크로소프트 윈도우 운영체제에 대한 공격에는 주로 백오리피스(Backorifice), 넷버스(NetBus) 그리고 서브세븐(Subseven)이 널리 사용된다. 이런 원격 관리도구와 같은 백도어들은 일단 설치되면 공격자들이 쉽게 액세스하고 제어할 수 있게 한다.

6.4.3 서비스 거부

서비스 거부(Denial－of－Service) 공격은 컴퓨터가 정지하거나 불필요한 처리에 모든 처리 능력을 빼앗기도록 함으로써 정당하고 정상적인 서비스를 하지 못하도록 하는 공격이다. 대부분의 경우에 있어서 서비스 거부 공격은 패치만 잘해도 막을 수 있지만. 패치가 잘 되어 있지 않은 경우에는 서비스 거부 공격의 희생자가 되거나 다른 목표를 공격하기 위한 거점이 되기 쉽다.

6.4.4 다른 공격을 위한 교두보 역할

침입자들은 종종 해킹을 통해 접수한 컴퓨터들을 다른 컴퓨터를 공격하기 위한 발판으로 사용하곤 한다. 이런 대표적인 예가 분산 서비스 거부(DDoS; Distributed －Denial－of－Service) 툴이 사용되는 경우이다. 접수된 컴퓨터들에는 에이전트가 설치되고, 실행되어 명령자(핸들러 또는 마스터)의 명령을 기다리게 된다. 그리고 명령을 받으면 희생 컴퓨터에 공격을 퍼붓게 된다. 결국 접수된 컴퓨터가 최종 공격의 목표가 되지는 않더라도 실제 공격을 위해 사용되는 도구가 되는 셈이다.

6.4.5 불법적인 공유

많은 수의 MS 윈도우 기반의 컴퓨터들이 인터넷에 연결되어 있는 경우. 해커들은 자동화된 도구들을 사용하여 네트워크 공유 보안 취약점에 대한 공격을 수행할 수 있다. 전형적으로 사이트 내부는 신뢰 할 수 있는 영역이라고 가정되므로, 사이트 내부의 특정 컴퓨터가 해킹 당하게 되면 사이트 전체가 쉽게 위험에 빠지게 된다.

접근 제어가 잘 설정되지 않은 윈도우 폴더의 공유는 Wintrinoo와 같은 다른 분산 공격 툴들과 결합되어 상당한 위협이 되고 있다. 그리고 또한 바이러스 또는 웜 등의 파괴적인 프로그램들이 이러한 윈도우 공유의 허점을 이용해서 퍼져나갈 수 있다.

6.4.6 이동 프로그램(자바, 자바 스크립트, ActiveX)

이동 프로그램의 보안 문제는 오랫동안 보고 되어 왔다. 자바나 ActiveX는 웹 브라우저에서 실행되도록 웹 개발자들에 의해서 만들어진 프로그램들이다. 일반적으로 이런 프로그램들은 웹 서비스를 매우 풍부하게 해주지만, 악의적인 개발자에 의해서 만들어진 프로그램들은 사용자로부터 정보를 빼앗거나, 악의있는 프로그램들을 실행하는데 사용될 수도 있다. 인터넷 익스플로러와 같은 브라우저에서는 이런 이동 코드들의 수행을 막도록 설정할 수 있다.

6.4.7 웹 링크 상에서의 악성 스크립트

악의가 있는 웹 개발자들은 다른 웹사이트에 URL또는 DB 쿼리 등을 올려놓아서 다른 사용자들이 해당 웹사이트를 접속할 때, 악의적인 스크립트가 전달되어 수행되도록 할 수 있다. 다음은 사용자들이 부주의하게 웹 브라우저를 이용하여 웹 서핑을 하는 경우 악의적인 스크립트가 실행될 수 있는 경우이다. 이런 경우에 악의적인 스크립트가 실행될 수 있음을 명심하면서 주의해서 브라우징 해야 한다.

6.4.8 이메일 위조

이메일 위조는 실제 보내지 않은 사용자로부터 메일이 보내어진 것처럼 위조해서 메일을 보내는 공격 방법이다. 주로 메일의 수신자에게 위험한 일을 하도록 명령하거나 중요한 정보를 유출하도록 유도하는 등의 공격에 사용된다.

6.4.9 바이러스 걸린 이메일

바이러스 또는 악성 코드들은 종종 이메일의 첨부파일로서 전달되곤 한다. 그래서 첨부파일을 실행할 때는 반드시 메일을 보낸 송신자를 확인해야 한다. 그러나 멜리사 바이러스의 경우에서와 같이 이러한 바이러스들은 대부분 주소록에 있는 친숙한 이메일 주소를 이용하여 전파되는 경우가 많으므로 단지 송신자를 확인하는 것만으로는 부족하며, 백신 프로그램들을 이용하여 검사하여야 한다.

6.4.10 숨겨진 파일 확장자

MS 윈도우의 탐색기는 '알려진 파일 형식의 파일 확장명 숨기기' 옵션이 있다. 이 옵션은 기본적으로 설정되어 있으나, 몇몇 이메일 첨부 바이러스들은 숨겨진 파일 확장자를 이용한다고 알려져 있기 때문에 사용하지 않으려면 직접 해당 옵션을 변경해 주어야만 한다. 이러한 공격 기법을 사용한 가장 대표적인 것은 'VBS/Love_Letter 웜'이었으며, LOVE-LETTER-FOR-YOU, TXT.vbs 파일을 첨부해서 전파되었다. 바이러스에 의해서 첨부되는 파일은 실제로는 .exe 또는 .vbs의 실행 파일이지만, 사용자가 보기에는 .txt 또는 mpg와 같은 단순한 데이터 파일처럼 보이기 때문에 부주의한 사용자들이 실행하기 쉽다.

6.4.11 채팅 클라이언트

인스턴트 메시징 프로그램 또는 IRC(Internet Relay Chat) 프로그램들은 인터넷에 연결된 컴퓨터들 간에 양방향 통신/채팅을 가능하게 한다. 이와 같은 채팅 프로그램들은 메시지나 URL 정보를 전송하는 것 이외에도 파일 전송도 가능하다. 많은 채팅 클라이언트들이 실행 파일이 전송되는 것도 허용하기 때문에, 이메일 클라이언트에서 실행 파일을 직접 실행하는 것과 유사한 위험이 존재한다. 따라서 이메일과 마찬가지로 다운로드 된 프로그램은 주의해서 실행해야 하며, 신뢰할 수 없는 프로그램을 실행해야 하는 경우에는 더더욱 주의해야 한다.

6.4.12 패킷 스니핑

패킷 스니퍼는 네트워크에서 돌아다니는 패킷들을 포착해서 데이터 또는 정보를 캐내는 프로그램이다. 많은 경우 네트워크에서는 암호화되지 않은 사용자 이름, 패스워드 또는 기타 중요한 정보들이 전송되는 경우가 많은데, 이런 정보를 싣고 다니는 패킷이 포착되었다면 이런 정보도 같이 유출되는 것이다. 그리고 케이블 모뎀의 경우는 ADSL이나 dial－up사용자의 경우와 달리 주변 네트워크의 모든 패킷이 브로드 캐스팅 되므로 이런 스니핑 공격에 더욱 위험하다.

6.5 해킹 기법과 대응방법

6.5.1 서비스 거부 공격(DoS; Denial of Service Attack)

서비스 거부 공격이라 함은, 시스템의 정상적인 서비스를 방해할 목적으로 대량의 데이터를 보내 대상 네트워크나 시스템의 성능을 급격히 저하시켜 대상시스템에서 제공하는 서비스들을 사용하지 못하게 하는 공격으로 해킹 수법 중의 가장 일반적인 방법이다.

인터넷 사용자가 많지 않았던 초기의 서비스 거부 공격은 단일 시스템이나 서비스를 목표로 하는 공격자에 대한 피해자의 1:1 유형이 주류를 이루고 있었다. 그러나 최근에는 분산 서비스 거부공격이란 이름으로 N개의 불특정 시스템이 단일 네트워크를 대상으로 공격을 시도하는 N:1 유형이 주류를 이루고 있다. 이러한 공격은 사전에 공격을 받아 감염된 불특정 다수의 시스템으로부터 동시에 공격이 시도됨으로써 그 피해는 단일 시스템뿐만 아니라 전체 네트워크까지 마비시킬 수 있는 파괴력을 가지고 있다. N:1 유형의 공격방법은 수작업으로는 많은 시간이 소요되기 때문에 주로 웜(Worm)과 같은 자동화된 공격도구가 사용되는 경우가 많다. 따라서 공격도구의 특성을 제대로 파악하면 이에 대한 대응방법도 마련될 수 있기 때문에 이러한 연구 활동도 전 세계적으로 활발하게 진행되고 있다.

기술적인 대응방법뿐만 아니라 가장 중요한 것은 사전에 증후 발견이다. 이러한 공격은 대규모 네트워크를 이용하기 때문에 비정상적인 네트워크 흐름을 유발하여 초기에 이상 징후를 탐지한다면 이에 대한 빠른 대응이 가능하게 된다. 이를 위하여 기본적인 보안솔루션을 구축하는 것은 물론, 적절한 관리와 운영이 병행해야 한다. 또는 전 세계적인 망을 가지고 있는 침해 사고 대응 팀, 혹은 보안서비스 전문업체와 긴밀한 관계를 유지하여 기업보안 대책을 지속적으로 업데이트 시켜 주는 것이 무엇보다 중요하다.

6.5.2 버퍼 오버플로우

버퍼 오버플로우란 말 그대로 버퍼를 넘치게 하는 것을 의미하며, 풀어서 설명하면 메모리에 할당된 버퍼의 양을 초과하는 데이터를 입력하여 프로그램의 복귀 주소(return address)를 조작, 궁극적으로 해커가 원하는 코드를 실행하는 것이다.

버퍼 오버플로우 공격은 취약한 프로그램을 대상으로 공격자가 원하는 코드를 실행시킬 수 있다는 측면에서 매우 위험하며, 그 결과로 얻는 피해 범위는 시스템을 중지시키는 것에서부터 관리자 권한을 얻는 것까지 다양하다.

보안 관리자는 버퍼 오버플로우가 어떻게 동작하는지 이해하고, 평상시에 벤더에서 제공하는 소프트웨어 관련 패치 적용, 최소 권한으로의 프로그램 실행, 불필요한 서비스 제고, 침입차단시스템을 통한 유해 트래픽 차단을 통해 공격 피해 가능성을 최소화해야 한다.

6.5.3 웹 애플리케이션 해킹

웹 애플리케이션 해킹이란 웹 애플리케이션의 취약성을 이용하여 필수 불가결하게 서비스해야 하는 웹 서비스로 접근하는 패킷을 악의적으로 조작해서 공격하게 된다.

(1) 웹 애플리케이션의 10가지 취약점

a. 검증되지 않은 파라미터의 허용

클라이언트로부터 웹 애플리케이션이 요청을 받았을 때 그 요청이 적절한 값인지 여부를 검증하지 않음으로 인해 백앤드에 존재하는 허가되지 않은 자원에 접근할 수 있다.

b. 부적절한 접근 통제

인증되지 않은 사용자가 시스템에 접근하여 중요한 파일을 읽거나 권한 없는 기능들을 수행할 수 있다.

c. 부적절한 계정과 세션 관리

계정에 대한 증명과 세션 토큰이 적절히 보호되지 못함으로 인해 패스워드나 키, 세션 쿠키, 그리고 다른 토큰 등을 악용하여 인증 메커니즘을 무력화 시키거나 다른 사용자의 아이디를 추측할 수 있다.

d. 크로스 사이트 스크립팅 허점

공격자가 웹 애플리케이션을 사용해서 다른 최종 사용자에게 자바스크립트와 같은 악성 데이터를 보낼 때 발생한다.

e. 버퍼 오버플로우

메모리에 할당된 버퍼의 양을 초과하는 데이터를 입력하여 프로그램 복귀주소를 조작, 궁극적으로 해커가 원하는 코드를 실행하게 된다.

f. 시스템 명령어 삽입 허용

웹 애플리케이션에서 HTML 형식이나 쿠키, URL 파라미터 형식으로 시스템 명령어를 삽입 허용함으로써 웹상에서도 시스템 명령을 실행할 수 있다.

g. 잘못된 오류 처리

적절하지 못한 오류 처리는 웹 사이트에서 다양한 보안 문제를 야기한다. 가장 보편적인 문제는 데이터베이스 덤프, 에러 코드등과 같은 상세한 내부 메시지들이 사용자에게 노출된다.

h. 안전하지 않은 암호화 메커니즘 사용

암호화 기술이 웹 애플리케이션에 적용될 때 구현상의 오류로 인한 보안 허점을 내포하게 된다.

i. 원격 관리 허점

원격 관리에 접근할 수 있는 강력한 인증 메커니즘이 갖춰져 있지 못한 이유로 인해 허가되지 않은 사용자에 의해서 웹 애플리케이션의 기밀성과 무결성 그리고 가용성이 파괴될 수 있다.

j. 웹과 애플리케이션 서버의 구성 설정상의 오류

구성 설정의 오류로 인해 보안 문제를 야기 시키며, 이러한 보안 문제들은 자동화된 스캐닝 도구에 의해 공격자들에 의해 공격당할 가능성이 매우 높다.

6.5.4 스푸핑 공격

스푸핑 공격은 바로 자기 자신의 식별 정보를 속여 다른 대상 시스템을 공격하는 기법이다. 네트워크 상의 공격자는 TCP/IP프로토콜 상의 취약성을 기반으로 해킹 시도시 자신의 시스템 정보(IP 주소, DNS 이름, MAC 주소 등)를 위장하여 감춤으로써 역추적이 어렵게 만든다. 이러한 스푸핑 공격은 패킷 스니퍼링이나 서비스 거부 공격, 세션 하이재킹 등의 다른 여러 가지 공격을 수행 가능하게 한다.

(1) 스푸핑 공격의 종류

a. IP 스푸핑

IP 정보를 속여서 다른 시스템을 공격하는 것이다. IP 스푸핑을 통해 서비스 거부 공격을 수행할 수도 있으며, 공격대상 컴퓨터와 서버 사이의 연결된 세션에 대해서 세션 끊기도 가능하다.

b. ARP 스푸핑

해커가 ARP 테이블 상의 정보를 위조하여 공격 대상 컴퓨터와 서버 사이의 트래픽을 해커 자신의 컴퓨터로 우회시켜 패스워드 정보 등 유용한 정보를 획득할 수 있다.

c. 이메일 스푸핑

이메일 발송시 송신자의 주소를 위조하는 것이다.

d. DNS 스푸핑

해커가 어떤 도메인의 DNS 컴퓨터를 장악하여 통제함으로써 원래 사용자는 자신이 찾아가고자 하였던 홈페이지가 아닌 다른 홈페이지로 연결된다. 스푸핑 공격은 패킷 필터링 접근제어와 IP 인증 기반 접근제어, 취약점 서비스 사용의 제거, 암호화 프로토콜의 사용을 통해서 방어가 가능하다.

6.5.5 스니핑

스니핑이란 네트워크 상에서 자신이 아닌 다른 상대방들의 패킷 교환을 엿듣는 것을 의미한다.

(1) 스니핑에 취약한 프로토콜

a. Telnet, Rlogin

Telnet, Rlogin의 사용자 ID, 패스워드를 비롯한 모든 통신의 내용은 암호화되지 않아 모든 통신 내용을 쉽게 볼 수 있다.

b. HTTP

HTTP의 사용자 인증으로 많이 사용되는 Basic Authentication 방법은 아주 기본적인 방법으로 encode되기 때문에 쉽게 사용자 ID, 패스워드 정보를 얻어낼 수 있다.

c. SNMP

SNMP 프로토콜은 단순 네트워크 관리 프로토콜이라는 이름과 같이 보안을 거의 고려하지 않았다. SNMP의 패스워드와 같은 역할을 하는 커뮤니티 이름을 비롯한 모든 통신 내용이 암호화 되지 않는다.

d. 기타

NNTP, POP, FTP, IMAP. SMTP 등

(2) 스니핑의 방어

a. SSL 적용

HTTP, IMAP, POP, SMTP, Telnet 등은 SSL을 적용하여 HTTPS, IMAPS, POPS, SMTPS, Telnets 등으로 할 수 있다. SSL은 HTTP에서 가장 많이 활용되며 이를 적용하여 사용자 이름. 패스워드 및 전자 상거래 결재 정보 등 웹 서핑의 내용을 암호화할 수 있다.

b. PGP, S/MIME

SMTP상으로 보내지는 메일은 기본적으로 암호화 되지 않기 때문에 스니핑하여 그 내용을 쉽게 얻어낼 수 있다. PGP, S/MIME등을 이용하여 메일에 대한 암호화 기능을 제공할 수 있다.

c. SSH

암호화 통신을 제공하여 Telnet, FTP, RCP, Rlogin을 대치할 수 있다.

d. 사설망 혹은 가설 사설망

스니핑이 우려되는 네트워크 상에 전용선으로 직접 연결함으로 중간에 도청되는 것을 막는 것이 사설망이다. VPN 장비 간의 암호화를 통해 도청을 막을 수 있다.

6.5.6 백도어와 트로이목마

(1) 백도어

크래커가 시스템에 침입한 후 자신이 원할 때 침입한 시스템을 재침입하거나 권한을 쉽게 획득하기 위하여 만들어 놓은 일종의 비밀 통로를 말한다.

a. 네트워크 데몬이나 시스템 유틸리티를 수정한 백도어
b. TCP/UDP 프로토플을 이용한 Shell Binding 백도어
c. Kernel 모듈을 수정한 백도어
d. 방화벽을 우회하는 백도어

(2) 트로이 목마

유용한 프로그램으로 가장하고 있는 악의적인 프로그램이나 코드를 포함하고 있는 프로그램을 말한다.

a. 인터넷의 자료실이나 와레즈 사이트 등을 통한 정상적이고 유용한 프로그램, 불법적인 크랙 파일이나 누드 사진 등의 사용자의 관심을 끄는 프로그램에 바인드되어 네트워크를 통한 원격제어
b. Hidden Setuid shell
c. UDP Bind Shell

(3) 탐지 및 예방

a. 불법적인 사이트 방문 자제
b. 바이러스 백신 프로그램 사용
c. 개인 방화벽 시스템 사용
d. 정품 S/W 사용
e. 비정상적인 실행 파일이나 첨부 파일 실행 금지
f. 네트워크 침입 탐지 시스템
g. 네트워크 침입 방지 시스템
h. 침입 차단 시스템
i. 무결성 점검 시스템
j. 취약점 점검 도구

6.5.7 HTTP Session Hijacking

HTTP Session Hijacking은 웹 브라우징 시 세션 관리를 위해 사용되는 Session ID를 스니핑이나 무작위 추측 공격을 통해서 도용하는 기법이다.

(1) Session ID

다수의 웹 페이지 요청자를 구별하기 위하여 각각의 사용자의 세션에 부여하는 임의의 긴 문자열 값이다.

(2) Session ID의 취약성

a. 취약한 알고리즘
b. 길이가 짧은 Session ID
c. 계정 잠금 기능 미비
d. 무한 만료의 Session ID
e. 평문으로 전달되는 Session ID

(3) Session ID 공격유형

a. 직접적인 Cookie Sniffing을 통한 Session ID 도용
b. 간접 우회 공격을 통한 Session ID 도용
c. 무차별 공격을 통한 Session ID 도용

(4) 대응 방안

a. Session ID 생성 범위 값을 사용자 수에 대비하여 충분히 큰 값으로 설정한다.
b. Session ID는 가능한 한 랜덤하게 생성한다.
c. Session Timeout 기능과 Session ID 재생성 기능을 사용한다.
d. 무작위 추측 대입(Brute－force Guessing)에 대비하여 일정 회수 이상의 인증

실패 시에는 사용자 잠금 기능을 구현한다.

e. 로그인 이후에도 중요한 서비스 이용 시에는 사용자 인증을 통하여 인가된 사용자만이 해당 서비스를 이용할 수 있도록 통제한다.
f. Cookie 내용 안의 Session ID와 기타 변수 값 자체를 암호화한다.
g. 웹 서비스 자체의 중요성에 따라 Cookie가 전달되는 방식을 SSL로 구현한다.
h. 웹 서비스 상에 공격자가 HTML공격 코드 삽입이 가능한 페이지가 있는지 점검한다. 직접적인 공격 코드 삽입을 차단할 수 있도록 특수 문자 및 스크립트 코드를 필터링한다.

6.6 해킹 툴의 종류

6.6.1 Backorifice

◆ TCP/54320, UDP/54321. **대상시스템** Windows 95/98/ME/NT/2000/XP

백오리피스 트로이목마는 국내에서도 많이 사용하는 프로그램이다. 특히 PC방이 늘어나면서 백오리피스를 포함한 많은 트로이목마가 사용고고 있다. 다른 유사트로이목마에서 지원하는 많은 기능을 포함하고 있으며, 서버파일을 편집할 수 있는 프로그램도 제공되어 원하는 형태로 만들 수가 있다.

(1) 구성요소

a. Umgr32.exe : 서버파일

(2) 기능 및 특징

a. Beep음 실행
b. 화면 캡쳐

c. 패스워드 가로채기
d. FTP 실행/중지
e. 시스템 정보 가져오기
f. 윈도우 로그오프/리부팅/강제종료
g. 메시지 보내기
h. 암호화 지원
i. 시스템에서 실행중인 프로세스 목록 가져오기
j. 시스템에서 실행중인 프로세스 중지
k. 레지스트리 목록 삭제/복구
l. 키보드 입력 가져오기
m. Ping 실행
n. 레지스트리 수정

(3) 대처요령

a. 레지스트리 편집하기

(시작 – 실행)선택하고 regedit를 입력하여 레지스트리 편집기를 실행하여 아래 경로로 이동하여 등록된 umgr32.exe값을 삭제한다.

b. 파일 삭제하기

c:\<windows directory>\system\umgr32.exe 파일을 삭제한다.

6.6.2 SubSeven

◆ TCP/27374 Windows 95/98/MB

SubSeven 트로이목마는 다양한 기능을 가지고 있어, 인터넷이 연결되어 있는 곳이라면 이 트로이목마가 설치되어있는 클라이언트 컴퓨터의 제어 및 키로그 등을 이용한 개인정보의 획득 등이 가능하다. 메신저와 관련한 기능들이 많아 개인적인 내용들 및 패스워드가 이 트로이목마에 의해 노출되어질 수 있다.

(1) 구성요소

a. MSREXE.exe : 서버파일

(2) 기능 및 특징

a. CD-ROM 열기/닫기
b. 시스템 정보 가져오기
c. 디렉토리 정보 가져오기
d. 윈도우 로그오프/리부팅/강제종료
e. 메시지 보내기
f. IP 스캔
g. 패스워드 변경
h. IRC 서버 연결
i. 서버파일 포트 변경
j. 시스템에서 실행중인 프로세스 목록 가져오기
k. 키보드 입력 가져오기
l. 레지스트리 수정

(3) 대처요령

a. c:\<windows directory>\win.ini 파일에서 MSREXE.exe를 삭제한다.
[windows] load=MSREXE.exe => load= 와 같이 변경한다.
b. c:\<windows directory>\MSREXE.exe 파일을 삭제한다.

6.6.3 NetBus

◆ TCP 12345, 12346. 20034(Pro버전), WINDOWS 9X/ME/NT/2000/XP

넷버스는 초보자들도 사용하기 쉽고 강력한 기능들로만 구성되어 있어 최근 들어 해킹에 많이 사용되고 있으며, 해킹사이트에 접속해 보면 다운로드 1순위를 차지하고 있을 정도로 인터넷을 통해 급속도로 퍼지고 있다. 또한 넷버스에 의해 게임아이템 분실, 통신 ID와 패스워드 도용 등의 해킹피해신고가 증가하고 있으므로 사용자의 각별한 주의가 요구된다.

(1) 구성요소

a. netbus.exe : 서버파일
b. patch.exe : 클라이언트 파일

(2) 기능 및 특징

a. 서버파일에 감염된 다른 컴퓨터를 제어할 수 있다.
b. 서버 컴퓨터의 키보드로 타이핑된 모든 내용을 알 수 있다.
c. 서버 컴퓨터에서 현재 작업중인 화면을 캡처하여 bmp파일로 저장한다.
d. 다른 클라이언트가 접속하지 못하도록 비밀번호를 설정할 수 있다.
e. 서버컴퓨터가 외부에 접속할 경우 변경된 IP와 접속 사실을 클라이언트의 이메일일 주소로 전송한다.

(3) 대처요령

운영체제의 버전에 따라 치료방법이 약간씩 다르므로 사용하고 있는 윈도우의 버전을 확인한 후에 아래 방법을 따라하면 넷버스를 쉽게 제거할 수 있다.

a. 레지스트리 편집하기

(시작 – 실행)선택하고 regedit를 입력하여 레지스트리 편집기를 실행하여 아래

경로로 이동하여 등록된 patch.exe(넷버스의 서버파일명) 값을 삭제한다.
HKEY_LOCAL_MACHINE – SOFTWARE – Microsoft - Windows - CurrentversionRun 디렉토리에서 patch REG_SZ E:\winntw\patch.exe /nomsg

b. 파일 삭제하기

[Windows 9x/me 사용자]

시작 – 프로그램 – 보조 프로그램 – 시스템 도구 – 시스템정보 – 소프트웨어 환경 - 실행 중인 작업과 시작 프로그램 탭에서 patch.exe가 실행중임 확인할 수 있다.재부팅한 후 Windows의 찾기(윈도우키 + f)를 이용하여 아래 파일들을 모두 삭제한다.

c:\windows\patch.exe, c:\windows\keyhook.dll

[windows 2000 사용자]

ctrl + alt + del 키를 누르면 windows 작업관리자가 실행되는데, 여기서 프로세스 탭으로 이동하면 patch.exe가 실행 중임을 확인할 수 있다. 이를 치료하기 위해선 patch.exe를 선택한 후 프로세스 끝내기를 클릭하여 강제로 프로세스를 종료시킨다. windows의 찾기(윈도우키 + f)를 이용하여 아래 파일들을 모두 삭제한다.

c:\winnt\keyhook. dll, c:\winnt\patch. exe

6.6.4 SchoolBus 2.0

◆ TCP 44767(UDP), 54321, 가변적, WINDOWS 9X/ME

스쿨버스 역시 해킹 사이트를 통해 네티즌에게 급속도로 퍼지고 있으며, 넷버스처럼 사용법이 쉽고 서버파일이 사용하는 포트를 변경할 수 있기 때문에 사용자의 각별한 주의가 요구된다.

(1) 구성요소

a. server.exe : 서버 파일
b. client.exe . 클라이언트 파일

(2) 기능 및 특징

a. 일반적으로 해킹 툴은 레지스트리나 win.ini에 등록되어 윈도우 시작 시 자동 실행되지만, 스쿨버스는 등록되지 않고 서버 파일 실행 시 생성된 runonce.exe 에 의해 자동 실행된다.
b. 윈도우 캐쉬에 저장된 패스워드를 추출하므로 불편하더라도 보안을 위해 윈도우의 자동완성 기능을 사용하지 않는 것이 좋다.
c. 서버 컴퓨터와 채팅, 키 로그 기능, 시디 롬 열기/닫기, 작업표시줄 숨김/보임 등이 가능하다.
d. 간혹 컴퓨터의 날짜와 시간이 제대로 설정 했는데도 자꾸 변경된다면, 한번쯤은 스쿨버스에 감염된 것은 아닌지 의심해 보는 것이 좋다.
e. windows 2000에서는 실행되지 않는다.

(3) 대처요령

안전모드로 부팅한 후 해당 경로로 이동하여 서버파일만 삭제하면 되므로 의외로 치료방법은 간단하다.

a. 파일 삭제하기

[windows 9x/me 사용자]

시작 – 프로그램 – 보조 프로그램 – 시스템 도구 – 시스템정보 – 소프트웨어 환경 – 실행중인 작업과 시작 프로그램 탭에서 Grcframe.exe가 실행 중임을 확인할 수 있다.

안전모드로 부팅한 다음 windows의 찾기(윈도우키+f)를 이용하거나 해당 경로로 이동하여 아래 파일들을 모두 삭제한다.

c:\windows\system\Grcframe.exe

c:\windows\system\Runonce.exe

6.7 화이트해커 양성

화이트해커는 정보보안전문가를 일컫는 은어이다. 악질적 공격을 막아내고, 중요 정보를 보호하며, 크래커의 성격을 지닌 해커를 색출해내는 일을 하는 사람들을 말한다. 이런 화이트해커의 양성과 등용은 해킹에 대한 일반적인 인식의 변화와, 고등기술의 공격으로부터 정보를 보호하는데 반드시 필요하다. 이런 필요성을 인식한 90년대부터 각종 해킹과 정보보호에 관련된 대회와 컨퍼런스가 공개적으로 이루어져왔다. 최근에는 국내에서도 이런 행사가 이루어져서 정보보안에 대한 국제적인 저변을 넓히려는 움직임도 보이고 있다.

유명한 행사로는 국내의 코드게이트, 국외의 데프콘, 블랙 햇, 캔섹웨스트와 블루 햇 등이 있다.

6.7.1 코드게이트 (http://www.codegate.org/)

코드게이트(CODEGATE)는 보안 전문 업체 소프트포럼에서 매년 주최하는 국제 보안 컨퍼런스, 국제해킹방어대회, 방어기술콘테스트 행사의 총칭이다. 2008년 첫 컨퍼런스를 시작으로 매년 행사를 개최하고 있다. 첫 개최 당시 총 상금 1억원이라는 파격적인 규모로 국내외 컴퓨터 보안 전문가들의 큰 호응을 불러모았다. 당시 단일 보안컨퍼런스 및 컴퓨터 해킹/보안 대회로써는 국내 최대 규모였다.

국제해킹방어대회에는 국내 외 유명 해커그룹과 보안 전문가들이 참가하여 열띤 경쟁을 벌인 바 있으며, 국제보안컨퍼런스에는 국내외 보안 업계의 유명 인사들이 세션을 진행한다.

6.7.2 데프콘 (http://defcon.org/)

데프콘(DEFCON; Defense Condition)은 세계 최대의 컴퓨터 보안 컨퍼런스이자 해킹 대회이다. 1993년에 최초로 개최되었고, 매년 여름 미국 라스베가스에서 개최된다. 데프콘은 세계적인 수준의 해커들이 모여 치열하게 실력을 겨루는 해킹대회, 뛰어난 실력을 지닌 보안 전문가들이 모여 정보를 교류하는 보안 컨퍼런스, 그밖에 크고 작은 해킹 이벤트들로 구성되어 있다. 대회에는 전 세계의 해커들과 보안전문가들이 모여 세계 최고의 해커의 자리에 도전한다. 대회 방식은 CTF(Capture The Flag)방식을 채택하고 있다.

2008년 데프콘에서는 대한민국의 해커그룹 와우해커, 널루트 등이 주축이 되어 'Taekwon－V' 와 'WOWHACKER' 의 두 개 팀이 데프콘에 참가하였다. 여기서 'Taekwon－V' 팀이 4위, 'WOWHACKER' 팀이 8위를 차지하는 성과를 올렸다.

6.7.3 블랙 햇 (https://www.blackhat.com/)

블랙햇은 정보 보안 분야의 떠오르는 이슈를 다루는 가장 유명한 컨퍼런스이다. 1997년 창안되었다. 미국에서는 라스베가스에서 데프콘과 함께 열리고, 암스테르담, 도쿄, 워싱턴 D.C.에서도 개최된다. 이 행사는 보안 전문가와 인지도가 높은 해커의 발표 세션을 제공하고 새로운 보안제품을 전시한다. 최신 보안이슈를 확인하고 첨단 기술을 공유하는 기회를 가질 수 있어 각국의 보안 인재들과 전문가들에게 인기가 높다.

많은 보안 관계자들은 데프콘과 함께 블랙햇에 참여한다. 블랙햇에 등록하면 데프콘에 무료로 입장할 수 있기 때문이나, 교육과 브리핑, 기업의 기술 및 제품 홍보가 주를 이루는 블랙햇에서 새로운 기술과 정보를 한 눈에 살펴볼 수 있기 때문이기도 하다. 이런 블랙햇을 특히 유명하게 하는 건 바로 이슈브리핑이다. 이 브리핑들에선 최근 세상을 떠들썩하게 하는 보안 이슈들이 발표된다.

6.8 해킹의 대책

6.8.1 업무용 시스템

해커가 자기 시스템을 통해 직접 공격하지 않고 제3의 컴퓨터를 이용하기 때문에 해커의 위치를 파악하기가 쉽지 않다. 해킹 피해가 발생했을 때 시스템을 다운시키는 것이 최선의 방책이다. 차선책으로는 해킹 프로그램을 발견할 수 있는 탐색 툴을 이용해 수시로 시스템을 점검해 제거하는 것이다. 국내에서는 정보보호센터가 무료로 해킹방지와 탐색 프로그램을 공급하고 있다. 미리 점검하고 대비하는 것 이외에는 마땅한 방법이 없다는 게 정보보호 전문가들의 중론이다. 점점 지능화, 고도화하는 해킹수법에 대비해 더 늦기 전에 국내에서도 정보보호에 대한 마인드를 제고하고 정부와 관련업계가 종합적인 대책을 강구해야 한다는 시각이 지배적이다.

6.8.2 개인용 시스템

(1) 방화벽, 해킹방지 SW를 설치한다.

가장 기본적인 해킹 방지 대책. 개인방화벽은 네트워크 상에서 허가되지 않은 외부로부터의 접근을 막고. 내부에서 외부로의 접속을 제한하기 위해 설치하는 보안 소프트웨어이다.

특정 컴퓨터를 멀리 떨어져 있는 다른 컴퓨터에서 조정하여 사용할 수 있는 해킹 프로그램인 '백오리피스'를 막기 위해서는 이를 탐지하는 SW를 설치하면 유용하다.

(2) 트로이 목마에 속지 않는다.

트로이 목마는 어떤 문제를 일으키기 위해 다른 프로그램인 것처럼 위장하고 실행 코드 형태로 다른 프로그램의 내부에 존재하는 것으로 바이러스처럼 자기 자신을 복제하는 기능도 없고 다른 프로그램에 포함되지도 않지만 시스템에 직접적인 문제를 일으킨다.

트로이 목마를 예방하기 위해서는 모르는 사람에게서 온 메일에 첨부된 낯선 파일, 인터넷사이트 또는 PC통신 자료실에 올려진 프로그램들 중 의심가는 파일은 실행시키지 않는 것이 좋으며, 검증되지 않은 웹 사이트에서는 파일을 다운로드 받지 않는 것이 좋다. 또 V3나 Winzip 같은 유명한 프로그램은 자사의 홈페이지에서 다운로드 받도록 하고 뛰어난 기능을 가졌다고 지나치게 강조하는 프로그램도 한번쯤 의심해 볼 필요가 있다.

(3) 개인정보를 빼가는 외국 SW 평가판은 꼭 필요한 것만 설치한다.

외국산 평가용 무료SW 제품 중에는 사용자의 개인정보를 빼가는 기능을 포함하는 '스파이웨어'를 내장하고 있는 제품이 많다. 스파이웨어란 SW에 넣은 광고를 통해 수익을 올리는 프로그램 제작 회사에서 광고 효과를 측정하기 위해 사용자에 대한 정보를 수집하는 기능을 집어넣은 프로그램을 말한다. 보통 이 프로그램은 사용자 이름과 IP주소, 설치된 SW 리스트 등을 빼낸다.

이를 막기 위해서는 공짜라면 무조건 PC에 SW를 설치하는 습관을 버려야 한다. 자신이 꼭 필요한 프로그램일 경우에도 사용동의서의 내용을 주의 깊게 살펴보고 이해득실을 따져 설치를 결정하는 것이 바람직하다.

(4) 신뢰할 수 없는 사이트의 쿠키 요청은 거부한다.

접속시 번거롭게 ID와 패스워드를 넣지 않아도 되는 편리함과 전자상거래시 매번 주소와 신용카드 번호를 재입력할 필요가 없도록 특정 정보를 저장하고 있는 파일을 '쿠키'라고 한다. 쿠키는 편리하기는 하지만 내 정보가 쉽게 빠져나갈 수 있다.

브라우저에서 쿠키 허용을 하지 않도록 하는 것이 가장 안전하지만 쿠키를 허용하지 않으면 해당 사이트에서 제공하는 기능을 받지 못하는 경우가 있으므로 쿠키 요청이 들어올 때마다 허용 여부를 물어보도록 설정하는 것이 좋다. 또 신뢰할 수 없는 사이트는 거부를 하고, 인터넷 접속을 끝낸 후에는 c:\windows\Cookie의 자료를 완전히 삭제하는 것이 좋다.

(5) 이메일은 암호화해서 전송한다.

인터넷을 통해 보내는 메일이나 파일은 여러 서버와 경로를 통해 전달되기 때문에 쉽게 노출된다. 이러한 노출을 막기 위해 'PGP'라는 프로그램을 이용해 메일을 암호화할 수 있다. 'PGP'는 이메일을 암호화하고 복호화 하는데 사용하는 프로그램이며 송신자의 신원을 확인함으로써 그 메시지가 전달 도중에 변경되지 않았음을 확인해주는 암호화된 전자서명을 보내는데도 사용된다.

(6) 공용 PC에는 ID와 암호를 절대 저장하지 마라.

학교의 PC실이나 도서관 등의 공용 컴퓨터를 보면 ID와 패스워드의 번거로운 재입력을 피하기 위해 자동으로 입력되도록 설정해놓고 사용하는 경우가 있다. 이 때 암호는 '*'로 표시되기 때문에 암호가 누출되지 않을 것이라고 생각하지만, 윈도우에서의 '*'는 단지 암호를 이 기호로 나타내는 것일 뿐 어떤 암호화도 되어 있지 않다. 이 기호 뒤에 숨어있는 암호는 간단한 프로그램을 다운로드 해 설치하는 것만으로도 알아낼 있다. 공용 컴퓨터에서 사용하는 자신의 ID를 도용당하지 않기 위해서는 공용 PC에 패스워드를 절대 저장하지 말고, 노출에 특히 경계해야 한다.

(7) 바이러스 검색은 컴퓨터 보안대책의 기본.

사랑한다는 말도 때론 싫을 때가 있다. 전 세계를 떠들썩하게 한 'I LOVE YOU' 바이러스를 두고 보안업계에서 나온 말이다. 바이러스의 검색과 퇴치는 컴퓨터 보안대책의 첫걸음이자 기본이다. CIH 바이러스처럼 특정한 날짜에 맞춰 준동하는 바이러스를 예방하기 위해서는 바이러스 달력을 숙지하는 것이 효과적이다.

세계 최고수준의 국내 백신 제작업체 사이트는 자주 방문해 업데이트되는 백신을 다운로드 받아 상시적으로 점검하는 것이 바람직하다. 정체불명의 이메일과 PC통신 자료실 SW중 의심 가는 파일은 절대 다운로드 받거나 실행시키지 않아야 한다.

6.9 국가적 지원이 요구되는 해킹 대비책

6.9.1 국민 의식 강화

국가 주요기관 및 민간기관의 정보시스템 실무운영자, 정보화 담당관, 결정권자 및 경영자에게 해킹으로 인하여 발생하는 국가 사회적 피해 및 혼란에 대한 인식을 제고시켜서 정보기반 시스템의 보호능력을 점진적으로 향상시켜 나아가야 한다. 또한 일반 국민에게도 교육과 홍보를 통하여 해킹으로 야기될 수있는 국가 사회적 혼란과 손실에 대한 이해를 증진시키고 준법의식을 갖도록 하며 해킹이 범죄라는 인식을 심어 주어야 한다.

6.9.2 법제도 정책 지원

해킹을 범죄로 규정하고 형사 및 민사적 책임을 지울 수 있도록 하며, 해킹방지 및 탐지기술을 전담하는 조직 및 관련 연구지원과 정보보호산업 육성을 지원할 수 있는 정책지원이 필요하다. 또한, 국가 공공 차원에서 해킹을 방지하고 국가 기간산업을 보호해 줄 수 있는 암호관련 법안의 필요성이 강조된다.

6.9.3 정보보호 관리체계 구축

정부 공공기관뿐만 아니라 회사나 단체에서도 해킹을 방지할 수 있는 정보보호

관리체계를 구축하도록 하여야 한다. 물리적, 관리적인 대책도 필요하지만 해킹의 위협을 차단하기 위해서는 기술적인 보안대책이 가장 중요하다. 접근통제기술과 신분확인 기술, 암호 및 전자서명기술 등 핵심적인 기본 및 응용기술을 활용한 최대한의 정보보호체계를 갖추어야 한다. 물론, 민간기업에서는 항시 '비용대비효과'를 고려하는 위험분석평가를 기반으로 최고 경영자의 올바른 의사결정이 요구된다.

6.9.4 기반 기술 및 전문 해킹기술 연구

컴퓨터바이러스, 각종 해킹 기술뿐만 아니라 이들을 뒷받침하는 기반기술에 대한 연구가 활성화 되어야 한다. 또한, 이러한 임무를 전담하는 연구기관도 적극 지원되어야 할 것이다. 현재 한국정보보호센터에서 운영하고 있는 해킹사고 대응팀과 같은 조직의 활성화도 필수적이다.

6.9.5 전문 인력 양성

국내에 정보기반시스템 침해에 대비할 수 있는 전문 인력이 절대 부족하므로 대학 및 대학원 과정에 정보보호 관련 과목 또는 학과를 개설함으로써 향후 정보기반시스템 침해대응에 필요한 전문 인력을 단계적으로 양성해야 하며. 추가적으로 산・학・관이 공동으로 필요한 정보보호 교육프로그램도 개발하여야 한다. 특히, 대국민 홍보와 정보보호 마인드 확산을 위해서는 관련 학회나 연구기관을 통한 심포지움을 개최하여 저변인구 확대가 요망된다.

6.9.6 국계적인 협력 강화

인터넷을 통한 해커에 대한 국제적인 공조 수사체제가 이루어져야 한다. 관련되는 법규와 범죄자 인도법 등이 상호 체결되어 국제적인 범죄 집단이나 마피아 등의 수사가 이루어져야 한다. 그리고 국제컴퓨터침해사고대응협의회(FIRST)가 현재 조직돼 있는 것을 활용하여 각 나라별로 암호 기술 및 해킹 기술 등의 정보를 교환하고 협력하여 국제적인 해커를 끝까지 추적하여 퇴치할 수 있도록 하여야 한다.

6.10 피해 사례

(1) 국내 웹사이트 이틀새 700여개 변조당해

〈연합뉴스 2004.12.31〉

정보통신부는 PHP사용 게시판의 취약점을 공격하는 '산티(Santy) 웜' 예보를 발령한 데 이어 국내 홈페이지가 대량 변조된 것으로 드러나 웹사이트 관계자와 사용자 등에 대해 해당 프로그램의 업그레이드를 권고했다고 31일 밝혔다.

정통부와 한국정보보호진흥원(KISA)은 29일 외국 해커그룹이 450개 국내 홈페이지를 변조하는 등 579개 홈페이지가 변조된 데 이어 30일에도 86개 웹사이트가 이 해커그룹에 의해 똑같은 피해를 봤다며 이같이 권고했다.

웹사이트 변조는 해커그룹이 구글(Google) 등 인터넷 검색엔진을 이용해 PHP 관련 취약점이 패치되지 않은 웹서버들을 찾아 해킹하는 방식으로 이뤄졌다고 정통부는 설명했다.

정통부는 "문제의 해커그룹에 의한 피해가 확산되는 것을 막기 위해 피해기관에 대해 국제공조를 구축. 조사를 벌이고 있다"면서 "PHP를 웹 서비스에 이용하는 웹 서버나 웹호스팅 서비스를 제공하는 시스템 관리자나 운영자들은 PHP관련 취약점에 의해 웹변조 피해를 막기 위해 반드시 보안패치를 해야한다"고 말했다.

PHP관련 보안 패치는 PHP 관련 다운로드(http://www.php.net/down.php)에서 최신 버전(2.0.11)으로 내려받아 업그레이드 하면 된다. 정통부는 또 홈페이지 변조 등 해킹사고가 발생하면 인터넷 침해사고대응지원센터(02－118)로 신고, 원인분석 및 복구에 필요한 기술지원을 받을 것을 권고했다.

(2) 최악의 악성 코드가 만우절을 노린다

〈케이벤치 2009.03.27〉

최악의 악성코드로 꼽히고 있는 "컨피커 웜"의 변형 형태가 4월 1일 만우절을 겨냥하고 있는 것으로 발견돼, 주의가 필요하다.

안철수연구소는 역대 최악으로 평가 받고 있는 "컨피커 웜 (Worm.Conficker)"의 변형 버전이 만우절을 겨냥해 등장했다고 밝혔다. 이 악성 코드는 4월 1일 만우절에 동작해 타 시스템으로부터 다른 악성 코드를 받아 PC를 재 감염시키는 것으로 알려졌다.

윈도우의 보안 취약점을 노려 감염되는 이 변형 컨피커 웜은, 작동 과정에서 과도한 트래픽이 발생해 네트워크 장애가 발생할 가능성이 있다.

컨피커 웜은 지난해 11월 처음 발견되었으며 엄청나게 빠른 속도로 퍼져 나갔다. 현재까지 감염된 PC가 천오백만대가 넘는 것으로 추정돼, 역사상 최악의 감염 수준을 보이고 있는 무서운 웜이다.

컨피커 웜은 PC를 감염 시킨 후 네트워 트래픽 외 별 다른 동작을 보이지 않고 있지만, 특정 명령에 동작을 시작할 수 있는 가능성도 제기돼, 보안 관련 업체들이 경계를 늦추지 않고 있다. 엄청난 수의 PC가 컨피커 웜에 감염되어 있기에 만약 이들이 한번에 동작한다고 하면 피해가 걷잡을 수 없이 커지기 때문이다.

지난 달, 마이크로소프트는 컨피커 웜 제작자에게 25만 달러의 현상금을 걸기도 했다. 컨피커 웜의 심각함을 보여주는 일례라 할 수 있다.

변형 형태의 컨피커 웜이 계속해서 등장함에 따라 윈도우를 항상 최신 업데이트 상태로 유지하고 백신 프로그램 설치 등의 철저한 준비가 요망된다. 현재까지 알려진 컨피커 웜은 국내의 무료 배포 백신들로도 발견 및 치료가 가능하다.

(3) 유명사이트 위장 '피싱' 해커 적발

〈전자신문 2004.11.12〉

경찰청 사이버테러대응센터는 11일 이른바 '피싱(Phshing)' 수법으로 다른 사람의 이메일 ID와 패스워드를 알아내 매매한 혐의(정보보호법 위반 등)로 이모(23)씨 등 10명을 불구속 입건했다.

'피싱'은 개인정보(Private Data)와 낚시(Fishing)의 합성어로 유명업체의 홈페이지로 위장한 메일을 보내 메일 수신자가 홈페이지에 접속할 때 ID나 패스워드 등의 개인정보를 빼내는 신종 해킹 수법이다.

경찰에 따르면 이씨는 지난해 말부터 인터넷에 '이메일을 해킹해 드립니다'라는 광고를 띄워 해킹 의뢰자를 모집한 뒤 피싱 수법으로 의뢰자가 원하는 사람의 개인정보를 빼냈다.

유명 포털인 A사이트로 위장한 음악메일을 보낸 뒤 수신자가 메일 확인을 위해 A사이트에 접속할 때 입력하는 ID와 패스워드를 빼돌려 의뢰자에게 넘겨준 것. 경찰관계자는 "피싱 수법이 성행하고 있으므로 ID · 패스워드 · 주민등록번호 등의 입력을 요구하는 메일을 받은 경우 반드시 해당 사이트에 직접 접속해 확인해야 할 것"이라고 말했다.

(4) 하나은행 당한 키보드해킹, 보안업체 '속수무책'

〈베타뉴스 2009.02.12〉

최근 키보드 보안 프로그램을 사용한 인터넷 뱅킹 무단 인출 사고가 기승을 부리면서, 인터넷 이용자들의 각별한 주의가 필요할 것으로 보인다.

경찰에 따르면, 중국에 본거지를 둔 일부 해커들이 인터넷 뱅킹 사이트의 키보드 보안 프로그램을 무단으로 해킹함과 동시에, 사용자들의 신용카드와 계좌 등에서 거액이 인출되는 사고가 발생했다고 전했다.

특히, 이들은 공인인증서를 통해 개인정보를 빼내는 것은 물론, 인터넷 뱅킹을 사용하는 데 있어서 반드시 필요한 보안카드까지 해킹하는 지능화된 수법을 펼쳤다고 덧붙였다.

경찰 관계자는 "사건 발생 후 IP를 추적한 결과, 범인들은 국내가 아닌 중국에 머물고 있는 것으로 조사됐다"라며, "개인정보 유출과 무단 인출 사례가 높아진 만큼 인터넷 이용자들의 보안 인식이 절실히 필요하다."이라고 밝혔다.

보안 업체 전문가들은 "이러한 사건이 발생하는 근본적인 이유는 인터넷 뱅킹 사이트의 키보드 보안 프로그램이 날로 발전하는 해킹에 대해 취약한 것은 사실"이라고 지적했다.

이번 사건과 관련해 일부 은행들은 "해커들이 은행 네트워크에 침입한 흔적을 찾지 못했다"라며, "인터넷 뱅킹 사용자들은 보안카드나 공인인증서 등을 노출시키지 않도록 주의해야 할 것"이라고 당부했다.

한편, 지난달 5일 하나은행은 자사의 인터넷 뱅킹 이용자가 키보드 보안 프로그램 해킹으로 인해, 계좌에서 2,100여만원이 무단 인출됐다고 밝힌 바 있다.

(5) 온라인게임 해킹 피해, '모르면 죄?'

〈경제투데이 2009.03.03〉

온라인 게임 내 해킹 피해자들에 대한 보상정책이 회사 편의 위주로 정해져 있어 이용자들의 불만이 이어지고 있다. 게임사들의 적극적인 보안 투자와 고객 중심의 보상정책 마련이 시급하다. CJ인터넷, 넥슨, 한게임, 네오위즈게임즈, 엔씨소프트 등 대표 게임사 위주로 비교해본 결과, 해킹 피해자들에 대한 보상 방법과 절차가 복잡하고 제한적으로 이뤄지고 있어 피해자들의 원성이 높아지고 있다.

현재 온라인 게임 대부분은 해킹을 당한 날로부터 7일에서 15일 이내에 신고해야 보상 신청이 가능하다. 또 몇몇 게임사들은 도난당한 아이템을 '복구'가 아닌 '회수'의 방식으로 돌려줘 아이템 변형 및 변화에 대한 피해를 고스란히 유저에게 떠넘기고 있다. 만약 해킹 피해 사실을 뒤늦게 알았다면 보상 신청조차 불가능하고, 피해는 고스란히 유저의 몫이라는 것. 또 피해자는 보상 신청 시 서버명, 캐릭터와 같은 기본 정보뿐만 아니라 계정 도용 및 해킹 확인시간, 주요 분실 아이템 명, 게임머니 액수를 기재해야 하는 등 복잡한 절차를 거쳐야만 한다. 보상 요구 시한이 짧게 책정된 이유로 한 게임사는 방송통신위원회(이하 방통위)의 개인신상정보 보관 방침이 3개월로 규정돼 있다는 근거를 들었다. 또 대부분의 게임사들은 각 유저의 로그값 기록을 장기간 보관하기에는 서버 용량 한계가 있다고 주장했다. 그러나 회사는 관계법령상 3~5년 동안 회원정보를 추가적으로 보관할 수 있다. 결국 서버 용량의 한계가 해킹 피해자들에게 보상 기한을 충분히 제공하지 못하는 이유이다.

방송통신위원회가 2008년 7월에 발표한 '인터넷 정보보호 종합대책'(정보보호 대책)에 따르면 2007년 개인정보 탈취 등을 목적으로 하는 해킹시도(4316건)가 전년대비 16.3% 증가했다. 정보보호 대책에 따르면 해킹 피해 속출의 이유는 △개인정보 관리 소홀 △기업과 정부의 정보보호 투자 미흡 △과도한 개인정보 수집에 비해 책임의식 미흡 △유해정보 유포 및 확산경로 다양화, 지능화 △인터넷 활성화에 비해 해외발 해킹 등 침해사고 대비 취약 등이 있다. 해킹 피해 이유가 개인정보 관리 소홀을 제외하고 개인 정보를 수집한 회사의 소홀한 관리, 개인정보 과다 수집 등 임에도 불구하고 게임사들은 계정관리의 1차적 책임을 이용자에게 묻고 있었다. 각 게임사들은 자체 방화벽과 엔프로텍트(nProtect) 등 최신 보안시스템을 도입하고 정기적인 비밀번호 변경과 OTP(One Time Password, 일회용 비밀번호) 사용 의무화 캠페인 등을 벌여 최선을 다했다는 입장이다.

방통위 이훈식 개인정보보호과 사무관은 "해킹 피해 신고 접수 기한은 동종 업계 나름대로의 원칙을 세운 것 같다"며, "방통위의 개인신상정보 방침 때문이 아니라 서버용량 상 보관하기 어려워 신고 기한을 둔 것 같다"고 밝혔다. 또 잉카(INCA)인터넷 주영흠 대표는 인터뷰에서 "보안에 대한 인식은 높아졌지만 실질적인 보안에 배정되는 비용이 너무 미미하다"며, "각 기업의 보안 팀들이 원하는 비용을 기업에서 지출 한다면 보안 문제를 해결할 수 있을 것이다"고 말한 바 있다. 해킹 피해를 당한 박 모 씨는 "오랜만에 게임에 접속했다가 해킹 당한 사실을 알게 됐는데, 신청 기한이 지나 보상신청 조차 할 수 없어 당황스러웠다"며, "게임사들이 게임 개발

비용에는 몇 백억 씩 투자하지만, 로그값 보관을 위한 서버 확보에는 소극적인 것 같다"고 아쉬움을 토로했다.

(6) 국가안보 관련 해킹 하루 9만5000건 탐지

〈문화일보 2009.06.16〉

한국 군을 겨냥한 국내외 사이버 해킹 시도가 하루 평균 9만5000여건에 이르는 것으로 집계됐다. 특히 이 가운데 군사정보 절취를 위한 해킹시도만 약 11%인 하루 1500여건이나 되는 것으로 조사됐다. 국군기무사령부는 16일 경기 과천 기무사 신청사에 열린 '2009 국방정보콘퍼런스' 세미나에서 이같이 밝혔다.

정부는 이에 따라 북한의 군사정보 절취 등 사이버테러에 대비하기 위해 현재 국가정보원과 국군기무사령부, 행정안전부, 지식경제부, 방송통신위원회 등으로 분산돼 있는 사이버안보 기능을 총괄하는 '사이버안보총괄조정기구'(가칭)를 이르면 내년초에 출범시키기로 했다.

정보 고위당국자는 16일"지난 5월29일 사이버보안을 국가 핵심어젠다로 채택, 백악관 내에 사이버안보 보좌관을 신설키로 한 미국 오바마 행정부의 정책보고서 발표를 계기로 논의가 급진전되고 있다"고 말했다.

중국 등 제3국을 통한 북한의 사이버 테러위협 등이 급증하면서 군당국의 사이버 전력 강화 움직임도 가속화하고 있다.

기무사에 따르면 최근 중국 등 제3국발 해킹 등에 의한 국방정보 기밀유출 사건은 ▲함정제조 방산업체 H사 해킹으로 인한 행정자료 유출사건을 비롯, ▲현역사병이 군 정보망에서 예비군 5만명 정보 유출 ▲국방과학연구소(ADD) 연구원이 외국업체에 군사기밀 유출 ▲방위사업청 홈페이지에 250여건 군사기밀 공개 ▲2004년 이후 군사기밀 누설 및 보안위반 군인 3000여명 등이다.

김종태 기무사령관은 "사이버 위협의 심각성은 단순한 컴퓨터 시스템 해킹 차원을 넘어 국가기반체계를 위협하는 새로운 안보위협으로 대두하고 있다"고 말했다.

참고 및 사이트 ...

- 안철수연구소
  http://www.ahnlab.com
- 정보보호포털사이트 보호나라
  http://www.boho.or.kr/
- 한국정보보호진흥원
  http://www.kisa.or.tr/
- 인터넷침해사고대응지원센터
  http://www.krcert.or.kr/
- 해커스랩
  http://www.hackerslab.org/
- 코드게이트
  http://www.codegate.org/
- 데프콘
  http://defcon.org/
- 블랙 햇
  https://www.blackhat.com/

Chapter

07

스팸메일

7.1 스팸 메일의 정의 및 특성
7.2 스팸 메일의 분류
7.3 스팸 메일의 영향력
7.4 스팸 메일 방지

7.1 스팸 메일의 정의 및 특성

일반적으로 스팸 메일은 '인터넷을 통하여 다수의 수신자에게 전송되는 원하지 않는 상업성 이메일'로 정의되며, 다음의 세 가지 기본적인 특성을 포함한다.

(1) 원하지 않음 (Unsolicited)

스팸 메일에 대한 모든 정의의 핵심적 요소는 수신자가 원하지 않는 것이어야 한다는 것이다. 일반적으로 전송자와 수신자가 사전에 관계를 맺고 있지 않았거나 수신자가 메일의 수신에 동의하지 않는 경우, 그 메일은 원하지 않는 것이라 할 수 있으며, 또한 수신자가 관계의 종료를 위하여 수신거부의사를 통지한 경우에도 마찬가지라 할 수 있다. 그러나 당사자들 간의 선행관계가 이메일 교환 이외의 것으로 구성되어 있는 경우에는 '원하지 않음'에 대한 판단이 쉽지 않다.

(2) 상업적(Commercial)

이메일 메시지가 발송자의 재화나 용역의 판매촉진을 위한 상업적인 내용을 담고 있다면 이는 스팸 메일로 간주될 수 있다. 그러나 상업성에 대한 판단은 전송자의 실제적인 동기보다는 그 메시지의 내용에 의해 결정되는 것이기 때문에 '상업적'에 대한 적절한 법적 정의가 요구된다.

(3) 대량(Bulk)

스팸 메일에 대한 가장 현실적인 문제는 메시지의 내용보다도 그 대량성에 있다고 할 수 있다. 최근에는 스팸 메일을 걸러 내거나 차단하기 위한 기술들의 발달과 더불어 전송방법과 유형 또한 배우 지능화. 다양화되었기 때문에 기술적인 방법을 통해 스팸 메일을 판별해내는 것이 매우 어려워졌다. 그러므로 대량성의 판단을 위하여 메시지의 '발송량 및 발송기간'에 대한 명확한 기준의 확립이 필요하지만 현재까지는 법률이나 방침에서 이를 구체화하고 있지 않다.

미국이나 일본, EU 등의 스팸 메일 규제와 관련된 법률들을 살펴보면, 약간의 차이는 있지만 대체로 일반적 정의의 범주 내에서 '스팸 메일'을 정의하고 있는데, 우리나라의 경우에는 스팸 메일에 대한 정의를 법률상에서 명확히 하고 있지는 않다. 그러나 「정보통신망이용촉진및정보보호등에관한법률(이하 정보통신망 법)」 에서 '수신자의 명시적인 수신거부의사에 반하는 영리목적의 광고성 정보 전송'을 제한함으로써 스팸 메일을 UCE(Unsolicited Commercial E−mail : 원하지 않는 상업적인 메일)의 측면으로 정의하고 있다

7.2 스팸 메일의 분류

7.2.1 스팸 메일의 종류

1) 광고성 메일
2) 불법 복제 소프트웨어
3) 음란물의 판매, 음란성 사이트 광고메일
4) 돈버는 사이트를 소개하는 메일
5) '수신한 메일을 다른 이에게 보내야 한다.(행운의 편지 등)'는 내용을 담은 메일
6) 메일 폭탄
7) 그 밖의 욕설, 협박성 메일 등

7.2.2 규제성 스팸 메일의 유형

이전에는 스팸 메일이라 하면, 대부분 이메일에 한정해서 말하는 경우가 많았다. 그러나 정보통신기술의 발달과 함께 스팸 메일 역시 전송매체와 기법, 유형 등에 있어서 매우 다양해지고 있다. 우리나라는 현재 일반적인 광고성 정보의 전송과 불법 스팸 메일을 정보통신망 법에서 구분하고 있으며 법률에 의해 규제되는 불법 스

팸 메일의 유형들은 다음과 같다.

(1) 수신자의 명시적인 수신거부 후 동일한 광고성 정보를 반복하여 전송(정보통신망 법 제50조 제1항)

스팸 메일을 규제하는 방식은 크게 Opt-in과 Opt-out으로 나뉜다. Opt-in 방식이란 수신자가 동의를 한 경우에만 광고성 정보의 전송이 가능하도록 하는 것이며, Opt-out 방식이란 수신자가 해당 광고에 대하여 수신거부의사를 밝힌 경우에는 더 이상 광고성 정보를 전송하지 못하도록 하는 것이다. 우리나라는 현재 정보통신망 법에서 Opt-out 방식을 채택하고 있으므로 수신자가 명시적인 수신거부의사를 밝힌 이후에 동일한 광고성 정보를 재차 전송하게 되면 불법 스팸 메일로 처벌(1천만원 이하의 과태료)을 받게 된다.

(2) 광고표기 등 명기의무 위반(정보통신망 법 제50조 제2항)

수신자가 광고성 정보를 쉽게 판별하여 원치 않을 경우 걸러 내거나 수신거부를 할 수 있도록 광고메일의 제목란에 (광고) 또는 (성인광고)를 표기하고 본문에는 전송자의 명칭, 전자우편주소, 전화번호 및 주소와 수신거부의 의사를 쉽게 표시할 수 있는 방법을 한글과 영문으로 각각 명시하도록 하고 있다. 따라서 광고표기를 허위 또는 변칙적으로 하거나 필수 기재사항들을 기재하지 않을 경우 불법 스팸 메일으로 처벌(1천만원 이하의 과태료)을 받게 된다. 명기 의무는 개정 정보통신망 법에서는 그 대상이 전화, 모사전송 및 기타 대통령령이 정하는 매제로 확대되게 된다.

(3) 청소년에게 '청소년 유해 매체물'을 광고하는 정보 전송(정보통신망법 제42조의2)

스팸 메일의 특성상 광고의 대상이 명확하지 않기 때문에 성인광고 등의 '청소년 유해 매체물'이 청소년에게 무분별하게 전송되어 심각한 피해를 야기하고 있다. 이에 유해한 광고성 정보로부터 청소년들을 보호하기 위하여 2003년 1 월 19일 개정된 정보통신망 법에서는 청소년에게 전자우편, 전화, 모사전송(FAX) 및 기타 대통령령이 정하는 매체를 통하여 '유해 매체물'대한 광고성 정보를 전송하는 것을 불법으로 규정하고 위반자에 대하여 강력한 단속과 처벌(2년 이하의 징역 또는 1천만원 이하의 벌금)을 하고 있다.

(4) 수신거부를 회피 또는 방해하기 위한 목적으로 기술적 조치를 취함(정보통신망 법 제50조 제4항)

스팸 메일에 대한 규제와 단속 및 차단이 강화됨에 따라 스팸 메일의 전송기법 또한 매우 지능적으로 발달해왔다. 최근에는 수신자가 수신거부를 쉽게 하지 못하도록 다양한 기술적 조치들을 취하여 광고성 정보를 전송하는 사례가 급증함에 따라 개정 정보통신망 법에서는 이러한 행위에 대하여 엄중하게 처벌(1천만원 이하의 벌금)하고 있다.

(5) 수신자의 연락처를 자동으로 생성하는 프로그램 등을 이용하여 광고성 정보 전송(정보통신망 법 제50조 제6항)

스팸 메일 발송 프로그램이 개발되기 시작한 초기에는 숫자, 부호 또는 문자를 조합하여 수신자의 연락처를 자동으로 생성하여 광고를 발송하는 프로그램들이 주로 이용되었는데, 이로 인해 전체적인 스팸 메일의 유통량이 급격히 증가하게 되었다. 이에 정부에서는 이러한 행위를 법으로 금지하고 위반자에 대하여 처벌(1천만원 이하의 벌금)하고 있다.

(6) 기술적 장치를 이용한 이메일주소의 수집 판매 유통 또는 이용(정보통신망 법 제50조의2)

수신자의 연락처 자동생성과 더불어 스팸 메일이 급증하게 된 가장 큰 원인 중 하나인 웹사이트 상에서의 이메일주소 무단 수집 또한 개정 정보통신망 법에 위반되는 행위이다. 따라서 현재 시중에 나와 있는 이메일주소 수집 프로그램(일명 '이메일주소 추출기')들을 이용하여 이메일주소의 수집을 거부하는 의사가 명시된 웹사이트에서 이메일주소를 수집하거나 수집된 이메일주소를 판매, 유통 또는 이용할 경우, 처벌(1천만원 이하의 벌금)을 받게 된다.

(7) 이용자의 동의 없이 광고 프로그램 설치(정보통신망 법 제50조의5)

이용자의 컴퓨터에 광고 프로그램을 설치하고자 하는 경우에는 해당 프로그램의 용도 및 삭제방법을 고지하고 이용자로부터 동의를 얻어야 한다. 그렇지 않은 경우는 불법으로 처벌(1천만원 이하의 과태료)을 받게 된다.

(8) 음성광고 전송시 미리 광고성 정보임을 밝히지 않음(정보통신망 법 제50조 제3항)

스팸 메일의 전송매체가 다양화되어 근래에는 전화 등을 통한 음성광고 또한 마케팅 수단으로 많이 이용되고 있다. 이메일에서처럼 음성광고의 경우에도 수신자를 속이기 위하여 미리 광고성 정보임을 밝히지 않는 경우가 많은데, 이는 개정 정보통신망법상 불법 스팸 메일으로 간주되어 적발시 처벌(1천만원 이하의 과태료)을 받게 된다.

7.3 스팸 메일의 영향력

7.3.1 스팸 메일의 폐해

(1) 스팸 메일 피해 요약

① 정신적 스트레스

하루에도 수많은 스팸 메일을 정리하는데 시간을 투자하면서 그 정신적 스트레스는 아주 높다.

② **시간소비**

많은 양의 스팸 메일을 정리하다 보면 그 것을 정리하는데 걸리는 시간으로 인해 시간적인 소비를 하게 된다. 이 쓰레기 메일들을 열어보느라 이용자들이 부담하는 접속비용이 세계적으로 연간 94억 달러에 달한다는 통계도 있다.

③ **사생활 침해**

이런 스팸 메일도 또한 사생활 침해의 한 종류로 볼 수 있다. 자신의 메일 계정을 빼내 자신의 허락 없이 마구 보내지는 스팸 메일들은 개인적인 삶을 침해하는 행위로 볼 수 있다.

④ **청소년 탈선의 주범**

약간의 비약적인 면도 보이는 발언이기는 하지만 위에서도 알 수 있듯이 많은 청소년들이 음란물을 스팸 메일을 통해서 보기 때문에 간과 할 수 없는 사실임에는 틀림이 없다.

⑤ **불법복제 유통**

스팸 메일을 통한 불법 CD나 음린물의 유통은 심각한 수준이다.

⑥ **바이러스의 배포**

스팸 메일을 통한 바이러스의 확산 또한 문제점으로 부각되고 있다.

(2) 스팸 메일이 나쁜 이유

① **무임승차**

스팸 메일은 메일을 보내는 쪽보다는 받는 사람이 더 많은 비용을 전담하는 유일한 수신자 지불 방식이다. 예를 들면, AOL은 법원에서 Cyber Promotion에게 스팸 메일 행위를 중단하라는 중재가 있기 전까지 Cyber Promotion로부터 하루에 180만 통의 스팸 메일을 받았다고 이야기 한다. 일반적인 AOL 가입자들이 하나의 메일을 확인하고 지우는데 10초 정도 걸린다고 가정하면, 스팸 메일을 지우는데 하루에

5,000시간 동안 접속을 하고 있어야 한다. 단지 AOL에 국한 되어도 말이다. 반대로 스패머는 아마도 하루에 100달러씩 지불하는 T1 라인 정도를 가지고 있을 것이다. 이렇게 광고주에게 돈을 적게 부담시키고 수신자들에게 부담을 주게 된다.

② 스팸 메일 범람의 문제

많은 수의 스팸 메일들은 "우리의 메일링 리스트에서 당신의 메일 주소를 빼려면 삭제 신청 메일을 보내라"고 이야기 한다. 우리가 왜 가입하지도 않은 메일링 리스트에서 빼달라고 메일을 보내야 하는지, 또 무엇을 그렇게 시키는지에 대한 의문을 제외한다 하더라도 스팸 메일의 양이 엄청나게 많아지면 불가능 해진다. 만약 스팸 메일이 계속 늘어난다면, 우리의 메일 박스는 진짜 유용한 메일을 위해서는 쓸 수 없는 것이 되고 만다. 내부의 인터넷 스패머들 때문에 골치를 앓고 있는 AOL의 사용자들은 그들이 거의 그 정도 지점에 도달 했다고 이야기 한다.

③ 자원의 도둑질

Quantum Communications와 같이 늘어나는 스패머들은 그들이 보내는 메일의 대부분 또는 전부를 중간 경유 시스템을 이용해 보냄으로써 스팸을 자주 보내는 메일 서버를 차단해 놓은 많은 시스템들의 여과장치를 통과한다. (대부분의 인터넷상의 메일 시스템은 자신의 내부 사용자들이 아닌 외부 사용자들에게 메일을 보낸다.) 이렇게 해서 중간 경유 메일 시스템은 서버 내의 네트워크나 디스크에 스패머들이 보낸 원치 않는 메일 메시지들이 쌓이게 되어, 서버 관리자가 배달되지 않는 스팸 메일 문제에 시간을 쓰게 만들고, 메일 수신자들은 중간 경유 시스템이 메일을 보낸 것으로 보고 이에 항의하므로 결국 그들도 스패머들과 같이 간주 된다.

④ 쓰레기

거의 모든 메시지들은 가치 없고 받아들일 수 없고 부분적 또는 전부 사기에 해당하는 것들이었다. 스팸 소프트웨어, 웃기는 기적의 치료제, 이름 없는 컴퓨터 부품, 모호하게 설명된 떼돈을 벌 수 있는 방법, 포르노 전화 등 열거 할 수 없을 정도로 많다. 이 모두는 자기네들이 정상적으로 돈을 내고 광고를 해야 되는 정식적인 매체 광고에는 함량 미달인 것들이다. 또한 스팸 메일을 보내는데 드는 돈은 훨씬 적게 들기 때문에 광고를 해야 될 특별한 대상도 없다. 이와 같은 저렴한 가격으로 모든 사람에게 광고를 할 수 있다고 여러분이 모든 사람에게 광고를 보낸다면 나머지 사람들이 당하는 피해의 수위는 높아갈 것이다.

⑤ 정직하지 못하다

스팸 소프트웨어는 예외 없이 옳지 않게 수집한 광고를 받기 원한다는 사람들의 리스트를 같이 준다. 하지만 실상 원하지 않게 그 리스트에 올라가 있는 사람들의 이메일주소는 유즈넷이나 기타 메일링 리스트에서 추려낸 것일 뿐이다. 스팸 소프트웨어는 종종 ISP(Internet Service Provider)의 시스템 상에서 행동하고 ISP에서 찾아내기 어렵게 하여 ISP들은 스패머들이 무엇을 하는지 전혀 모른다. 스팸은 예외 없이 요청하면 리스트에서 자신의 이름을 빼줄 수 있다고 이야기 하지만 그들은 전혀 반영하지 않는다. 실제로 새로 만든 이메일 계정에서 "삭제 요청" 메일을 보낸다면 여러분은 이제부터 그 이메일주소로 스햄을 받기 시작할 것이다. 스패머는 스팸 메일을 받는 사람들로부터 어떠한 소리도 들으려 하지 않는다. 그리고 일반적으로 회신 주소에는 가짜 주소를 넣어서 그들이 메시지를 보낸 메시지를 받은 사람들로부터의 응답을 듣는 비용적인 부담을 지려하지 않는다. 가능하다면 그들은 위에서 언급한 ISP 업체들의 "책임이 없는" 계정을 사용함으로써 ISP 업체들은 그들이 지나가고 난 뒤에서 서버를 청소 하는데 비용을 부담하게 만든다.

⑥ 불법이다

어떤 종류의 인터넷상의 스팸 메일들은 어떤 나라에서는 불법이다. 특히 포르노에 있어서는 단지 그것들을 소유하고 있다 하더라도 충분히 감옥에 들어갈 수 있다.

7.3.2 스팸 메일의 실태

한국소비자원은 2007년 10월 '스팸메일 관련 소비자 인식 및 피해경험 실태'에 관한 온라인 설문조사를 실시하였다. 설문조사에 따르면 소비자들은 다음과 같은 인식과 행동패턴을 보이는 것으로 나타났다.

(1) 스팸 메일에 대한 인식

전자우편에 의한 스팸메일 수신이 1일 평균 14건, 휴대전화를 통한 스팸광고 수신량은 1일 4건이며, 소비자들은 영리성 내지 광고성 여부를 떠나 '본인이 수신을 원하지 않는 메일이나 광고'는 모두 스팸메일로 인식하는 것으로 나타났다. 전자우편에 의한 스팸메일의 유해성 여부에 대한 소비자의견은 응답자의 82.0%가 유해한 것으로 인식하고 있으며, 또한 유무선 전화의 스팸광고의 유해성에 대하여 79.1%가 해롭다고 응답함으로써 스팸메일에 대한 소비자의 부정적 인식이 매우 강하였다.

(2) 스팸메일 수신거부 및 인식

정부가 시행하는 스팸메일 정책과 관련, 전화 스팸광고의 수신 사전동의제(opt－in)를 알고 있다는 응답자는 56.3%이고, 전자우편에 해당되는 사후 수신 거부제(opt－out)를 알고 있다는 응답자는 71.4%로 나타나 관련 제도에 대한 홍보가 필요한 것으로 나타났다. 이러한 스팸메일의 수신거부 경험은 전자우편 스팸메일의 경우 응답자의 78.0%, 전화 스팸광고의 경우는 66.3%로 나타났고, 수신거부 효과에 대해서는 46.0%(전화 스팸광고의 경우는 44.6%)가 효과없다고 응답하였고, 효과가 컸다는 응답은 3.4%에 불과하였다.

스팸메일을 수신하는 응답자 중 85%는 무조건 삭제하거나 수신거부 조치를 하지만, 나머지 15%는 열어보는 것으로 나타났고, 이중 4.3%의 소비자는 스팸광고를 접하고 나서 상품(서비스)을 구입한 경험이 있다고 응답함으로써 스팸광고의 효과를 간접적으로 입증하고 있다. 응답자의 인구통계 특성별로는 특히 남성의 스팸광고 상품의 구매비율이 5.9%로 여성(2.5%)의 2배 이상이며, 연령별로는 30대가 6.1%로 다른 연령층에 비하여 매우 높았다. 구매품목(중복응답)으로는 온라인복권, 건강기능식품 및 치료제 등이 각 20.0%로 가장 많았고, 휴대폰 13.3%, 성인음란물, 사금융

대출상품, 보험, 자격증 광고, 아르바이트 구인, 컴퓨터 S/W 및 H/W 등이 각각 6.7% 등으로 유무선 인터넷을 이용한 전자상거래 방법이 주종을 이루는 것으로 판단된다.

표 7.1 스팸광고 품목 구매 경험

구 분	구매경험 있음(%)	구매경험없음(%)
전체	4.3	95.7
남성	5.9	94.1
여성	2.5	97.5
20 - 29세	4.3	95.7
30 - 39세	6.1	93.9
40 - 49세	2.4	97.6
50 - 59세	-	100.0

(출처: 스팸메일 소비자문제의 효과적 대응방안, 한국소비자원)

(3) 스팸메일(광고) 대상 품목실태

소비자들이 전자우편과 휴대전화 등을 통하여 수신하는 스팸메일 광고 품목으로 전자우편 및 전화수단에 공통적으로 가장 많이 수신된 품목은 '사금융, 대출, 신용카드 발급'으로 나타났고, '성인정보, 음란물'이 공통적으로 2위를 차지한 것으로 나타났다. 그 다음 순위로서 전자우편을 통한 스팸광고 품목(중복응답)은 '다이어트, 체형관리'(3위), '복권'(4위), '취업 · 아르바이트'(5위), '비타민, 건강식품 또는 치료제'(6위), '피싱'(7위) 등의 순으로 나타났고, 전화에 의한 스팸광고 품목은 '복권,도박(3위)', '렌탈, 여행(4위)', '다이어트,체형관리'(5위), '건강식품, 치료제'(6위), '취업,아르바이트'(6위), '대리운전(8위)'등으로서 휴대전화를 통하여 광고를 수신하고 바로 그 자리에서 전화 또는 무선인터넷으로 구매를 유도하는데 적합한 품목인 것으로 나타났다.

(4) 스팸메일(광고)로 인한 피해경험 실태

스팸광고를 보고나서 그로 인하여 응답자의 84.6%가 경제적, 정신적으로 피해를 경험한 것으로 답하였다. 조사에서 응답자가 경험한 피해에 대하여 그 유형을 질문(복수응답)한 결과는 다음과 같다.

- 스팸광고 상품 및 서비스 거래로 인한 소비자피해(4.4%)와 피싱사기(2.6%) 등 경제적 손실의 경험
- '바이러스프로그램 등으로 인한 응답자의 컴퓨터파일 파괴(36.9%)', '컴퓨터 작동불능(29.1%)'등 컴퓨터 이용의 불편
- '시간낭비(62.3%)', '정신적 피해(38.6%)', '수신거부해도 계속 송신(37.1%)'등 간접적 피해경험

스팸메일의 피해에 대하여 응답자의 38.9%는 스팸메일 차단, 필터링 프로그램을 설치하는 등 자구적 조치를 취하고 있으며, 경제적 피해에 대하여 해당업체에 보상을 요구하거나 관계당국에 신고하는 경우는 각각 7.4%와 9.1%에 불과하였다. 이는 대부분의 사업자가 신원정보를 표시하지 않은 채 스팸을 발신하기 때문에 소비자들이 이들의 신원정보 파악이 어려워 피해구제 요청 등 적극적 대처에 한계가 드러나고 있는 것으로 파악되었다.

7.4 스팸 메일 방지

7.4.1 스팸 메일 방지 수칙

(1) 일반 이용자가 알아야 할 사항

① 인터넷 사용시 웹사이트, 게시판 등에 이메일주소를 남기지 않는다.
② 자신의 이메일주소를 주의해서 관리한다.
③ 각종 인터넷서비스 가입시 광고메일 '수신하지 않음' 을 선택한다.
④ 이메일 프로그램의 다양한 수신차단 기능 사용한다. (이메일 서비스 제공업체가 제공하는 필터링 방법 이용 또는 스팸 차단 S/W를 구입하여 사용)
⑤ 광고메일 발신자에게 수신거부 의사를 전달한다. (외국소재 사이트나 정체 불명의 광고메일 발신자에게 직접 수신거부의사 전들은 가급적 피할 것)
⑥ 광고메일이 정보통신망 법 관련 규정을 준수한 것인지 확인한다.
⑦ 음란성 스햄 등 법령위반 불법스햄 신고한다. 불법스팸대응센터(T. O2) 405－4773, http://www.spamcop.or.kr)

(2) 웹사이트/메일서버 관리자가 알아야 할 사항

① 자사 사이트에서 이메일주소가 추출되지 않도록 이메일 추출방지 프로그램을 설치하거나 보안 게시판을 사용하는 등 필요한 기술적 조치를 강구해야 한다.
② 자사 광고메일 수신을 신청한 회원에게만 메일을 발송하고, 이후 회원이 광고메일을 수신 거부할 경우 즉시 메일링 리스트에서 삭제한다.
③ 업무제휴 등의 이유로 제 3자에게 자사 회원의 이메일주소를 제공하고자 하는 경우에는 그 사실을 회원에게 고지하고 동의를 구해야 한다.
④ 스팸 메일 발송자의 특정 이메일주소 및 IP, 도메인 등을 수신 거부하거나 스팸 메일 발송 릴레이 서버로 이용되지 않도록 서버환경을 설정하되, 불가피하게 릴레이를 허용한다면 IP를 한정 지어 설정한다.

⑤ 제목에 'ADV:' 또는 'ADV:ADLT'가 포함된 메일을 수신 거부하도록 메일 서버 환경을 설정한다.

⑥ 서버용 스팸 메일 차단 프로그램을 사용한다. 자체 스팸 정책을 마련하여 회원가입시 자사 정책을 위반할 경우 IP 차단 등 불이익을 줄 수 있음을 약관을 통해 고지한다.

⑦ 스팸 메일 관련 국내·외 민원 접수시 스팸 메일 여부를 조사한 후 자사 정책에 따라 스팸 메일 발송자에게 적극적으로 대처해야 한다.

7.4.2 스팸 메일 방지 기술

스팸은 복잡한 기술적 문제를 가지고 있으므로 해소 대책도 적절한 기술적 대응방안을 가질 필요가 있다. 정부의 활동과 규제가 기본적인 방법이기는 하지만 스팸, 바이러스 및 스파이웨어로 인해 발생하는 문제를 해결하기에는 역부족이다. 추가적으로 인터넷구조는 규제기관의 스패머 식별을 어렵게 하고 있으며, 따라서 규제기관의 처벌도 어렵다.

스팸에 대한 일관적인 정의는 어렵다. 정의가 어려움에도 불구하고 원치 않는 이메일 문제의 해결을 돕는 데 사용할 수 있는 기술은 있다. 스팸방지기술은 발송지, 기간망, 수신자 컴퓨터 등 여러 수준에서 작동하며 단독으로 사용할 수도 있고 조합하여 사용할 수도 있다.

스팸방지기술은 2가지 단계로 구분하여 구현될 수 있다. 이메일이 발송되는 발송측, 이메일이 수신되는 수신측이 이에 해당한다. 아래 그림은 각 단계에서 사용할 수 있는 여러 기술적 대응방법을 나타낸다.

발송 단계
① 인증 ② 발송비용 부과 ③ 유동IP이용자의 25번 포트 차단 ④ 발송량 제한

수신 단계
① 신뢰도 평가시스템 ② 필터링 ③ 수신량 제한

(1) 발송단계 스팸방지기술

1) 인증

현재 인터넷 이메일 시스템에서 사용하는 SMTP는 많은 취약점을 가지고 있다. 심각한 취약점 중의 하나는 현재 이메일 클라이언트가 어떤 신분으로든 위장할 수 있다는 점이다. 즉 원한다면 누구로든 위장이 가능하다. 스패머는 이런 SMTP의 취약점을 악용하여 수신측 이메일 서버의 인증을 우회하고 있다. 이러한 취약점을 막을 수 있다면 수신측 이메일서버는 이런 종류의 스팸을 더 효과적으로 차단할 수 있을 것이다. 인증시스템은 특정 IP 주소의 이메일이 참인지 거짓인지 구분하여 다음 세 가지 중 하나를 알려준다.

- 발송자가 양호함 – 발송자가 특정 IP 주소에서 이메일을 보낸다고 사전에 선언했다.
- 발송자가 양호하지 못함 – 발송자가 특정 IP 주소 목록을 선언했지만 수신중인 이메일의 IP는 이에 포함되어 있지 않다.
- 발송자를 알 수 없음 – 어떻게 처리할지에 대한 정보가 불충분하다.

인증시스템이 특정 IP 주소의 이메일이 참인지 거짓인지 여부에 대한 질문에 답을 하려면 이메일을 발송한 도메인 소유자는 자기 도메인에서 발송하는 이메일에 사용하는 IP 주소 목록을 선언해야 한다. 예를 들어 Hotmail은 65.54.247.109, 216.33.241.106, 그리고 207.68.163.86과 같은 IP 주소 목록을 선언할 것이다. 만일 누군가가 예를 들면 80.34.201.194처럼 목록에 없는 IP 주소에서 접속하면서 Hotmail

에서 보냈다고 주장한다면 우리는 이 발송자가 이메일주소를 위조하고 있다고 의심할 수 있다.

이메일 위조 문제 해결을 위해 지난 수년간 다양한 방안이 나왔다.이와 같은 인증방법의 개요는 다음과 같다.

① **SMTP Authentication**

SMTP－AUTH(SMTP Authentication)은 이메일을 보내는 클라이언트(또는 보내는 이메일 서버)가 누구인지를 판별하기 위하여 이용자 계정과 암호를 이용한다. 인증과정에서 필요한 이용자 계정과 암호는 일반적인 네트워크를 통해 전송되므로 패킷 가로채기와 같은 해킹 수법에 쉽게 노출된다. 이를 보완하기 위하여 이메일사업자는 SASL(Simple Authentication and Security Layer) 기반의 인증방법을 이용하여 이용자 암호가 네트워크로 전송되는 것을 방지하여 안전성을 향상 시킨다.

질의－응답(Challenge－Response System)에 의한 인증을 하는 경우 서버는 질의 문자열을 클라이언트에게 보낸다. 클라이언트는 이용자의 비밀번호와 해당 질의의 해시값을 응답한다. 클라이언트의 응답이 서버의 고유한 해시값과 일치할 경우 이용자가 인증된다. 해시값은 원래 값으로 복구할 수 없으므로 이용자의 비밀번호가 네트워크를 통해 보내질 때 공개되지 않는다.

② **Sender Policy Framework(SPF)**

SPF란 이메일주소와 발송서버가 일치하지 않는 이메일을 차단하는 방법이다. 즉 "스팸메일이 아니라는 것을 먼저 증명하지 않으면 무조건 스팸메일로 간주하는 것"이다. 예를 들면 발송 주소를 @hanmail.net으로 입력한 스패머가 개인PC 또는 릴레이에 취약한 서버를 통해 스팸 메일을 발송하면, 수신측 이메일서버는 hanmail 네임서버에게 hanmail.net 서버가 211.43.197.0/24인지 확인한다. 만약 발송 IP주소와 hanmail.net의 이메일서버 주소가 틀릴 경우, 발송지가 틀린 이메일이라고 표시를 함으로써 정상적으로 발송된 이메일을 가려내는 것이다.

위 예와 같이 SPF는 이메일이 해당 이메일서버에서 정상적으로 발송되었는지를 확인함으로써 스팸메일을 통제할 수 있는 강력한 도구이다. SPF는 이메일주소와 발송IP가 다른 이메일을 완벽하게 구분해서 이메일헤더에 표시해주기 때문에 어떤 이메일서버에서도 이메일헤더를 필터링하면 스팸메일로부터 안전하다는 장점이 있다.

SPF는 이메일정책 표기단계와 이메일정책 확인단계로 나뉜다. 이메일정책 표기단계는 자사 도메인의 발송호스트를 SPF레코드 형태로 DNS서버에 표기하는 단계이며, 이메일정책 확인단계는 수신된 이메일이 적법한 발송서버를 통해 발송되었는지를 판단하고 판단결과에 따라 해당 이메일의 수신여부를 결정하는 단계이다. SPF는 도메인 신뢰도 평가시스템(Reputation System)과 연동하여 보다 효과적으로 사용될 수 있다.

③ Sender ID Framework(SIDF)

Sender ID는 Microsoft사에 의해 제안·확장된 형태의 SPF로 발송도메인 인증기능에 발송자 인증기능인 PRA기능을 추가한 인증기술이다. Sender ID를 이용한 이메일경유지 확인시 발송도메인에 별도의 PRA레코드가 설치되어 있지 않더라도 SPF 레코드가 표기되어 있는 경우 이와 완벽하게 호환된다.

SPF와 Sender－ID는 이메일서버가 해당 도메인에서 발송서버로 정식 등록되었는지 확인하는 데 사용된다. 이 일은 해당 도메인에서 인정하는 이메일서버주소 목록들을 도메인네임서버(DNS)에 표기함으로써 이루어진다. 이 두 가지 기술은 확인할 항목을 선택하는 방법에서 차이를 가진다. SPF는 이메일의 MAIL FROM(RFC 2821)정보를 확인하는 반면 Sender－ID는 이메일의 헤더정보(RFC 2822)를 확인한다.

④ DKIM(Domain Keys Identified Mail)

DKIM은 야후(Yahoo)사와 Cisco사가 공동으로 제안한 이메일 메시지 인증방법이다. 발송도메인은 자신의 이메일서버를 통해 발송되는 이메일을 공개키 방식으로 서명하고 이를 수신서버에서 확인함으로 메시지 전송 및 발송과정의 위·변조를 원천적으로 방지할 수 있는 기술이다. DKIM에서는 발송 메시지에 디지털 서명 곧 개인키가 필요하고, 수신 메시지는 그 개인키가 이미 기록되어 있는 공개키와 일치하는지 살펴보는 방법으로 도메인 수준과 서버 수준에서 인증을 받는다.

⑤ PKI 또는 PGP를 통한 인증

PKI(Public Key Infrastructure) 및 PGP(Pretty Good Privacy)는 공개키 방식의 이메일 암호화 및 전자서명 방법이다. PKI는 중앙집중식 인증서 관리를 통해 메시지의 전송과정 및 발송과정의 위·변조를 방지 할 수 있는 기술이며, PGP는 이메일 이용자간의 공개키 교환을 통해 동일한 효과를 얻을 수 있는 기술이다. 이 두 기술은 현재의 SMTP 환경에서 메시지의 암호화, 서명을 통한 메시지의 암호화 및 무결성 보장 등을 위한 방법으로 사용되고 있다.

2) 발송비용 부과

개념적으로 스팸 문제를 해결하기 위한 가장 간단한 방법은 전통적인 우편물처럼 각 이메일마다 발송 대가의 지불을 요구하는 것이다. 이는 SMTP의 구조적인 변경에 의하여 구현될 수 있다. 지불 수단으로 금전을 가장 먼저 떠올리겠지만 다른 방법도 있다.

예를 들어 Microsoft사는 이메일 발송에 드는 비용으로써 돈이 아니라 컴퓨터 사용시간으로 지불하는 방법을 제안했다. Microsoft사는 원치 않는 이메일에 대응하기 위하여 메시지 1통을 발송하는 데 소요되는 컴퓨터이용시간을 약 10초까지 늘릴 것을 제안했다. 이런 계획은 평범한 이메일 발송자에게는 아무런 영향을 미치지 않지만, 하루에 수백만 통의 메시지를 발송하는 자에게는 막대한 컴퓨터 자원이 추가로 필요할 것이므로 스팸발송에 대한 상당한 억제요소로 작용할 것이다. 이 같은 상황에서 수신자는 수신허용(화이트)리스트의 관리를 선택할 것이며, 이 리스트에 등록된 회원은 컴퓨터이용비용을 발생시키지 않을 것이다.

① Challenge & Response 또는 Bouncing Back

이는 필터링 위주의 스팸 처리방식이 수신서버에 부과하는 부하를 스팸메일 발송자에게 부담시키기 위해 고안된 방법으로써, 내부적으로 화이트리스트와 블랙리스트를 관리한다. 화이트리스트에 등재되어 있지 않은 이용자가 발송한 이메일은 발송자에게 확인메일을 발송하며 이에 응답 메일이 수신되면 해당 발송자의 이메일주소를 화이트리스트에 보관하여 추후에는 이러한 과정 없이 이메일을 사용할 수 있게 하는 방법이다.

② Online Stamp

이메일 우표 모델은 상당히 단순하다. 인가 받은 대량 이메일 발송자는 암호화된 우표를 우표 제공회사로부터 구입하여 모든 발송 메시지에 첨부한다. 참여 ISP는 우표 제공회사가 제공한 우표 필터링 방식으로 우표를 확인하고 통과시킨다. 온라인 우표가 붙은 이메일은 ISP가 구현한 모든 스팸차단 방법을 자동으로 통과하여 수신자의 이메일 수신함에 무사히 도착할 수 있다. 온라인 우표 모델은 스패머에게 금전적인 비용을 발생시켜 스팸을 발송하지 못하게 하는 방법으로써, 대량 이메일 발송자에게 일정량의 비용을 부과하여 스팸발송을 억제하는 방법이다.

③ Graylist

Graylist는 시스템에 처음 접속한 이용자에 대하여 한시적 접속제한을 하며, 일정기간이 지난 뒤 재접속 시도자에 한하여 이메일발송을 허용함으로써, 한 번 발송이 일어난 이용자에 대해서는 지연 없는 이메일 발송을 허용해 주는 방법이다. 이는 대부분의 스팸이 이메일발송시 발생하는 접속지연을 확인하지 않는다는 점에 착안한 것으로써, 소량 고품질의 이메일을 정기적으로 사용하는 이메일환경에 적합한 장치이다.부적절하게 설정된 서버에서 발송되는 메시지의 수신을 방지하고, 화이트리스트와 함께 사용하면 큰 도움이 된다.

사용방법은 이메일 수신서버가 신규 발송자의 이메일를 발견하였을 때 SMTP 4×× 에러 코드를 발송자에게 의도적으로 보낸다. 신규 발송자가 만일 정상적인 이메일서버를 통하여 발송한 경우 미수신 에러코드 메시지를 확인 후, 다시 재발송 시도(보통 15분 정도)를 할 것이다. 이러한 경우 수신서버는 2차 발송 메시지를 받아들인다. 이 기술은 오픈릴레이나 서비스 제공자의 이메일서버를 거치지 않는 모든 스팸을 차단할 수 있을 정도로 아주 효과적이다.

3) 유동IP이용자의 25번 포트 차단

인터넷을 통과하는 모든 이메일은 이메일 클라이언트와 이메일서버간 통신 채널인 포트 25번을 사용한다. 외국의 많은 인터넷서비스제공자(ISP)는 좀비PC로부터 발송되는 스팸을 줄이기 위해 포트 25번을 차단하고 있다. 포트 25번을 차단하면 발송자(댁내 가입자, 유동IP 이용자)는 이메일을 보내기 위해 해당 ISP 이메일서버를 이용해야 한다. ISP 이메일서버를 이용하는 이메일은 ISP가 구현한 스팸방지 대응방법(예를 들면 속도제한)을 적용하여 통과 또는 차단할 수 있다.

포트 25번 차단은 효과적인 스팸방지 대책이다. 외국 ISP들은 대량의 스팸을 발송하는 것으로 의심되는 주소에 한해서 포트 25번 차단을 선택적으로 적용하고 있고, 일부 ISP는 모든 고객에게 이와 같은 방법을 적용하고 있다.

그러나 포트 25번 차단에는 스팸뿐만 아니라 정상적인 이메일까지 차단하는 문제점이 있다. 이메일 발송을 위해 자신만의 이메일서버를 구동하여 원격지 네트워크의 이메일서버와 통신을 해야 하는 이용자들 (예를 들면 웹호스팅 업체)도 있다. ISP는 이런 고객들의 포트 25번을 차단하지 않도록 해야 한다.

신규 가입자에게 포트 25번을 차단하고 싶지 않으면 선택하도록 요 구하는 것도 하나의 방안이다. 이렇게 함으로써 포트 25번을 처음 들어보거나 사용할 특별한 이유가 없는 대다수의 개인 이용자에게는 포트 25번 차단이 기본값이 된다. 이와 같은 선택적 접근방법은 포트 25번의 합법적인 사용(예를 들면 웹호스팅)을 차단하지 않고 네트워크에 진입하는 스팸을 현저하게 줄일 수 있다.

4) 발송량 제한

적법한 이용자의 발송을 부적절하게 제한할 수 있기 때문에 발송량 제한은 불충분한 스팸발송 억제방안이다. 그러나 많은 양을 발송하는 이메일서버의 발송량을 제한함으로써 스팸을 줄이는 것은 가능하다. 일반적으로 제한규칙은 1분, 1시간, 1일 기준으로 설정할 수 있다. 예를 들면, Hotmail은 2003년 3월에 하나의 이메일계정에서 발생하는 이메일 발송량을 1일당 100통으로 제한하였다. "100"이라는 숫자는 과거 이용량을 고려한 숫자로써, 전 세계 이용자 1억명의 99%가 1일 동안 약 100통 이상을 보내지 않는 점을 고려한 것이다.

(2) 수신단계 스팸방지기술

1) 신뢰도 평가시스템

신뢰도 평가시스템은 아마도 가장 전통적인 스팸대응 해결방법 중 하나이다. 신뢰도 평가시스템은 수신측 이메일서버가 발송측 이메일서버의 과거 신뢰도(Reputation)에 근거하여 어떤 것이 스팸이고 스팸이 아닌지를 결정하는 시스템이다. 이 시스템은 이메일 발송자의 IP 혹은 도메인별 이메일사용 이력을 기록함으로써 각 IP 및 도메인별 신뢰도 를 평가하여, 스팸발송 등에 악용되는 IP나 도메인으로부터 발송되는 이메일은 수신하지 않을 수 있도록 한다. 즉, 수신허용(화이트)리스트를 유지하고 있으며, 반대로 수신거부(블랙)리스트도 가지고 있다.

① 화이트리스트 허용

발송자가 화이트리스트에 등재되어 있을 경우에 한하여 이메일을 수신하도록 스팸필터규칙을 설정함으로써 대량 스팸을 차단하는 것이다. 화이트리스트와 일치하는 이메일은 수신되고, 화이트리스트에 없는 곳으로부터 수신된 이메일은 삭제 또는 방역폴더에 저장된다. 화이트리스트에 등록된 경우 스팸차단 솔루션을 우회하여 통과시켜 준다. 화이트리스트는 리스트 내에 위·변조한 발송자를 없애기 위하여 정기적으로 재검토되어야 한다.

② 블랙리스트 제한

블랙리스트는 차단하고자 하는 이메일주소 목록으로 구성되며, 개인적인 이메일서버 소유자에 의해 관리 및 유지될 수 있다. 이메일서버 소유자는 KISA−RBL, MAPS (Mail Abuse Prevention RBL), ORDB(Open−Relay DataBase) 등의 블랙리스트를 선택하여 사용할 수 있다.

- KISA－RBL － 한국정보보호진흥원(KISA)에서 무료로 제공하는 실시간 스팸 차단리스트이다. 국내외로부터 스팸정보를 실시간으로 취합하고 이를 다양한 기준에 따라 분석하여 스팸발송에 관련된 것으로 확인된 IP 리스트를 생성하여 1시간 단위로 제공한다.
- MAPS(Mail Abuse Prevention RBL List) － 스팸을 보내거나 릴레이하는 스패머에게 우호적이거나 중립적인 입장을 취하여 스팸에 악용되는 목록이다.
- ORDB(Open－Relay DataBase) － ORDB.org는 확인된 오픈릴레이의 IP주소를 제공하는 비영리 기구이다. 오픈릴레이란 발송자를 가리지 않고 이메일을 배달하는 이메일서버를 말한다. 스패머는 이런 서버들을 이용하여 대량의 스팸을 발송하는 등 악용하고 있으므로 차단해야 한다.
- SBL(SpamHaus BlackHole List) － SBL은 확인된 스패머의 IP 주소를 제공하는 데이터베이스이다. 스팸하우스 프로젝트 팀에서 관리하고 있으며 이메일 운영자의 수신 이메일 관리를 돕기 위하여 저가로 제공된다.

2) 필터링

필터링은 가장 흔히 볼 수 있는 스팸방지기술이다. 필터의 가장 큰 장점은 구현이 쉽고, 이용자가 어느 메시지를 스팸으로 간주할 수 있는지를 결정할 수 있다는 점이다. 지능적 필터에서는 이용자의 편지함에 도달하기 전에 특정 메시지를 차단하기 위해서 이용자가 특정 문자나 발송자 주소와 같은 기준을 정해야 한다. 스패머는 이러한 특정문자 차단방법을 우회하고자 철자를 일부러 틀리거나 다른 언어로 표기하는 방법을 사용한다. 이러한 스팸에 대하여 특정문자 차단방법은 효과적으로 대응할 수 없다. 이렇게 특정문자를 우회하는 스팸에 대응하기 위하여 베이지안 필터를 사용하는데 장기간 학습 및 경험이 필요하다. 베이지안 필터는 스팸과 정상 이메일을 구분해야 하는 개인 이용자들이 참조할 수 있도록 전체 메시지에 대한 통계분석을 생성한다. 그런 후에 이 필터는 이용자가 이전에 정당한 이메일이라고 판별한 것과 유사한 메시지만 통과시키는 방법이다. 이러한 베이지안 필터도 우회하는 방법이 있어서 사용에 주의해야 한다.

① 정적 필터링

정적(Static) 필터링은 가장 기본적인 스팸방지기술로써, 대부분의 이메일 클라이언트와 서비스에 포함되어 있다. 본질적으로 이 방법은 수신 메시지의 다양한 특징에 기반을 둔 미리 정의된 필터링 규칙을 사용하여 이메일 이용자가 수신 메시지를 통제할 수 있는 환경을 제공한다. 필터링 규칙은 수신 이메일의 특성과 이용자의 환경설정 값을 비교하여 만들어진다. 이와 같은 규칙에는 다음을 포함한다.

- 발송자의 발원지(이메일, 이메일서버 등)
- 이메일 제목
- 이메일 날짜
- 이메일 본문 내 텍스트
- 수신자 총 수(To 필드, CC 필드 등으로부터)
- 이메일 파일 첨부의 종류(zip, doc 등)
- 이메일의 포맷(HTML 또는 일반 텍스트)

대부분의 사람들은 정적 필터링을 단순한 특정문자 일치로만 생각한다. 부분적으로 사실인데 이것은 대부분의 이메일 클라이언트가 AND, OR, NOT 등과 같은 논리 연산을 결합시킨 다수의 특정문자로 구성된 필터링 규칙을 포함하는 식으로 정적 필터링을 구현하고 있기 때문이다. 그러나 수신 이메일에 사전 처리를 약간만 더해주면 필터링 규칙은 단순한 특정문자 일치여부 이상의 기능을 수행할 수 있다. 예를 들면 이메일 클라이언트는 수신 이메일의 첨부파일에 바이러스검사 소프트웨어를 이용하여 악성 코드가 포함되어 있는지 조사를 한 후에 적절한 조치를 취할 수 있다.

특정문자 차단을 피하기 위해서 스패머들이 이용하는 기법 중의 하나는 철자가 틀린 단어를 사용하는 것이다. 예를 들어 문자 “O”를 숫자 “0”으로 쓰거나 HTML 코드 안에 문자를 감춘다. 이러한 문자는 사람이나 HTML을 인식하지 못하는 이메일 클라이언트가 쉽게 해독할 수 없다. 그러나 이메일을 철자 검색기로 사전 처리하여 철자가 틀린 말의 총 개수를 기준으로 하거나 문법 오류의 수를 기준으로 이메일을 거부하거나 수락하는 필터링 규칙을 만들 수도 있다.

② 적응 필터링

정적 필터링식 접근법의 가장 큰 단점은 필터링 규칙을 계속 만들어야 한다는 점이다. 스패머는 특정문자 일치여부 규칙을 속이려고 메시지에 철자가 틀린 단어를 사용하는 것과 같이 정적 필터링 규칙을 우회하는 새로운 기법을 끊임없이 개발한다. 기술 옹호론자들은 스패머들을 물리치기 위해 끊임없이 필터링 규칙을 재정비하고 싶을지도 모르겠지만 일반 이용자에게는 너무 복잡한 과정이다. 만약 소프트웨어가 필터링 규칙을 자동으로 생성해낼 수 있다면 일반 이용자에게 큰 도움이 될 것이다. 바로 이것이 적응(Adaptive) 필터링 접근법의 등장 배경이다.

최종 이용자가 수신 이메일의 특징을 분석하여 수작업으로 필터링 규칙을 만드는 대신, 적응 필터링은 수신 이메일의 스팸 여부를 지능적으로 판별하여 이 과정을 간소화한다. 이는 고정된 규칙이 아니라 최종 이용자의 판단에 대한 통계적 분석을 이용한다. 예를 들면 최종이용자가 “get rich fast”(빨리 부자 되기)라는 문구가 들어 있는 수신 메시지를 스팸으로 간주하고 삭제하면 적응 필터링 시스템은 적절한 필터링 규칙을 도출하여 이후 “get rich fast”라는 문구를 담은 모든 수신 메시지는 자동으로 차단한다.

스팸 처리에서 가장 널리 쓰이는 적응 필터링 접근법은 ’02년 폴 그레이엄(Paul Graham)이 제안한 베이지언 필터링 접근법(Bayesian Filtering Approach)이다. 베이지언 필터링은 분석한 분포도를 기준으로 내부 분포도의 매개변수를 추정하는 베이지언 확률법칙을 전제로 한다. 간단히 설명해서 이메일에 대한 이용자의 사전(事前) 평가방식에 따라 수신 이메일의 스팸 여부를 판단하는 시스템이다. 사전 평가절차는 시스템의 “학습”이라 부르기도 한다. 많은 학습을 거침에 따라 스팸분류절차는 차츰 개선된다. 폴그레이엄에 따르면 베이지언 접근법의 진정한 장점은 특정단어의 출현 빈도수와 같은 일부 증거에 의존하지 않고 이메일 내용 전체를 대상으로 한다는 것이다. 베이지안 필터는 스팸메일 집합과 정상메일 집합을 분석하여 스패머들이 사용하는 어휘를 학습한 후에 베이지안 확률을 사용하여 어떤 메시지가 스팸인지 여부를 가려낸다.

3) 수신량 제한

일정한 시간 간격으로 수신측 이메일서버에 도착하는 이메일의 양을 제한하는 것은 간단하지만 효과적인 방법이다. 알려진 신뢰하는 발송측 이메일서버에 좀 더 많은 수신량을 제공함으로써 신뢰도 평가시스템과 상호작용할 수도 있다. 수신량 제한의 장점은 이메일서버에 의해 수신되는 스팸의 양이 감소될 수 있다는 점이다. 단점은 시급하며 중요한 이메일이 불필요하게 지연될 수 있다는 점이다.

(3) 기타 스팸방지기술

1) 이메일주소 수집 차단기술

스패머가 이메일주소를 홈페이지에서 자동수집하지 못하도록 여러 형태로 변형함으로써 이메일주소를 숨겨놓는 방법이다. 이러한 방법은 Java Script 변환, ASCII Code 변환, CGI SSI 변환, 이메일 주소 이미지화 등을 통해 구현될 수 있다. 한국정보보호진흥원(KISA)에서는 이메일 추출을 방지할 수 있는 프로그램인 NeverSpam을 무료로 배포하고 있다.

2) 이메일주소 자동생성 대응기술

스패머가 이메일주소를 생성하여 이메일을 발송할 때, 존재하지 않는 이메일주소에 대해 '수신자 없음 '확인메일을 회신해주지 않도록 설정할 수 있는데 이것을 이메일주소 자동생성 대응기술로 볼 수 있다.

3) 웹메일 자동등록 차단기술

회원가입 단계에서 사람의 육안으로만 식별이 가능한 왜곡된 이미지를 무작위로 제시하여 제한시간 내 입력토록 하는 등의 HIP기술을 적용함으로써 자동 프로그램에 의한 무차별적인 계정생성을 제한한다. 사람은 풀 수 있지만 기계적인 프로그램은 쉽게 풀지 못하는 수수께끼를 제공하는 방식으로 아주 단순한 단어를 무작위로 골라 글자를 약간 훼손시킨 뒤 복잡한 배경 화면 위에 표시하는 CAPTCHA 기술이 가장 대표적이다. 한국정보보호진흥원(KISA)에서는 무료로 제공하는 NeverSpam을 이용하여 차단할 수도 있다.

7.4.3 신고하기

(출처 : http://nospan s.net)

(1) 먼저 신고하기 전에 이 메일이 스팸 메일이 분명한가를 가려야 한다.

스팸 메일로 인한 피해를 신고 하는 것은 뻔할 뻔이지만 만사불여튼튼이라는 말처럼 확실히 구분을 해 놓아야 한다. 스팸 메일이 아닌 것을 잘못 신고해도 곤란하니 기준을 명백히 하여야 한다.

(2) 신고하기 전에 "이것을 떳떳하게 신고할 수 있는가"를 알아야 한다.

예를 들어 스팸 메일이 왔는데 이걸 가지고 "스팸 메일을 보냈으니까 무조건 신고감이다"는 생각으로 신고를 할 경우 묵살 당할 가능성이 있다. 신고를 하기 전에는 관련 지식을 최소한이라도 알아야 유리하다.

(3) 신고의 사유와 조건이 명백히 갖추어졌을 경우 아래의 순서를 거쳐 신고를 한다.

① 이미지들을 캡쳐(Print Screen[Sys Rq]버튼 누른 후 이미지 로딩 프로그램으로 연다)한다. (증거자료는 신고의 필수 사항중 하나이다. 반드시 필요하다.)

a. 최초로 받은 메일(주소 포함)

b. 수신 거부를 위해 보낸 메일

c. 수신 거부 이후에 받은 메일(동일 메일이어야 함)

더 많은 수신거부를 하여 "메일박스가 가득 차 있어서 받지 못했다"는 스패머의 뻔한 항변에 대비하는 것이 효과가 높다.

② 아래 정보를 필수 기입한다.

(허위신고를 대비 신고자의 공정성을 위해 반드시 신고시 기입해야 한다.)

a. 신고자 실명

b. 기타 개인정보(이메일, 주소, 연락처 기입)

③ 신고한다.

이메일 계정 서비스 업체(자체 지원하는 곳)나 관련 기관에 신고한다.

최대한 있는 모든 증거자료는 캡쳐하여 보내는 것이 효과가 좋고 확실하다.

(4) 신고시 유의사항

스팸 메일을 신고할 때에 신고할 스팸 메일은 절대로 지우지 말아야 한다.

차라리 스팸 메일 박스를 하나 만들어 저장해 놓는 것이 좋다.

참고 및 사이트 ...

- 한국정보보호진흥원 홈페이지 : http://www.kisa.or.kr
- 불법 스팸 대응 센터 홈페이지 : http://www.sparmop.or.kr
- 안철수 연구소 홈페이지 : http://www.ahnlab.co.kr
- 2007 스팸메일 차단 솔루션 활용 가이드, 한국정보보호 진흥원, http://www.kisa.or.kr
- 스팸메일 소비자문제의 효과적 대응방안, 한국소비자원, http://www.kca.or.kr

Chapter

08

스파이웨어

8.1 스파이웨어 개요
8.2 스파이웨어의 정의
8.3 스파이웨어 종류
8.4 스파이웨어의 감염경로 및 사례
8.5 스파이웨어 대응 현황

8.1 스파이웨어 개요

염탐한다는 뜻의 스파이(spy)와 소프트웨어의 합성어인 스파이웨어(spyware)는 본래 광고를 목적으로 개발된 애드웨어가 개인 정보의 수집, 시스템 내부 설정 변경 등의 기능을 수행하면서 그 기능이 나타나기 시작했다. 스파이웨어로 인한 사회적, 경제적 손실이 크게 늘어, 오히려 기존의 해킹, 바이러스 피해를 능가할 것으로 보임에 따라 세계적인 관심의 대상이 되고 있다. 스파이웨어에 감염되면 해킹, 바이러스, 웜 등의 발생 루트를 형성함으로써 인터넷침해사고 피해가 증가할 것으로 예상된다.

마이크로소프트는 응용프로그램의 충돌의 50%는 스파이웨어가 원인이었다고 발표하였고, 가트너(Gartner)는 25% 이상의 고객 도움 요청이 스파이웨어로 인한 것이었다고 발표하였다. 92%의 기업이 스파이웨어에 감염되어 있고, 29%의 기업 PC가 스파이웨어에 감염되어 있다고 조사되는 등 스파이웨어 감염 비율 및 감염 정도가 심각한 수준에 도달한 것으로 알려지고 있다.

8.2 스파이웨어의 정의

스파이웨어의 악의적 기능이 다양하고 포괄적이기 때문에 스파이웨어에 대한 여러 가지 정의가 존재한다.

미국의 ASC(AntiSpyware Coalition)는 스파이웨어를 사용자의 컴퓨터 통제 권한을 침해하는 소프트웨어로 정의하고 사용자의 컴퓨터 사용 경험, 프라이버시, 시스템 보안 등에 영향을 미치는 데이터 변경 등의 악의적 기능과 시스템 자원을 사용한다거나, 개인 정보 또는 민감한 정보를 사용자의 동의 없이 수집, 사용, 배포하는 기능을 가진 소프트웨어로 정의하고 있다.

미국의 마이크로소프트에서는 스파이웨어 판단 기준을 다음과 같이 정의하고 있다.

> 1) 목적 · 출처 · 동작 등에 대해 명확한 정보를 제공하지 않는 소프트웨어
> 2) 실행 시작, 중지 등 사용자가 작동하기 어려운 소프트웨어
> 3) 설치 및 제거가 용이하지 않은 소프트웨어
> 4) 사용자도 모르게, 사용자의 개인 정보를 타인이 수집 · 전달 · 사용하도록 하는 소프트웨어
> 5) 사용자 컴퓨터의 보안 위험을 발생시키는 소프트웨어
> 6) 사용자 컴퓨터의 컴퓨팅 성능을 심각하게 저하시키는 소프트웨어

국내에서는 2005년 정보통신부에서 스파이웨어의 정의와 유형을 다음과 같이 정하였다.

> 이용자의 동의 없이 또는 이용자를 속여 설치되어 다음 각호의 1에 해당하는 행위를 수행하는 프로그램은 '스파이웨어'에 해당됨
> 1) 웹브라우저의 홈페이지 설정이나 검색 설정을 변경 또는 시스템 설정을 변경하는 행위
> 2) 정상 프로그램의 운영을 방해 · 중지 또는 삭제하는 행위
> 3) 정상 프로그램의 설치를 방해하는 행위
> 4) 다른 프로그램을 다운로드하여 설치하게 하는 행위
> 5) 운영체계 또는 타 프로그램의 보안설정을 제거하거나 낮게 변경하는 행위
> 6) 이용자가 프로그램을 제거하거나 종료시켜도 당해 프로그램(당해 프로그램의 변종 프로그램도 포함)이 제거되거나 종료 되지 않는 행위
> 7) 컴퓨터 키보드 입력 내용이나 화면 표시 내용을 수집 · 전송하는 행위(다만, 정보통신서비스제공자가 이용자의 개인정보를 수집하는 경우는 정보통신망 이용촉진 및 정보보호 등에 관한 법률 제50조의5의 규정을 적용한다)

8.3 스파이웨어 종류

스파이웨어는 기관 혹은 보안 업체 별로 다르게 분류되고 있다. 일반적으로는 사용자의 정보를 수집하거나 광고를 목적으로 한 트랙웨어(Trackware)와 애드웨어

(Adware)를 스파이웨어로 규정하고 있으며, 넓은 범위로는 키로거(Keyloggers), 백도어(Backdoor), 피싱(Phishing), 다운로더(Downloaders) 등을 포함시키기도 한다.

표 8.1 스파이웨어의 종류

종류	설명
트랙웨어	사용자 컴퓨터 사용 현황(사이트, 검색어 등)을 수집하는 프로그램
원격제어	원격제어 프로그램
키로거	키로거 프로그램
애드웨어 - 바탕화면 광고 - 팝업창 - 시작페이지 고정 - IE에 즐겨찾기 추가 - 시스템 사용중 광고창 - 키워드 가로채기	 바탕화면, 즐겨찾기, 시작메뉴 등에 특정 사이트 바로가기를 생성 컴퓨터 사용 중 광고 팝업창 출력 사용자 동의 혹은 통보 없이 시작 페이지 고정 IE 설정 변경 (즐겨찾기 추가, 검색 기능 추가 등) IE 등에 광고 화면 출력 키워드를 가로채 특정 사이트로 이동

(출처: 안철수 연구소)

8.3.1 트랙웨어

트랙웨어는 스파이웨어 중 하나로 사용자의 인터넷 사용 현황 등을 수집하는 프로그램이며 스파이웨어로도 불리고 있다. 이들 프로그램은 악의적인 목적으로 제작되지 않았고 사용자 동의를 받고 설치된다. 하지만, 일반적으로 사용자는 약관을 제대로 읽어보지 않으므로 자신이 프로그램을 설치하는 프로그램의 용도를 정확히 알지 못하는 경우가 대부분이다.

8.3.2 애드웨어

애드웨어는 소프트웨어 자체에 광고를 포함하거나 아니면 같이 묶어서 배포하는 것을 가리킨다. 이것은 프로그래머가 소프트웨어를 개발하면서 개발 비용을 애드웨어를 통해서 충당할 목적으로 주로 사용되며, 어떤 경우는 사용자가 무료 또는 아니면 할인된 가격으로 프로그램을 사용하도록 하는 조건으로 광고를 삽입하기도 한다. 광고를 통해 얻은 수입은 프로그래머가 소프트웨어 제품을 작성, 유지 또는 업그레이드를 할 수 있는 동기를 부여한다.

애드웨어가 문제가 되는 이유는 스파이웨어의 특징을 어떤 애드웨어들이 가지고 있기 때문인데, 이러한 애드웨어들은 사용자에게 동의를 구하거나 통보없이 사용자의 활동을 기록하고 보고한 다음에 때로는 재판매되기도 한다.

8.3.3 키로거

키보드로부터의 입력을 감시하고 기록하는 소프트웨어이다. 원래는 디버그(debug)등에 이용되는 툴이였지만, 최근에는 몰래 설치하여 비밀번호를 훔치는 수단으로 악용되는 사례가 늘고 있다. 상주형 소프트웨어로 다른 소프트웨어를 사용하는 중에도 동시에 작동하여, 여러 사람들이 이용하는 컴퓨터에 몰래 설치하여 비밀번호와 신용카드번호 등을 수집하는 수단으로 악용 되는 사례가 많다. 실제로 PC방에 몰래 설치 된 키로거 프로그램에 의해 인터넷뱅킹의 비밀번호가 도난되어 모르는 사이에 자신의 구좌로부터 현금이 인출 된 피해가 발생하고 있다.

8.3.4 원격제어

원격제어 스파이웨어에 감염되면 원격제어 도구의 한 종류인 해킹 프로그램 서버가 설치되고 IP 주소와 오픈된 포트 번호, 컴퓨터 이름 등이 제작자 이메일로 전송된다. 이를 통해 악성코드 제작자는 실행중인 프로세스나 프로그램 관리와 화면 캡처 등을 할 수 있어 해당 시스템의 완벽한 장악이 가능하다.

8.4 스파이웨어의 감염경로 및 사례

스파이웨어는 이용자가 홈페이지를 방문하여 팝업(Pop－up)된 프리웨어/쉐어웨어 설치 동의를 할 때 스파이웨어 설치 등 내용에 대하여 알지 못한 채 설치되거나, 전자우편, 메신저 또는 P2P 등을 통해 임의의 파일이 다운로드 될 때 이용자가 인식하지 못한 상태에서 설치되고 있다. 스파이웨어가 설치되는 대표적인 사례로는, 유명 포털 사이트의 카페 게시판 등에 호기심을 자극하는 제목으로 글을 올린 후 해당 게시물을 클릭하면 프로그램이 자동 설치되게 하거나, 설치 취소를 누르더라도 계속해서 다음과 같은 설치 창을 뜨게 하여 사용자들의 설치를 유도하는 것이다. 또는 정상적인 행위를 위해 필요한 파일들이 설치될 때 사용자 모르게 전혀 관련없는 다른 프로그램이 함께 설치되기도 한다. 이 외에도 프리웨어, 셰어웨어 프로그램의 번들로 설치되거나, 다운로더, 드롭퍼와 같은 다른 스파이웨어나 악성코드에 의해 설치되기도 한다.

각 기준별 스파이웨어 사례는 아래와 같다.

8.4.1 사용자의 시스템의 설정을 변경하는 행위

사용자가 ActiveX의 보안설정을 해제한 경우 별도의 동의를 묻지 않고 ActiveX가 자동으로 설치되게 된다. 보안설정을 하였더라도 웹브라우저에서 제공하는 보안 경고 창은 사용자의 동의로 간주하지 않기 때문에 이 또한 스파이웨어로 간주될 수 있다. 이렇게 ActiveX가 설치되면 레지스트리 변경 및 생성, 파일 및 폴더 변경 및 생성 등의 시스템 설정 변경이 발생하게 된다.

이러한 시스템 설정 변경 행위의 첫 번째는 사용자 동의 없이 바로가기와 즐겨찾기에 추가하고 인터넷 익스플로러 홈페이지를 변경하는 것이다. 이러한 스파이웨어에 감염되면 즐겨찾기에 해당 사이트의 바로가기를 생성하며 즐겨찾기와 바탕화면

등에 설치된 바로가기를 삭제해도 해당 사이트에 접속할 때마다 삭제한 바로가기가 다시 생성되는 등 삭제 또한 어려운 경우가 많다.

두 번째는 ActiveX 컨트롤 등을 통해 설치된 사이드바, 검색 툴바, 도구 모음 추가 등이 있다. 이로 인해 생기는 피해는 주기적으로 광고 팝업창을 띄워 이용자에게 불편을 초래하고, 사용자가 스파이웨어에 의하여 추가된 메뉴 또는 도구 모음을 사용하면 원하지 않는 웹 페이지를 방문하게 된다.

세 번째는 사용자 동의 없이 Hosts 파일을 변조하여 보안관련 웹사이트의 접속을 방해하며 인터넷 브라우저 설정을 변경하고 다른 유해 가능 프로그램을 다운로드하여 설치한다. 변조된 후의 Hosts 파일의 내용은 유명 보안 관련 사이트의 주소를 127.0.0.1의 로컬호스트 주소로 변경한 것이다. 이 경우 사용자는 보안관련 사이트의 접속이 불가능하고 보안 프로그램의 업데이트가 불가능하게 된다.

8.4.2 정상 프로그램 또는 시스템의 운영을 방해, 중지 또는 삭제하는 행위

자사의 프로그램을 악성 프로그램으로 분류하여 탐지하는 정상적인 스파이웨어 제거 프로그램을 삭제하거나 레지스트리 정보를 삭제하여 시스템 시작시 해당 스파이웨어 제거 프로그램이 자동으로 실행하지 못하게 만드는 경우, 사용자 컴퓨터에 설치되어 있는 방화벽과 백신 프로그램을 강제 종료하는 경우, 레지스트리 편집기 등의 정상 프로그램의 실행을 방해하는 경우, 경쟁사의 프로그램을 삭제 하거나 정상적인 프로그램의 정상동작을 방해하는 경우, 스파이웨어 감염시 작업관리자 등의 관리 툴을 무력화 시키거나 시작 버튼을 이동시켜 운영을 방해하는 경우, 모든 실행파일을 악성코드를 통해 실행되도록 레지스트리를 변경하는 경우가 이에 해당한다.

8.4.3 정상 프로그램 또는 시스템 설치를 방해하는 행위

일반적으로 성인 사이트에서 광고를 목적으로 제작된 스파이웨어들은 자신의 프로그램을 스파이웨어로 진단하고 제거하는 스파이웨어 제거 프로그램의 설치를 방해하거나 스파이웨어 제거 프로그램의 사이트 접속을 차단하는 경우가 있다. RootKit을 이용하여 정상 프로그램 설치 시 필요한 파일들의 생성을 방해하는 경우도 있다. Rootkit은 특정 이름의 파일이나 폴더의 생성을 방해하는 프로그램이다.

8.4.4 정상 프로그램 외에 프로그램을 추가적으로 설치하는 행위

이와 같은 행위의 가장 대표적인 사례는 사용자에게 동영상을 보기 위해 필요한 프로그램으로 용도를 속여 설치를 유도하여 백그라운드로 특정 프로그램을 다운로드하고 설치하는 경우이다. 설치된 프로그램은 백그라운드로 동작하여 사용자 동의 없이 특정 프로그램을 다운로드하고 설치하게 된다.

이 외에도 외국의 다수의 성인사이트들은 특정 사이트에 접속하거나 컨텐츠 이용을 위한 결제를 유도하는 다이얼러(Dialer)를 설치는 경우, 음악 듣기 프로그램과 함께 사용자 정보 수집 프로그램을 추가로 설치하는 경우도 있다.

8.4.5 사용자가 프로그램을 제거하거나 종료시켜도 해당 프로그램이 제거되거나 종료되지 않는 행위

등록된 시스템 정보를 삭제해도 계속해서 다시 살아나 삭제가 불가능하며 프로그램 삭제 방법을 제공하지 않는 스파이웨어 들은 윈도우 서비스로 동작하는 프로세스가 1초마다 레지스트리를 작성하므로 수동으로 제거가 불가능하다. 정상적인 레지스트리 키 이름의 일부를 변경하여 사용하기 때문에 찾아내기가 어렵고 사용자가 수동으로 제거하는 경우에도 다시 생성되므로 사실상 수동 제거가 불가능하다. 다른 방법으로 두 개의 프로세스가 같이 동작하면서 하나의 프로세스를 죽이게 되면 다른 프로세스가 다시 실행시키는 방법으로 두 프로세스를 동시에 종료 시키지 않으면 종료가 불가능하고 삭제 방법을 제공하지 않는 경우도 있다.

바탕화면에 단축 아이콘을 생성 하고 삭제하여도 함께 설치된 프로세스에 의해 계속하여 주기적으로 생성되게 하는 경우, 인터넷 익스플로러의 기본 주소창을 강제로 변경하며 삭제방법이 제공되지 않는 경우, 바탕화면의 바로가기를 재부팅시마다 반복해서 생성하는 경우, 프로세스가 숨김(Hidden) 모드로 동작하여 종료가 불가능한 경우, 자신의 복사본을 따로 등록해두어 삭제 후 재부팅시 재설치하는 경우 등도 사용자 스스로 스파이웨어를 제거하기 어렵게 만든다.

8.4.6 키보드 입력 내용, 화면 표시 내용 또는 시스템 정보를 수집, 전송하는 행위

대표적으로 키로그 프로그램이 있으며 일단 설치되면 컴퓨터를 시작할 때 마다 자동실행 되고 키로그 정보를 주기적으로 특정 주소고 메일을 보내게 된다. 특정 사이트 게시판의 윈도우즈 보안 업데이트 파일로 위장하여 설치를 유도하며, 프로그램은 30분 간격으로 사용자가 입력한 키보드 내용의 로그파일을 특정 주소의 메일로 전송한다.

공유 사이트나 P2P를 통해 정상 응용 프로그램과 함께 설치되며 특정 파일 실행시 연속적으로 15개의 ScreenShot을 저장하고, 특정 FTP로 파일을 모두 전송하는 스파이웨어도 있다. 툴바를 이용한 검색어 수집이나, 레지스트리 정보를 검색하여 특정 정보를 전송하는 행위, 이용자 동의 없이 설치되어 이용자 PC에 설치된 프로그램들의 정보를 검색하여 몰래 빼내는 행위 등이 이에 해당된다.

8.5 스파이웨어 대응 현황

각 국가나 보안 업체들은 스파이웨어의 침해를 방지하기 위하여 여러 가지 노력을 기울이고 있다.

8.5.1 법률적 통제

(1) 미국

미국은 날로 심각해지는 스파이웨어에 의한 개인정보침해를 방지하고자 '스파이웨어 금지법안(Spy Block Act)'를 의회에 상정하였다. 이는 기존의 법률로는 스파이웨어에 의한 개인정보침해를 효과적으로 퇴치할 수 없다는 데에 기인하는 것이다. 법안의 주요 내용은 다음과 같은 항목들을 명시하고 있다.

① 이용자가 컴퓨터에 프로그램 설치 전에 이를 이용자의 컴퓨터 화면상에 명확히 고지
② 이용자가 손쉽게 프로그램 설치를 동의 또는 거절 할 수 있게 구현 및 프로그램 설치 목적(정보 수집, 광고 등)을 명확히 고지
③ 프로그램의 설치 목적이 다양할 경우 이용자는 선택적으로 이를 동의할 수 있어야 함
④ 설치된 프로그램을 이용자는 손쉽게 삭제 할 수 있어야 함
⑤ 프로그램 제공자는 프로그램 추가/삭제 또는 이와 유사한 기능을 이용자에게 제공해야 함.

(2) 국내

스파이웨어와 관련하여 국내에는 '정보통신망이용촉진및정보보호등에관한법률(이하 정보통신망법)'을 적용할 수 있다. 스파이웨어는 정보통신망법 제48조 2항에 근거하여 악성 프로그램으로 정의될 수 있으며, 스파이웨어를 전달 또는 유포하는 행위도 제62조에 근거하여 범죄행위로 규정하고 있다. 다만, 본인의 동의 없이 영리목적의 광고성 정보가 보이도록 하거나, 개인 정보를 수집하는 경우는 정보통신망법 제50조 5항을 별도 적용하고 있다.

8.5.2 기술적 대응

(1) 스파이웨어 제거 툴(안티스파이웨어)

안티스파이웨어는 스파이웨어를 시그너처 기반으로 검색하여 제거하는 '스파이웨어 스캐너(scanner) 방식'과 체크리스트에 근거하여 Active X 콘트롤의 설치와 실행을 통제함으로써 스파이웨어를 차단하는 'Active X 차단방식'으로 나뉜다. 이들 안티스파이웨어들은 국내외적으로 수십 종이 상용 또는 프리웨어 형태로 배포되고 있다. 대표적인 스파이웨어 제거 툴로는 Lavasoft의 'Ad-Aware SE', Patrick Kolla의 'Spybot-Search & Destroy', 마이크로소프트의 'GAINT AntiSpyware' 등이 있다. 이런 스파이웨어를 대상으로 만들어진 안티스파이웨어 제품 외에도 보안 프로그램, 안티바이러스 프로그램, 인터넷 툴바 등에 스파이웨어 검색 및 제거 기능이 포함되어 있는 경우가 많다. 우리나라의 사용자들은 보안, 바이러스, 악성코드, 스파이웨어 등을 모두 안철수 연구소의 'V3 Internet Security', 이스트소프트의 '알약' 등을 많이 사용한다.

반면, 스파이웨어 제거 툴을 가장한 스파이웨어들도 등장했기 때문에 설치 시 주의해야 한다. 이러한 가짜 안티스파이웨어들은 배너나 팝업 등으로 설치를 유도하며, 설치할 경우 사용자의 컴퓨터에 스파이웨어가 있는 것처럼 속이고 치료 시 결제를 요구한다. 이러한 가짜 스파이웨어 종류에는 'AntiVirus 360', 'Spydawn', 'PAL Spyware Remover' 등 수십 개가 존재한다.

(2) 간접적 대응 도구들

안티스파이웨어 제품 활용 외에 스파이웨어를 차단하기 위해 아래와 같은 방법을 활용할 수 있다.

① 스파이웨어로 의심되는 소프트웨어를 직접 차단하는 방법으로 네트워크 단계에서 네트워크 서비스 차단자가 직접 차단하는 방법이 있다. 그러나 이 경우는 사용자의 권리침해나 차단 스파이웨어의 범위 등 다양한 문제해결이 선행

되어야 한다. 단, 사내 네트워크와 같이 제한된 범위에서 적용할 경우, 개별 컴퓨터보다 효율적인 수단이 될 수 있다는 점에서 고려되고 있다.

② 스파이웨어의 침입이 가능한 운영체제 기능을 제한함으로써 운영체제 단계에서 스파이웨어의 설치를 제한하는 방법도 논의되고 있으나 이 방법도 운영체

표 8.2 악성 기능에 대한 계층별 방어 매트릭스

구분	안티 바이러스	네트워크 단계			OS 단계	
		방화벽	IDS	IPS	무결성 검사	스택-가드 (Stack-guard)
네트워크 취약성 공격(감염)		○	○			○
사용자 속이기(감염)		○				
설정 취약성 공격(감염)		○				
사전 설치된 백도어를 이용한 공격(감염)	○	○				
파일 시스템 변경				○	○	
시스템 설정 변경				○	○	
일부 프로세스 수정				○		
네트워크 접근	○			○		
시스템 권한 획득				○		
변형된 질의 수행				○		
주요 API 침해				○		
네트워크 트래픽 폭주 야기		○		○		
로컬 시스템 속도 저하				○		
시그네처 포함	○	○	○			

(출처: The Case for Using Layered Defenses to Stop Worms, NSA)

제 개발회사에서 기능을 제공해야 하고 사용자의 활용 능력이 요구된다는 점에서 활성화되기 어려운 점이 있다.

③ 대표적인 침입차단시스템인 방화벽(Firewall) 등의 기존의 보안제품을 활용하여 내부 네트워크에서 외부로의 불법적인 정보송신을 통제함으로써 스파이웨어를 차단하는 방법이 있다. 스파이웨어도 바이러스, 웜과 같은 악성 프로그램의 일종으로 스파이웨어의 알려진 악성 기능도 기존의 보안 프로그램을 활용한 기술적 조치로 차단이 가능하기 때문이다.

미국의 NSA(National Security Agency)는 스파이웨어를 비롯한 악성 프로그램의 악성 기능에 대한 계층별 방어 수단을 표 8.2와 같이 구분하고 있다.

네트워크 단계의 방어 수단으로 방화벽, IDS, IPS가 존재한다. IDS(Intrusion Detection System)는 침입탐지시스템으로, 단순한 접근 제어 기능을 넘어서 침입의 패턴 데이터베이스와 전문가 시스템(Expert System)을 사용해 네트워크나 시스템의 사용을 실시간 모니터링하고 침입을 탐지하는 보안 시스템이다. IPS(Intrusion Prevention System)은 IDS보다 능동적으로 유해 트래픽을 탐지하고 차단할 수 있는 침입방지시스템이다.

OS 단계의 방어 수단으로는 데이터가 올바른지를 검사하는 무결성 검사와 스택 오버플로우(Overflow)를 감지해 낼 수 있는 기법을 이용하여 프로그램을 보호하는 스택-가드 기법이 있다.

참고 및 사이트 ...

- 새로운 사이버 위협: 스파이웨어, 정보통신연구진흥원 학술정보
  http://kidbs.itfind.or.kr/WZIN/jugidong/1241/124101.htm
- Spyware-Wikipedia
  http://en.wikipedia.org/wiki/Spyware
- Anti-Spyware Coalition Definitions and Supporting Documents

www.antispywarecoalition.org/documents/20051027definitions.pdf

- 스파이웨어 구체적 기준, 정보통신부
  https://www.ipc.go.kr/servlet/download?pt=/ipckor/policy&fn=0830_%BD%BA%C6%C4%C0%CC%BF%FE%BE%EE%B1%E2%C1%D8%B9%DF%C7%A5.pdf
- 유해가능 프로그램과 스파이웨어의 분류, 안철수연구소
  http://kr.ahnlab.com/info/securityinfo/
- 스파이웨어 사례집, 한국정보보호 진흥원
  http://www.boho.or.kr/infor_data/Spyware2007.pdf
- The Case for Using Layered Defenses to Stop Worms, NSA(National Security Agency)
  www.nsa.gov/ia/_files/support/WORMPAPER.PDF

Chapter 09

인터넷 금융 결제와 개인 인증

9.1 개요
9.2 인터넷 금융결제
9.3 인증기술
9.4 대표적 인증 방법
9.5 개인 인증의 한계

9.1 개요

인터넷 개인 인증은 익명성이 있는 인터넷 상에서 개인을 식별해 주는 방편 중 하나로 포탈 사이트 회원 가입, 온라인 거래 특히, 인터넷뱅킹과 같은 금융결제 시에 필수적인 단계이다. 인터넷에서 이루어지는 인증은 개인을 식별하거나 금융결제로 자금이 이동하는데 쓰이는 만큼 보안 측면에 철저히 대비해야 한다. 인터넷의 발전으로 금융결제는 오프라인의 한계를 넘어서 온라인에서도 가능해 졌다. 금융결제의 온라인화로 시간과 장소에 구애 받지 않는 전자 결제가 가능해 지면서 은행과 같은 금융기관을 직접 방문해야 하는 수고는 덜 수 있게 되었다. 이러한 편의성 덕분에 온라인 금융결제 서비스를 이용하는 사용자들은 해마다 늘어나고 있다. 그림 9.1은 국내 금융기관 인터넷뱅킹 등록 고객 수를 나타낸 것이다.

이렇듯 온라인 금융결제의 대중화로 편의성은 증진되었지만 개인 정보 유출, 보안성에 대한 우려는 오히려 늘었다. 또한 과거에는 금융 결제가 은행, 금융기관과 같은 신뢰적인 기관에 의해서만 이루어 졌지만, 현재는 인터넷의 광범위한 사용과 정보 기술의 발전으로 인해 비 은행기관에 의해서도 금융 결제가 가능해 졌다. 증

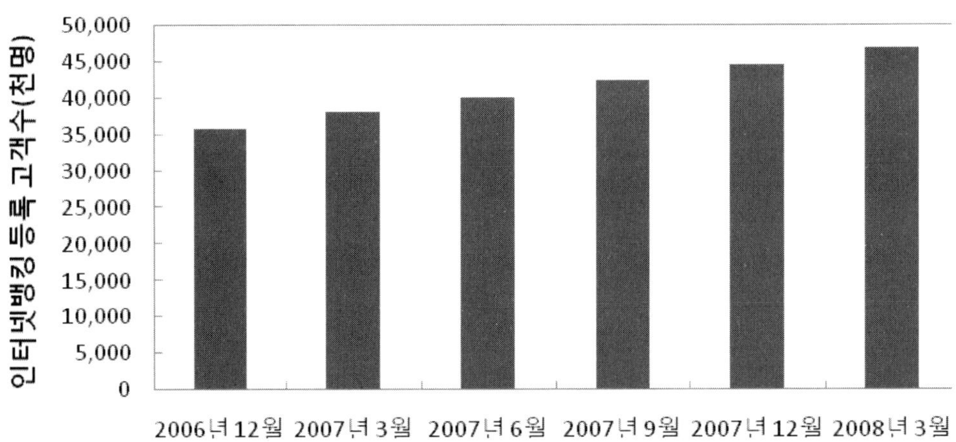

그림 9.1 금융기관 인터넷뱅킹 고객 수(출처: 전자금융 침해사고 예방 및 대응 강화 방안)

권회사는 주로 증권위탁계좌나 증권종합계좌를 개설한 고객에게 은행과의 제휴 서비스를 제공하고 있고 새마을금고, 신용협동조합, 상호저축은행과 같은 서민금융기관은 독립법인으로써 금융 서비스를 제공하고 있다. 이렇듯 현재 금융결제환경은 보안을 침해 받기 쉽게 때문에 여러 방면으로 보다 안전하고 믿을 수 있는 금융 결제를 위한 노력들이 이루어지고 있다.

9.2 인터넷 금융결제

9.2.1 금융결제의 역사

기존의 금융 결제는 은행이나 금융기관처럼 믿을 수 있는 기관에 의해 이루어졌다. 그러나 정보 기술이 발전하면서 점차 텔레뱅킹, 인터넷뱅킹, 모바일뱅킹 등 새로운 결제 수단들이 개발되었고 이로 인해 보다 손쉽고 간편한 금융 결제가 가능해 졌지만, 이로 인해 비 은행기관의 금융결제도 가능해 졌다. 현재는 증권회사, 보험사, 신용카드사, 서민금융기관, 심지어는 비 금융기관에서까지 온, 오프라인을 이용한 여러 가지 금융 결제가 가능하다.

가장 원시적인 금융결제수단은 현금이다. 금액의 액수가 커지거나 현금 유동량이 부족할 때는 어음이나 수표로 현금을 대신한다. 현금, 어음, 수표를 취급하는 기관은 은행 뿐이었지만 정보 기술이 발전하면서 가장 먼저 나온 대체 결제 수단이 ATM(Automated Teller Machine)이다. ATM은 은행에 갈 필요 없이 공공장소에서 은행업무를 수행할 수 있도록 도와주는 컴퓨터 통신 장치이다. 입출금 서비스에서부터 송금 이체, 공과금 납부 서비스까지 다양한 은행 창구 업무를 수행할 수 있다. 기존에는 ATM에서 개인을 인증하기 위한 방법으로 비밀번호 입력만이 가능하였지만 요즘에는 칩이 들어 있는 스마트카드, 지문 등으로도 가능하다.

ATM까지만 해도 오프라인 서비스의 성향이 강하였지만 이후에 개발된 텔레뱅킹, 인터넷뱅킹, 모바일뱅킹, TV뱅킹 등은 시공간을 초월한 온라인 금융 결제 서비스를 제공한다. 텔레뱅킹은 1980년대 후반 개발된 금융결제 수단으로 유선전화를 이용한 금융결제 서비스를 제공한다. 텔레뱅킹은 개인 인증을 위해 통장 비밀번호와 보안카드를 이용한다. 인터넷뱅킹은 1990년대 후반 개발된 금융 결제 수단으로 인터넷에 연결된 PC, PDA, 노트북 등을 이용한 금융결제 서비스를 제공한다. 국내에서 인터넷뱅킹은 개인을 인증하기 위해 통장비밀번호, 보안카드, 공인인증서 등을 이용한다. 모바일뱅킹은 2000년대 초반에 개발된 금융결제 수단으로 휴대폰을 이용한 금융결제 서비스를 제공한다. 모바일뱅킹은 VM(Virtual Machine)을 이용하여 휴대폰에 프로그램을 내장하는 방식과 모바일 칩을 내장하는 방식으로 금융 결제 서비스를 제공한다. TV뱅킹은 2004년에 개발된 금융결제 수단으로 디지털방송의 쌍방향 데이터 송수신 기능을 이용해 금융결제 서비스를 제공한다.

현금에서 ATM에 이르기까지는 은행이 주체가 되어 금융결제 서비스를 제공하였으므로 신용상의 문제도 상대적으로 심각하지 않았다. 그러나 텔레뱅킹, 인터넷뱅킹이 시작되면서부터 비 은행기과들도 금융결제 서비스를 시작할 수 있게 되었고 이로 인한 보안상의 문제들이 대두되고 있다.

9.2.2 금융결제 사고 및 예방

현재 금융결제 서비스를 위한 보안 기술은 상당한 수준에 올라왔다고 평가 받고 있다. 금융결제 관련 사고는 은행 서버가 기술적으로 해킹 당하여 발생한 경우는 아직 발생한 바 없고 인터넷뱅킹 서비스 사용자 등의 실수를 유도하는 방식에 의해 많이 일어나고 있다. 금융 기관을 사칭하여 사용자의 정보를 유출하거나 사용자 PC에 멀웨어를 심어서 사용자 PC로부터 정보를 전송시키도록 하는 방법 등이 사용되고 있다. 이러한 문제들을 해결하기 위해 금융 기관들은 인터넷 뱅킹을 위한 가이드라인을 제시하거나 해킹 방지 프로그램들을 설치하도록 권유하고 있다.

현재 국내 금융결제 사고 현황이 정확히 집계되고 있지는 않지만, 이웃 나라 일본의 경우에 2008년 7월, 일본 금융청이 발표한 은행관련 사고는 2007년 한 해 동안 인터넷뱅킹 사고가 231건으로 전년대비 2배 이상 증가하였다고 발표한 바 있다(출처: 전자금융 침해사고 예방 및 대응 강화 방안). 가장 많이 발생한 인터넷뱅킹 사고로는 사용자의 승인 없이 발생한 자금 이체 사고였다. 자금 이체 사고의 원인으로는 사용자가 실수로 이체한 경우, 사용자와 대부업체가 인터넷뱅킹을 공유하다가 자금 이체 사고가 발생한 경우, 사용자의 PC에서 악의적 목적으로 설치된 멀웨어 등에 의해 사용자 비밀번호가 유출된 경우, 인터넷 피싱, 파밍 등에 의해 유출된 경우 등이 있었다.

이렇게 사용자의 부주의가 금융결제 사고로 이어지는 경우가 많은 만큼 금융결제 사고를 예방하기 위해서는 사용자의 정보가 유출되지 못하도록 사용자에게 계정 아이디 및 패스워드 관리에 대해 주의시키고 공인인증서 및 보안카드의 보안성을 강화하는 방침이 필요하다. 금융결제 사고를 예방하기 위한 방안들로는 다음과 같은 것들이 있다.

먼저 은행 서버의 고객 비밀번호 관리를 강화해야 한다. 현재 은행권 DB에서 관리하는 사용자 비밀번호 및 공인인증서 비밀번호는 역함수가 없는 MD5, SHA1 등의 해시 함수 기반의 인증 기법을 사용하여 DB 정보나 공인인증서 파일이 유출되어도 안전하도록 구현되어 있다. 그러나 이렇게 기술적으로 안전하다고 하더라도 비밀번호를 구성하는 문자가 단순하면 아무 문자나 구성하여 대입해 보는 무차별 전수 대입 공격(Brute Force Attack)에 취약할 수 있다. 이러한 문제를 해결하기 위해서는 비밀번호를 만드는 사용자가 문자와 숫자를 조합하여 비밀번호가 구성될 수 있는 경우의 수를 늘리거나, 인증 실패가 여러 번 발생하는 경우 접근 통제하는 방법 등이 추가로 필요하다.

다음의 금융결제 사고 예방 방안으로 공인인증서의 보안 강화가 있다. 공인인증서의 비밀번호 역시 기술적으로 해킹 당하기 보다는 사용자의 부주의나 PC에 설치된 악성 멀웨어에 의해 사용자 정보가 유출되어 발생하는 경우가 대부분이다. 따라서 우선적으로 필요한 것은 은행 서버의 고객 비밀번호 관리에서처럼 사용자가 비밀번호의 조합을 자신의 신상 정보등과 무관하게 하는 것이다. 예를 들어, 비밀번호를 사용자 자신의 이름 이니셜이나 생년월일 등으로 구성하는 것이 이와는 무관하게 구성하는 것보다 위험하다. 또한 공인인증서는 매체에 저장될 수 있는 데이터인 만큼 보안상 취약할 수 있는 공공장소에 비취 된 PC등에는 저장하지 말고 휴대용 USB 메모리에 저장하여 사용하는 것이 보다 안전하다.

만약 인터넷뱅킹 서버 비밀번호와 보안카드를 모두 분실하였을 경우, 공인인증서를 재 발급받아 악용할 여지가 남게 된다. 이를 보완하기 위해 은행들은 OTP(One Time Password)의 사용을 권장하고 있다. OTP는 매번 인증할 때마다 다른 비밀번호를 생성해 내는 1회성 비밀번호를 사용하고, 현재 비밀번호로부터 다음 비밀번호를 유추해내는 것이 불가능하게 되어 있으므로 보안상 매우 안전하다.

9.2.3 안전한 금융결제를 위한 기관들의 노력

금융결제의 보안성을 증진시키기 위한 노력은 세계적으로 이루어지고 있다. 다양한 기관에서 인증 서비스를 제공하거나 온라인 금융 결제를 위한 가이드라인을 제시하고 있다. AICPA(American Institute of Certified Public Accountants)는 미국공인회계사회의 약자로 웹사이트의 안전성을 감사하여 인증해 주는 SysTrust나 WebTrust 인증서비스를 시행하고 있다. PCI DSS(Payment Card Industry Data Security Standard)는 PCI 보안 표준 협회에서 지불 결재의 보안성 강화를 목표로 개발된 표준으로 안전한 지불결재를 위한 요구사항을 정의하고 있다. 또한 미국의 FFIEC(Federal Financial Institutions Examination Council), 연방금융회사 검사위원회는 인터넷뱅킹 가이드라인을 제시하여 인터넷뱅킹 금융 사고를 줄이기 위해 노력하고 있다.

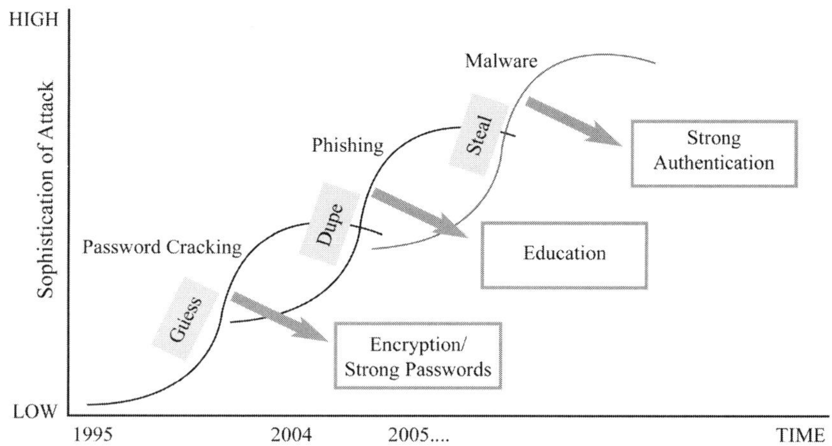

그림 9.2 인증기술과 공격방식의 발전(출처: 전자 금융 거래 환경의 인증 기술 동향 분석)

9.3 인증기술

인터넷뱅킹과 같이 더 이상 은행이 주체가 아닌 사용자가 주체가 되는 금융결제 서비스가 발달하면서 인증기술도 발전해 왔다. 소프트웨어 관련 특성 상 어떤 인증 기술이 개발되면 그 인증기술을 깨는 공격 기법이 나오고 다시 이를 보완하기 위한 새로운 인증기술이 나오면 그것을 깨기 위한 공격 기법이 나오는 순환이 반복 되어 왔다. 그림 2에서 보는 바와 같이 초창기 비밀번호 인증 방식을 깨기 위해 크래킹(Cracking) 공격 기술이 나왔고 이를 방지하기 위해 비밀번호를 암호화 하는 인증기술이 개발되었다. 인증기술 자체를 깨기 어려워지면서 피싱과 같이 사용자의 실수를 유도하는 공격 기술이 나왔고 이를 방지하기 위해 금융기관에서는 인터넷뱅킹 가이드라인을 통해 사용자에게 주의를 줌으로써 보안성을 강화하는 방식을 사용하였다. 이후 악성 멀웨어 등이 PC에 설치되어 사용자 정보를 빼가는 공격 기술이 나오자 이를 방지하기 위해 해킹 방지 프로그램의 설치를 권유하거나 OTP등을 이용하여 더욱 강력한 인증 방법을 개발하기에 이르렀다. 인증기술은 그림 3과 같이 크

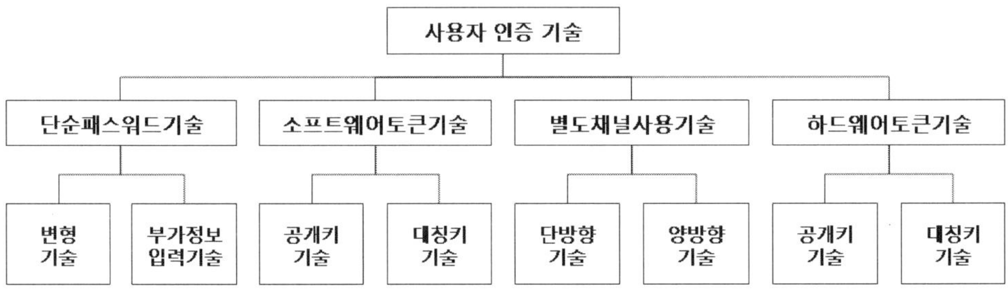

그림 9.3 인증기술 분류

게 단순패스워드기법, 소프트웨어토큰기법, 별도채널사용기법, 하드웨어토큰기법 등 4가지로 분류할 수 있다.

단순패스워드기술은 패스워드 입력 방식을 변형하거나 패스워드 입력 시 부가정보를 요구하는 인증기술로 패스워드 입력방식을 변형한 기술과 부가정보입력기술로 나뉠 수 있다. 패스워드 입력 방식을 변형한 기술로는 가상키패드, 스크램블패드, 부분패스워드 등을 이용하는 방법이 있다. 가상키패드를 이용하는 방법은 키보드를 그래픽으로 표현하여 입력하도록 함으로써 실제 키보드를 입력했을 때 멀웨어 등에 의해 입력 정보가 유출될 수 있는 위험을 제거한 방법이다. 스크램블패드를 이용하는 방법은 인증 시 각 문자들을 난수로 할당한 스크램블패드를 제시하여 문자 대신에 그에 해당하는 스크램블 난수를 입력하도록 하는 방법이다. 부분패스워드 방식은 인증 시 사용자가 알고 있는 모든 패스워드를 전부 요구하는 것이 아니라 매번 다른 부분을 요구하여 인증하는 것이다. 예를 들어, 비밀번호 중 3번째 2번째 5번째 문자를 차례대로 입력하라고 요구할 수 있다.

단순패스워드기술에서 부가정보입력기술로는 사전 등록된 질의응답방식, 패드락 및 트러스트바 사용 방식, 개인화 이미지 및 텍스트 사용 방식, 그리드 카드 방식 등이 있다. 사전 등록된 질의응답방식은 인증 시 비밀번호 확인뿐만 아니라 사용자가 사전에 등록한 질의에 대해 그에 해당하는 응답을 올바르게 하는지 확인하여 보안성을 강화한 인증 방법이다. 패드락 및 트러스트바 사용 방식은 새로운 사이트로 접근하였을 때 이를 패드락이나 트러스트바를 이용하여 시각적으로 알려주는 방식이다. 개인화 이미지 및 텍스트 사용 방식은 개인화된 이미지 및 텍스트를 적용한 인터넷 브라우저를 이용하는 인증 방법이다. 이 인증 방법은 사용자가 선택한 특정 이미지가 계정 로그인 박스 내에 나타나는 방식으로 스푸핑(Spoofing) 공격에 대응할 수 있다. 그리드 카드 방식은 일련번호가 격자 형식으로 적힌 일종의 보안카드를 이용하여 인증 시 매번 다른 행과 열의 일련번호를 요구하는 인증 방법이다. 국내에서는 은행 거래 시 이 인증 방법을 사용하고 있다.

소프트웨어토큰기술은 암호화를 이용하는 인증 방법으로 PC에 소프트웨어 형태로 설치하여 사용하며 공개키 기술과 대칭키 기술로 나뉠 수 있다. 공개키 기술은 비대칭키 기반의 암호화를 이용하는 방법으로 사용자와 서버가 각각 개인키와 공개키 쌍을 분배하고 사용자의 개인키로 서명하여 전송하면 공개키로 확인하여 인증이 이루어지는 방식으로 국내에서는 공인인증서가 이 방식으로 인증을 시도한다. 대칭키 기술은 사용자와 서버가 동일한 키를 분배하고 암호화 연산을 수행하여 인증하는 방식으로 국내에서는 OTP가 이 방식으로 인증을 시도한다.

별도채널사용기술은 사용자가 유선 인터넷으로 인증을 시도할 때 다른 매체 채널을 통해 인증 절차를 시도하는 방식으로 단방향 기술과 양방향 기술이 있다. 단방향 기술은 사용자가 인증을 시도할 때 아이디 및 비밀번호뿐만 아니라 휴대폰 등 다른 매체를 이용하여 서버가 단 방향으로 보내주는 정보를 추가적으로 입력하여 인증하는 방식으로 국내에는 휴대폰 SMS 발송번호를 이용하는 인증 방법이 있다. 양방향 기술은 단 방향 기술에 비해 특정 정보를 수신만 하는 것이 아니라 서비스 받은 내용을 확인까지 하는 인증 방법으로 휴대폰 SMS 발송번호를 이용하는 방법과 병행하여 사용될 수 있으며 사용자가 서비스 받은 내용을 확인한 후에서야 금융거래가 종료되는 특징이 있다.

하드웨어토큰기술은 소프트웨어토큰기술이 PC에 보안 소프트웨어를 설치하는 것과는 달리 인증에 사용되는 정보를 저장하거나 발생시키는 장치를 두어 인증을 시도하는 기술로 소프트웨어토큰기술과 마찬가지로 공개키 기술과 대칭키 기술로 나

될 수 있다. 공개키 기술은 소형 리더기를 필요로 하는 스마트카드나 휴대용 USB 메모리에 정보를 저장하여 인증에 사용하는 기술로 공인인증서가 이 같은 방법을 이용하여 인증을 시도한다. 대칭키 기술로는 OTP를 사용하는 방식이 있다.

9.4 대표적 인증 방법

금융관련 시스템에서 사용되고 있는 대표적인 인증 방법으로는 휴대폰 SMS발송번호를 이용하는 방법, 공인인증서, 신용카드정보 및 금융계좌정보를 이용하는 방법, OTP를 이용하는 방법 등이 있다.

9.4.1 공인인증서

공인인증서는 안전한 인터넷 금융 거래를 보장하기 위해 정부가 지정한 국가공인인증기관에서 발행한 인증서를 뜻한다. 공인인증서는 사용자의 신원확인과 해킹 방지를 목적으로 사용된다. 여기서 공인인증기관으로는 전자서명법에 따라 금융 거래를 공정하게 관리할 수 있는 인증시스템을 갖춘 기관으로써 국내에는 금융결제원, 한국정보인증, 한국증권전산, 한국전산원, 한국전자인증, 한국무역정보통신 등이 있다. 공인인증서를 사용하기 위해서는 공인인증기관이나 은행, 우체국과 같은 등록대행기관에 인증서 발급 신청을 하여 발급받아 PC나 휴대용 USB 메모리에 저장하여 사용하면 된다.

(1) 공인인증서 도입 경위

국내 공인인증서의 시초는 1999년 은행이 공개키 방식의 사설 인증서를 발급하면서 시작되었다. 그러나 당시 공인인증체계가 불안정 하고 관련법이 미흡하다는 문제가 제기되었다. 이 후, 전자거래법, 전자서명법 등 관련 법이 정비되면서 공인인증체계도 자리를 잡아 갔고 2002년, 2003년부터는 각각 인터넷뱅킹과 증권거래에도 공인인증서를 사용하게 되었다.

(2) 공인인증서 기능

공인인증서를 이용하면 다음과 같은 기능들을 수행할 수 있다. 먼저 개인의 신원을 확인할 수 있다. 온라인 상에서 금융 결제를 시도할 때 당사자를 직접 확인 할 수가 없으므로 공인인증서를 통한 확인이 필요하다. 다음으로 기밀성과 무결성을 보장할 수 있다. 개인을 확인하는 과정이 인터넷을 통해 이루어지므로 중간에 개인의 정보가 노출되거나 악의적으로 변질 될 가능성이 있다. 공인인증서는 정보를 암호화 하므로 기밀성과 무결성을 유지할 수 있다. 세 번째로 거래 내용을 법적으로 공증하거나 거래 분쟁 발생시 증거자료로 활용할 수 있다.

(3) 공인인증서 종류

공인인증서는 상호연동용과 용도제한용으로 나뉠 수 있다. 상호연동용 공인인증서는 이용 범위에 제한이 없는 공인인증서로 인터넷뱅킹, 증권 거래, 온라인 쇼핑몰, 전자민원 서비스 등 모든 전자거래 서비스를 이용할 수 있는 공인인증서이다. 상호연동용 공인인증서는 공인인증기관, 은행, 증권회사 우체국 등 모든 등록대행기관에서 일정 분의 수수료를 지급하고 발급 받는다. 용도제한용 공인인증서는 전자민원 서비스를 제외하고 특정 용도마다 하나씩 필요한 공인인증서 이다. 예를 들면, 인터넷뱅킹용 공인인증서와 증권거래용 공인인증서가 따로 필요하다. 그러나 전자민원 서비스만은 어떠한 용도제한용 공인인증서로도 가능하다. 용도제한용 공인인증서는 해당 등록대행기관에서 보통 무료로 발급받을 수 있다.

(4) 공인인증 방법

공인인증서를 이용한 인증 방법은 공개키 방식의 암호화 기법을 사용한다. 공인인증서 생성시 사용자의 개인키로 암호화 하고 인증 시 공인인증기관에 등록되어 있는 공개키로 부호화 한다. 암호화 기법에는 비밀키 방식과 공개키 방식이 있는데, 공인인증 시 공개키 방식을 사용하는 이유는 비밀키 방식의 경우에 처리 속도는 빠르지만 각각 다른 키를 외부에 노출시키지 않고 사용자에게 전달해야 하므로 사용자의 수가 늘어나면 키 배포가 어려워지기 때문이다. 공인인증은 국민 전체를 대상으로 해야 하기 때문에 비밀키 방식으로는 무리가 있다. 공개키 방식은 키의 분배가 쉽기 때문에 공인인증에 적합하다. 비밀키 방식에 비해 키의 길이가 길어지고 처리 속도가 느리다는 단점이 있지만 현재 공인인증 시 문제없이 사용되고 있다.

(5) 해외의 공인인증 정책

UN의 국제상거래법위원회는 서명, 전자서명, 안전한 전자서명, 디지털 서명 등의 개념을 정리한 총 13조로 구성된 전자서명통일규칙 안을 2002년 제 36차 위원회에서 제시한 바 있다. OECD는 1997년에 암호화 정책 가이드라인을 공포하여 전자서명 법규화에 대한 지침을 제시하고 있다. EU는 전자상거래를 활성화 하고 전자서명을 촉진하기 위해 1999년 "전자 서명을 위한 EU 지침(EU Directive for Electronic Signature)"을 마련한 바 있다.

(6) 다른 나라의 공인인증 정책

미국은 2000년 연방차원에서 전자서명법을 제정하여 시행 중에 있으며 미국 연방 정부는 안전한 공인인증 서비스를 위해 공개키 기반 구조를 구축하여 운영하고 있다. 독일은 다른 나라들과는 달리 1997년에 시행된 "정보통신서비스의 기초여건에 관한 법률"에서 비밀키 기반의 디지털서명에 관한 법률을 제정하고 있다. 독일의 디지털서명법은 디지털서명의 효력에 관한 규정을 따로 두고 있지 않으므로 효력 여부가 법원의 판단에 종속적이라는 특징이 있다. 호주는 1997년에 전자상거래 활성화를 위한 기관인 NOIE(National Office for the Information Economy)를 설립한데 이어 2004년에는 이를 AGIMO(Australian Government Information Management Office)로 개편하였다. 여기서는 인증정책, 전자서명 인증시스템, e-Authentication

프레임워크 개발 등과 같은 업무가 이루어지고 있다. 일본은 "전자서명 및 인증업무에 관한 법률"에서 인증 업무 및 본인인증방법 등이 일정기준을 충족하는 경우 특정 인증업무에 관해서 인정을 받을 수 있도록 하여, 우리나라에서처럼 인증기관을 지정하는 것이 아니라 서비스 별로 인증업무를 할 수 있도록 지정하는 제도를 취하고 있다. 싱가포르에서는 1998년 "전자거래법(Electronic Transaction Act)"이 제정되어 전자서명에 관한 규정과 지침을 정하고 있다.

9.4.2 휴대폰 SMS 발송번호 인증

휴대폰 SMS 발송번호를 이용하는 방법은 휴대폰 가입 정보로 사용자의 신원을 확인하는 방법이다. 사용자가 서버에 인증을 요구하면서 자신의 휴대폰 번호를 제공하면 서버는 이 휴대폰으로 SMS 발송번호를 보내게 된다. 사용자는 발급받은 발송번호를 서버에 제시하여 본인임을 확인 시켜 준다. 이 방법은 휴대폰을 분실하였을 때 악용될 소지가 많다.

9.4.3 신용카드정보 및 금융계좌정보 인증

신용카드정보 및 금융계좌정보를 이용하는 방법은 신용카드 비밀번호 앞의 2자리나 금융계좌 비밀번호 4자리를 요구하여 신원을 확인하는 방법이다. 이 인증 방법은 요구하는 정보가 비밀번호인 만큼 정보를 제공하는 과정에서 악의적으로 모니터링하고 있는 멀웨어에 의해 유출될 가능성이 있다.

9.4.4 OTP(One Time Password)

공인인증서의 경우 공인인증서와 보안카드를 같이 분실하였을 때, 휴대폰 SMS 발송번호나 신용카드정보 및 금융계좌정보를 이용하는 방법은 비밀번호를 유출하였을 때 금융결제 사고가 발생할 여지가 있다. 이 같은 문제들을 보안한 인증 방법이 OTP를 이용한 인증 방법이다. OTP는 매번 인증할 때마다 다른 비밀번호를 생성해 내는 1회성 비밀번호를 사용하기 때문에 매우 안전하다. 현재 사용되고 있는 OTP 인증 방식으로는 질의응답 방식, 시간 동기화 방식, 이벤트 동기화 방식, 조합 방식 등이 있다. 질의응답 방식은 사용자가 인증 요청 시 서버에 의해 제공 된 질의 값을 이용하여 OTP 생성 알고리즘을 통해 응답 값을 생성한 후 다시 이 응답 값을 서버로 보내 인증하는 방식이다. 시간 동기화 방식은 사용자와 서버를 동기화하여 OTP 생성 알고리즘을 위한 난수 발생 시 씨드 값을 시간으로 주어 OTP를 생성하는 방식이다. 이벤트 동기화 방식은 시간 동기화 방식에서 시간 정보 대신에 동일한 카운트 값을 이용하여 OTP를 생성하는 방식이다. 마지막으로 조합 방식은 시간 동기화 방식과 이벤트 동기화 방식을 조합하여 보안성을 강화한 방식이다.

9.5 개인 인증의 한계

과연 완벽히 개인을 인증하는 것이 가능한가에 대한 논의들이 많이 이루어지고 있다. 위에 소개한 인증 방법들은 비밀번호를 기억하거나 보안카드, OTP, 공인인증서 등을 소지하고 있어야 한다. 이러한 것들이 유출되거나 도난 당할 경우 개인을 완벽히 인증한다고 보장 할 수 없다. 이러한 문제점을 보안하기 위해 사람의 생체 정보를 이용하는 방법이 개발되고 있다. 인증 시 지문이나 홍체를 이용하여 개인을 인증하는 것이다. 이러한 생체정보는 개인들이 유일하게 지니고 있는 특징들이기 때문에 완벽한 인증을 보장할 수 있을 것 같아 보인다. 그러나 사람의 생체 정보까지도 훔치려는 또 다른 범죄를 발생할 우려도 있기 때문에 이 방법도 완벽한 인증 방법이 될 수는 없다.

참고 및 사이트 ...

- 금융결제원
  http://www.kftc.or.kr/
- 전자금융포럼 – 금융결제원
  http://www.efforum.or.kr/eforum/index.jsp
- 전자금융 침해사고 예방 및 대응 강화 방안
  정보보호학회지 제18권 제5호, 2008. 10
- AICPA(American Institute of Certified Public Accountatns)
  http://www.aicpa.org/
- WebTrust
  http://www.webtrust.org
- PCI(Payment Card Industry) Data Security Standard
  https://www.pcisecuritystandards.org/
- FFIEC(Federal Financial Institutions Examination Council) - 인터넷 뱅킹 인증 시스템 가이드라인
  http://www.ffiec.gov/PDF/EFS.pdf
- 금융보안 OTP를 이용한 온라인 본인확인 방안에 대한 연구
  정보보호학회지 제18권 제5호, 2008. 10
- 전자 금융 거래 환경의 인증 기술 동향 분석
  정보보호학회지 제18권 제5호, 2008. 10
- 공인인증서의 사용과 소비자의 반응에 대한 연구
  http://register.itfind.or.kr/Report01/200611//IITA/IITA－0272/IITA－0272.pdf

Chapter

10

전자상거래

10.1 개요
10.2 전자상거래의 특징과 영향
10.3 전자상거래의 현황
10.4 전자상거래의 문제점
10.5 전자상거래 관련 기술

10.1 개요

10.1.1 전자상거래의 의의

(1) 전자상거래의 정의

전자상거래(Electronic Commerce)란 인터넷을 비롯한 통신망을 통해 대량의 정보가 교환되고 공유되는 공간인 가상 공간상에서 전자 장치를 이용하여 이루어지는 상거래 행위를 의미하며 넓은 의미로는 기업이나 소비자가 컴퓨터 통신망 상에서 행하는 광고, 발주, 상품과 서비스의 구매 등 모든 경제 활동을 말하며 좁은 의미로는 소비자와 기업이 인터넷 등의 전자적 방식을 이용하여 사이버 공간에서 상품과 서비스를 사고파는 행위를 의미한다. 즉, 웹(Web)을 통하여 발생될 수 있는 판매 활동, 구매 활동, 자재 관리 및 다른 조직 관리 활동 등을 모두 포함한다. 조금 더 자세히 설명하면 다음의 세 가지 측면에서 전자상거래를 설명할 수 있다.

첫째, 커뮤니케이션 관점에서의 전자상거래는 정보의 전달 상품과 서비스의 배달, 지불까지의 과정이 모두 전자적인 매체를 통해 이루어지는 거래 활동이다.

둘째, 비즈니스 프로세스 관점에서의 전자 상거래는 기존의 상거래 업무 처리 과정을 자동화하여 사람의 개입을 최소화함으로써 정확성과 신속성을 높이는 것을 목표로 삼는다.

셋째, 서비스 측면에서의 전자 상거래는 위의 두 가지 특성을 최대한 활용하여 중간 유통마진을 최소화하여 고객에게 보다 저렴한 가격에 높은 품절의 서비스를 제공하는 것을 추구한다.

(2) 전자상거래의 범위

① 협의의 전자상거래

일반적인 의미에서 전자상거래란 사이버상의 가상쇼핑몰을 통하여 일반 소비자를 대상으로 실시간으로 상품 및 서비스거래를 행하는 것으로 좁은 의미의 전자상거래를 의미하며, 이러한 좁은 의미의 전자상거래 즉, 쇼핑몰을 통한 소비자와의 상거래를 사이버 비즈니스(Cyber Business)라고도 한다.

② 광의의 전자상거래

전자상거래의 개념을 넓은 의미에서 살펴보면 자동화된 정보체계 환경 하에서 기업과 기업, 기업과 정부, 기업과 소비자 간의 거래관계 등 모든 거래 전반에 걸쳐 생산, 구매, 결제, 재무, 수송, 행정, 서비스 등 거래와 관련된 모든 업무를 전자적인 매체를 통하여 수행하는 것을 의미한다. 이러한 넓은 의미의 전자상거래는 전자문서교환(Electronic Data Interchange: EDI), 광속상거래(Commerce at Light Speed: CALS) 및 협의의 전자상거래인 사이버 비즈니스(Cyber Business)의 3가지 전자거래 모델이 통합된 거래 방식을 의미한다.

a. 전자문서교환(EDI)

전자문서교환은 종이서류가 없는 업무처리를 위하여 어떤 기업과 다른 기업을 컴퓨터 통신망으로 연결하여 그 동안수작업으로 하던 수・발주 거래업무를 컴퓨터 화면상의 표준화된 거래 양식을 사용해 온라인으로 처리하는 부가가치통신망(VAN)의 일종으로 일명 종이 없는 기업 간 거래로 불린다. 즉, 기업 간에 데이터를 자동적으로 교환하는 시스템으로써, 구조화된 데이터를 합의된 표준 정형문서에 의해서 작성하여, 한 컴퓨터시스템으로부터 다른 시스템으로 전자적 수단을 통하여 전달하는 것을 의미한다.

b. 광속상거래(CALS)

광속상거래는 제품의 설계, 개발, 생산에서 유통, 폐기에 이르기까지 제품 수명주기 전반에 관련된 데이터를 통합, 공유, 교환하는 방식으로써, 제품의 설계, 개발, 생산, 판매, 유지보수, 폐기 등 상품의 전주기에 걸친 기업 활동 전반을 전자화하는 것이며, 궁극적으로는 국내외 전체 산업 활동을 전자화하는 것을 의미한다.

(3) 전통적 상거래와 전자상거래

전자상거래는 전통적 상거래와는 표 10.1과 같은 특징이 있다. 인터넷 전자상거래는 기존의 전통적인 상거래 방식과 비교하여 유통채널이 짧고 시간과 공간의 제약을 받지 않으며, 판매거점이 필요 없을 뿐만 아니라 고객정보의 획득이 용이하고 마케팅 성과를 높일 수 있으며 고객 수요에의 즉각적인 대응도 가능하다는 등 많은 다른 특징을 가지고 있다. 이러한 특성 때문에 전자상거래는 사업자뿐만 아니라 소비자에게 많은 이점을 부여하고 있다.

표 10.1 전자상거래와 전통적 상거래 방식의 비교

항목	전자상거래	전통적인 상거래방식
유통채널	기업→인터넷→소비자	기업→도매상→소매상→소비자
거래대상지역	전 세계가 판매대상	일부 지역판매에 한정
거래시간	24시간 영업	제약된 영업시간
판매 거점 · 방법	네트워크상의 가상공간 정보에 의한 판매	판매공간(시장, 상점) 필요 전시에 의한 판매
고객정보 획득	온라인으로 수시획득 재입력이 필요 없는 디지털 데이터	시장조사 및 영업사원이 획득 정보 재입력이 필요
마케팅 활동	쌍방향 통신을 통한 1대1, 상호작용적 마케팅	구매자의 의사에 상관없는 일방적인 마케팅
고객 대응	고객 불만에 즉시 대응 고객 요구를 신속히 포착	고객 불만에의 대응 지연 고객 요구 포착이 느림
하드웨어	인터넷 서버 구입, 홈페이지 구축 등에 상대적으로 적은 비용 소모	토지, 건물의 구입에 거액의 자금이 필요

(출처 : 노재범, '인터넷 라운드와 기업의 대응', 1997.8.6)

10.1.2 전자상거래의 분류

(1) 거래 주체에 의한 분류

① **기업과 소비자 간의 전자상거래** (Business to Consumer : B2C)

기업과 소비자 간의 거래는 소비자가 기업에게 또는 기업이 소비자에게 상품이나 서비스를 주문하거나 전달하는 수단으로서 인터넷 쇼핑몰에서 이루어지는 소규모 구매를 말한다. 이러한 거래는 상품이나 서비스를 제공하는 기업과 이를 이용하는 고객 사이에 초점이 맞추어진 것으로서 물리적 상품뿐만 아니라 디지털 상품까지도 거래에 이용될 수 있다. 최근 컴퓨터의 저가 보급화와 더불어 광케이블을 통한 인터넷 속도의 비약적인 향상에 힘입어 전자상거래를 통한 소비자의 재화 또는 용역의 구입비중이 급속히 팽창하고 있다. 하지만 이용자의 급증과 더불어 그에 따른 피해는 가장 많이 발생하고 있으며, 피해구제에 있어서도 많은 문제점을 가지고 있다.

② **기업과 기업 간의 거래** (Business to Business : B2B)

기업과 기업 간의 거래는 기업 상호간의 거래에 인터넷을 비롯한 컴퓨터 네트워크를 이용하여 상품을 서로 구입하는 활동뿐만 아니라 제품의 설계, 광고, 주문, 납품, 대금 회수 등이 이루어지는 거래 행위를 말한다. 기업 간의 거래는 웹 사이트를 통해 구매 또는 판매 활동이 이루어지기 때문에 중간상이나 비효율적인 절차를 제거하는데 매우 효과적으로 활용되고 있다.

③ **기업과 정부간의 거래** (Business to Government : B2G)

정부조달업무를 중심으로 공급자인 기업과 수요자인 정부 간에 발생하는 전자상거래이다. 조달관련 재화 및 서비스의 입찰에서부터 실제공급·결제·사후 서비스 등에 이르기까지의 활동과 수출·입 절차 및 통관 업무, 각종 인·허가와 세금징수 관련서비스, 공공 DB의 구축과 이용 등이 그 사례이다. 이러한 형태의 전자상거래는 아직 초보단계이기 때문에 전체 거래에서 차지하는 비율은 적지만 전자상거래의 성장을 증진시키기 위하여 정부는 이용범위를 점차적으로 확대시키고 있다.

④ **정부와 소비자 간의 거래** (Government to Consumer : G2C)

정부와 소비자 간의 거래는 정부 기관과 소비자인 개별 국민 사이에 거래가 이루어지는 것을 말한다. 즉, 세금을 비롯한 공과금의 부과 및 납부 그리고 주민등록등본과 같은 정부 문서의 발급 등에 활용되고 있다. 그러나 일부에서는 정부 기관과 소비자 간의 이러한 거래에 대해 국민에 대한 일종의 공공 서비스를 정부가 제공하는 것이므로 진정한 의미의 상거래로 인식하지 않는 경우도 있다.

(2) 거래 방식에 의한 분류

전자상거래는 전자적 매제를 이용하여 거래가 이루어지기 때문에 거래 과정에 전자적 매체를 어느 정도까지 사용하는가에 따라 온라인형 전자상거래와 오프라인형 전자상거래로 구분할 수 있다.

① **온라인** (On-line)**형 전자상거래**

모든 거래가 온라인상에서 이루어지는 행위로 디지털 콘텐츠의 경우에는 인터넷을 통해 계약의 체결, 대금의 결제, 상품의 배송 등 거래의 전 과정이 전자적 방식으로 이루어질 수 있기 때문에 진정한 의미의 전자상거래라고 할 수 있다.

② **오프라인** (Off-line)**형 전자상거래**

거래를 위한 준비 단계와 거래 성립은 온라인상에서 이루어지지만 거래의 이행은 물리적 방식으로 이루어지는 거래 행위로 인터넷을 이용하여 도서를 구입할 경우 검색이나 주문은 온라인상에서 이루어지지만 도서의 배송은 오프라인을 통해 전통적 방법으로 이루어지는 경우를 말한다.

10.2 전자상거래의 특징과 영향

(1) 전자상거래의 일반적 특징

일반적으로 전자거래의 특성은 다음과 같이 설명된다.

첫째, 모든 정보가 디지털화되어 있어서, 전자문서는 위·변조에 취약하다. 또한 축적된 데이터의 전송이 쉽기 때문에 개인정보가 침해될 우려가 크다는 것이다.

둘째, 개방형 네트워크를 이용하기 때문에 인터넷을 이용한 정보전송시 제3자의 가로채기 및 위·변조의 가능성이 있다. 전송되는 정보가 전송 도중 사라지는 경우도 발생하고 있으므로, 이용자는 항상 각종 송수신 정보를 보관·저장하여야 하는 문제점이 발생한다. 그래서 이를 보완하기 위해 암호기술의 발전이 이루어지고 있다.

셋째, 비대면성이다. 네트워크를 통해 거래가 익명으로 이루어지기 때문에 거래 상대방과 실체파악이 곤란하다는 것이다. 서면거래에서보다 사기·기만행위, 허위 과장광고, 미성년자 거래 등 불법적이며 비정상적인 거래가 이루어지기 쉬운 측면이 있다. 그래서 인터넷 상에서 신원을 확인할 수 있는 수단으로 전자서명이라는 제도가 등장하게 되었다.

넷째, 통일적인 관리자의 부재와 국제성이다. 음란물 유포, 사기·기만행위 등의 각종 불법행위가 자행되어도 특정국가가 적극적으로 관리하기가 곤란한 시스템이다. 국경을 초월한 거래가 이루어지므로 한 나라의 준거법, 재판관할권 등의 적용이 곤란하다. 이를 위해 OECD 등 국제기구 및 조직 등이 전자거래에 관한 가이드라인 등을 만들고 있으며, 이해 관련 국가 간 협약 내지 상호 인정 등 제도를 통해 전자거래의 신뢰기반을 구축하려는 시도가 진행 중이다.

다섯째, 제공된 정보의 질의 문제이다. 소비자에게 전달되는 정보의 양은 아주 많으나 소비자의 올바른 판단을 위한 정보는 극히 부족하다. 예를 들면 실제 제품과 가상공간의 물품표시와의 차이로 인한 소비자의 불만이 있을 수 있다. 또한 제공되는 정보와 실제 재화와의 정보의 질 차이로 인해 소비자의 구매피해가 발생하는 경우가 많다.

여섯째, 고도의 기술성과 복잡성이다. 전자거래를 행함에 있어 소비자는 상대적으로 기술에 대한 지식이 부족하므로, 전자거래상 발생되는 피해나 사고에 대한 손해배상 청구 시 손해배상 범위를 확정하거나 손해배상 책임자를 특정하기 어려운 부분이 많다.

일곱째, 거래의 국제성 및 부합성이다. 전자거래는 미디어의 특성에 기인하여 우리나라뿐만 아니라 전 세계를 대상으로 소비자가 거래를 할 수 있다는 국제성을 가지고 있다. 이러한 국제성에 기인하여 소비자가 타국가의 쇼핑몰 사업자와의 거래에 있어 법적 분쟁이 발생한 경우 해결이 현실적으로 불가능한 상황이다.

마지막으로 계약의 부합성을 들 수가 있다. 계약체결에 있어 일방이 다수의 상대방과 거래하기 위하여 미리 계약내용을 작성하여 두고 계약 체결 시 이를 상대방에게 제시하여 계약내용에 포함시키는 계약형태를 부합계약이라고 한다. 소비자가 가상공간 쇼핑몰을 이용하여 계약을 체결하는 경우에, 사업자는 계약의 내용을 미리 작성한 약관을 제시하고 이에 동의한 경우에만 계약 체결의 다음 단계로 진행하도록 프로그램을 작성하였다. 따라서 소비자는 당해 쇼핑몰에서 계약을 체결하고자 하는 경우에 불명확한 또는 자신에게 불리한 약관의 내용에 대한 즉각적인 설명을 받거나 이에 대한 거부가 인정되지 않는다. 따라서 가상공간 쇼핑몰의 사업자에 의하여 일방적으로 작성된 약관에 대한 규제가 소비자보호 측면에서 필요하다.

(2) 전자상거래의 영향

전자상거래는 기업과 소비자에게 긍정적 또는 부정적 영향을 줄 수가 있다.

① 사업자 측에 미치는 영향

a. 긍정적인 영향

첫째, 전자상거래의 경우 판매거점이 불필요하다. 전통적 상거래는 시장이나 상점 등 물리적인 공간에서 판매를 하거나 고객을 직접 방문하여 판매하는 방식을 주로 취해 왔으나 인터넷 전자상거래는 네트워크를 통해 많은 정보를 제공하고 이를 이용해 가상적인 공간에서 판매 활동을 하는 것이 가능하다. 즉, 기존의 거래에서 사업자는 현실적 영업망을 기초로 하여 판매활동을 수행하였다. 특히 국제계약의 체결을 위하여 해당 국가 내에 판매사무소 또는 대리점 등을 설치하여야 하지만, 가상공간 속에서 계약을 체결하는 경우에 있어서 이러한 현실적 영업망을 구축하지 않고서도 전 세계의 소비자와 계약체결이 가능하게 된다. 따라서 가상공간에 쇼핑몰을 개설하여 소비자와 계약을 체결하는 경우에 사업자의 영업범위는 종전의 사무소 또는 영업망 중심의 시장범위에서 인터넷 등의 접속이 가능한 모든 지역으로 확대된다.

둘째, 전자상거래는 비용을 절감시킨다. 전자상거래는 주로 가상공간 속에서 계약이 체결됨으로써 사업자에게 영업망 구축과 인력 고용의 필요성을 감소시킨다. 또한 재화 또는 용역에 대한 광고활동을 24시간 계속적으로 할 수 있으며, 광고비용 역시 TV 또는 라디오 등을 통한 광고비용보다 훨씬 절감할 수 있기에 재화 또는 용역의 판매가격을 낮출 수 있다. 인터넷을 통한 직접 마케팅에 소요되는 비용은 전통적 마케팅에 비해 60% 이상 저렴하다고 한다.

셋째, 전자상거래의 경우 마케팅활동이 용이하다. 기업은 인터넷을 통해 시장과 고객 욕구에 대한 정보를 보다 신속하고 정확하게 입수할 수 있을 뿐만 아니라 이러한 정보를 데이터베이스화하여 고객 한 사람 한 사람을 대상으로 개별화된 서비스를 제공할 수가 있어서 고객과의 장기적인 관계형성이 가능해진다. 또한 광고에 대한 효과도 측정하기가 쉽다는 장점이 있다.

b. 부정적인 영향

첫째, 전자상거래는 사이버공간을 통해 무한한 정보를 제공하기 때문에 소비자의 탐색・정보비용을 크게 낮추지만 이에 따라 제품 간 경쟁이 치열하게 된다. 이러한 경우에 브랜드 이미지가 좋은 재화의 판매가 확대되므로 브랜드 명성이 낮은 중소기업의 입지는 약화될 수도 있다.

둘째, 도・소매상을 거치지 않게 됨으로써 유통경로가 단순하게 되어 비용 감소를 가져오게 되지만 유통구조상의 중간업체들이 급격히 쇠퇴하는 문제를 야기하고 있다.

셋째, 기술적 기반이 성숙된 상태 하에서 가능하다. 전자상거래에서는 전자결제 시스템, 보안 유지 관리, 낮은 통신 속도, 높은 통신비용 등이 문제가 될 경우 거래에 치명적인 영향을 미칠 수 있다.

② 소비자 측에 미치는 영향

a. 긍정적인 영향

첫째, 정보접근의 용이성이다. 기존의 거래에서는 재화나 용역에 대한 정보를 얻기 위하여 소비자가 현실적인 영업망을 방문하여야 했다. 하지만 전자상거래를 이용하는 경우에 소비자는 웹 사이트를 통해 재화 또는 용역의 관련 정보를 쉽게 얻을 수가 있다. 이렇게 더욱 용이해지고 풍부해진 정보탐색에 근거하여 보다 나은 구매의사결정을 내릴 수가 있게 되었다. 또한 소비자가 직접 각 가상공간 쇼핑몰에 들어가 제반조건을 비교하는 단계에서 한층 더 발전하여 가상공간 쇼핑몰의 계약조건을 비교·분석하여 제시하는 가격비교사이트를 비롯하여, 동일한 재화 등을 다수의 소비자가 공동으로 구매하여 보다 저렴한 가격으로 재화 등을 구입하고자 하는 재화 또는 용역을 쇼핑몰에 제시하면 사업자가 가격 등의 제반조건을 제시하는 역경매 쇼핑몰이 등장하고 있다.

둘째, 구매비용을 절감할 수가 있다. 소비지는 전자상거래를 함으로써 제품구매와 관련된 여러 가지 비용을 절감할 수가 있다. 먼저 전자상거래는 가상공간 쇼핑몰에서 사업자와 소비자가 직접 계약을 체결하기 때문에 도매상 소매상과 같은 중간과정에서 요구되는 유통비용이 절감된다. 또한 소비자는 각 가상공간 쇼핑몰에서 제공하는 재화 또는 용역의 제반비용에 대하여 쉽게 비교·분석하여 가장 저렴한 가격을 제시하는 쇼핑몰의 사업자와 계약을 체결하게 되므로 구입비용을 절감할 수 있다. 한국소비자보호원의 가격비교조사에 따르면 인터넷 쇼핑몰이 제시하는 가격이 현실적 영업점 (백화점, 할인점, 대리점, 전문매장 등)에서 제공하는 가격보다 3% 정도 저렴한 것으로 나타났다. 또한 유럽에서 실시된 가격비교조사에서 재화에 대한 온라인 판매가격은 오프라인 판매가격보다 약 15% 정도 저렴한 것으로 나타났다.

셋째, 구매시간을 단축시킬 수가 있다. 소비자가 재화 또는 용역에 대한 제반 정보를 수집하여 계약을 체결하는데 소요되는 시간이 단축된다. 특히 계약의 체결에서부터 대금의 지급 및 이행이 모두 인터넷을 통하여 이루어진다면 그에 따른 소비시간은 짧게는 몇 분에서 길게는 몇 시간밖에 소모되지 않는다. 따라서 재화나 용역을 구입하기 위한 시간을 단축할 수가 있다.

넷째, 심리적으로 편안한 상태에서 쇼핑이 가능하다. 기존 상거래 방식에서 오는 종업원들의 불친절 및 강매 등에 따른 심리적 압박에서 벗어나 풍부한 상품 정보를 가지고 명확한 상태에서 쇼핑을 할 수가 있다.

b. 부정적인 영향

소비자는 전자상거래를 통해 원하는 제품을 싸고 편리하게 구매할 수가 있지만 다음과 같은 문제점도 있다.

첫째, 소비자는 가상쇼핑몰 등을 통해서 재화에 대한 정보를 얻고, 직접 재화를 확인하지 못한 채 구매하기 때문에 배달된 재화에 대해 불만족이 생길 수가 있다. 또한 반품 및 환불이 곤란하거나 심지어 사기판매도 있을 수가 있다.

둘째, 인터넷을 통한 전자상거래에서는 고객의 정보가 유출될 가능성이 있다. 인터넷 상에서는 구매 후 일반적으로 신용카드로 대금 지불을 하게 되는데 이때 개인정보가 노출되어 악용될 가능성이 있다.

10.3 전자상거래의 현황

(1) 국제기구별 전자상거래 시장 동향

① IDC (International Data Corporation)

IDC는 정보통신 분야 시장 전문 조사 기관이며 웹에 접속 가능한 PC나 네트워크 컴퓨터의 수를 이용하여 인터넷 이용자 수를 전망하고 있으며 이를 기반으로 2003년에는 인터넷 이용자 수를 5억여 명으로 예측하였다. 이 시장 동향은 각국의 조사 기관이나 국내의 조사 기관마다 차이점이 있으며 조사방법에 따라 달라지기도 한다.

② WTO (World Trade Organization)

WTO에서는 무관세화를 비롯한 무역 관련 이슈에 대한 논의가 중점적으로 이루어지고 있으며 서비스 이사회, 상품 이사회, 지적 재산 이사회를 중심으로 전자상거래 이슈에 대한 다양한 논의가 진행되고 있다.

③ APEC (Asia－Pacific Economic Cooperation)

1997년 밴쿠버 APEC 정상 회의의 선언문에서는 모든 APEC 회원국이 전자상거래로 인해 이익을 제고할 수 있게 해 주는 예측 가능하고 일관성 있는 법적 규제를 조장할 것과 APEC 역내 전자상거래 촉진을 위한 광범위한 원칙의 도출 등을 강조하였다. 이후 1998년 쿠알라룸푸르 정상 회담에서 각국 정상은 고위 관리 회의에서 작성한 전자상거래 추진을 위한 APEC 전자상거래 실행 청사진을 공식화시켰다. 또 이의 실현을 위한 회원국 대표로 구성되는 운영위원회와 그 하부에 실무 그룹과 포럼을 설치, 운영함과 동시에 민간 전문가도 참여하고 있다.

④ OECD (Organization Economic Cooperation and Development)

1998년 캐나다 오타와에서 '국경 없는 세계－범세계적 전자상거래 실현'이라는 주제로 OECD 각료회의가 열렸다. 회의 내용은 사용자 및 소비자 신뢰 구축, 범 세계 전자상거래를 위한 기본 규칙 설정, 전자상거래를 위한 정보통신 기반의 고도화, 범 세계적 전자상거래 이익 극대화 등의 문제를 다루었다. 또한 이듬해에 열린 오타와 각료 회의 후속 회의가 파리에서 열려 이에 당사자의 의견 수렴이라는 주제로 각료 선언, 실행 계획의 이행 점검 및 향후 과제에 관하여 논의하였고 소비자 보호 지침, 인증 및 전자서명에 관한 논의도 다루어졌다. OECD에서 제시한 전자상거래 확산에 따른 주요 과제 및 해결방안을 정리하면 표 10.2와 같다.

표 10.2 전자상거래 확산에 따른 주요과제 및 해결방안 (OECD제시)

	주요과제	해결방안
이용자 신뢰	사생활 보호, 보안 확보	전자서명 기술, 암호 기술 등 기술대책 인증제도 도입 사전 동의 확보원칙의 재확인
소비자 보호	광고의 신뢰성 확보, 환불 재도 확립 등 분쟁조정제도	인증체제 구축 소비자에 대한 교육
정보통신 기반	통신 네트워크의 고도화 다양한 응용서비스의 출현 및 융합에 따른 규제체계의 변화	경쟁촉진과 규제 완화
지불 및 배달	새로운 지불체계의 확립과 배달체계의 개선	과세 및 통관절차의 간소화 및 민간대행 위탁 확대
법적, 제도적 환경	과세원칙의 확립 지적재산권보호	과세에 대한 확립된 기존 원칙의 유지

(3) 국내 전자상거래 현황

국내의 전자상거래 관련 교육, 정보의 제공 컨설팅 등을 지원하는 전자상거래지원센터(ECRC)를 지정하여 운영 중에 있다. 국내의 B2C시스템의 전자상거래가 활발하게 운영되고 있으며 컴퓨터 및 주변 기기, 가전, 전자, 통신, 서적, 음반, 문구, 티켓, 여행 서비스, 생활용품 및 자동차 용품 등이 주요 품목 군으로 자리 잡고 있다. 이에 정부는 전자상거래의 확대를 위해 여러 가지 중심 과제를 선정하여 세부적으로 실천에 옮기고 있다. 주요 과제로는 사이버 시장의 신뢰성을 재고하는 법, 제도 정비와 전자상거래 인프라 지속 확충, 공공 부문의 전자상거래 가속화 추진, 산업 부문의 전자상거래 확산 및 사이버 무역 기반 조성 등이 있다.

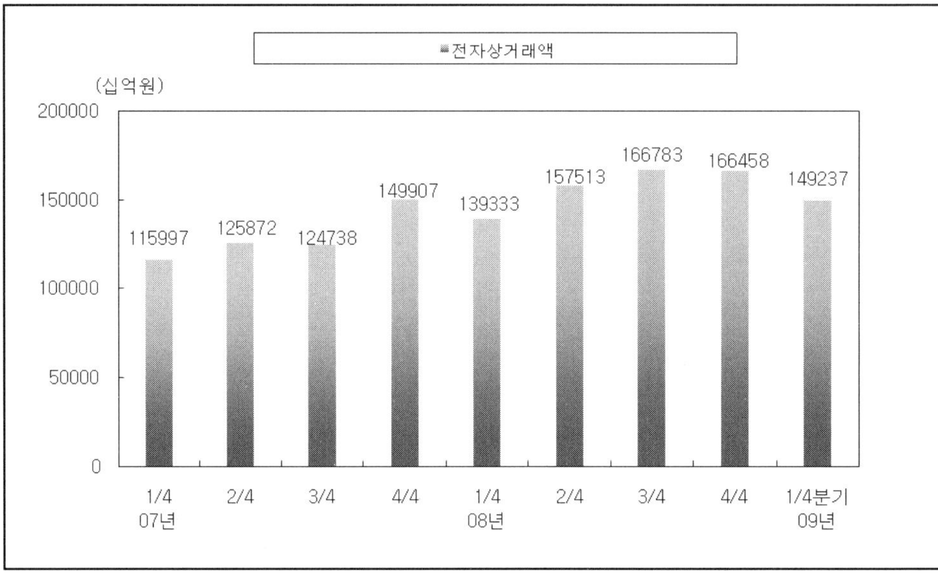

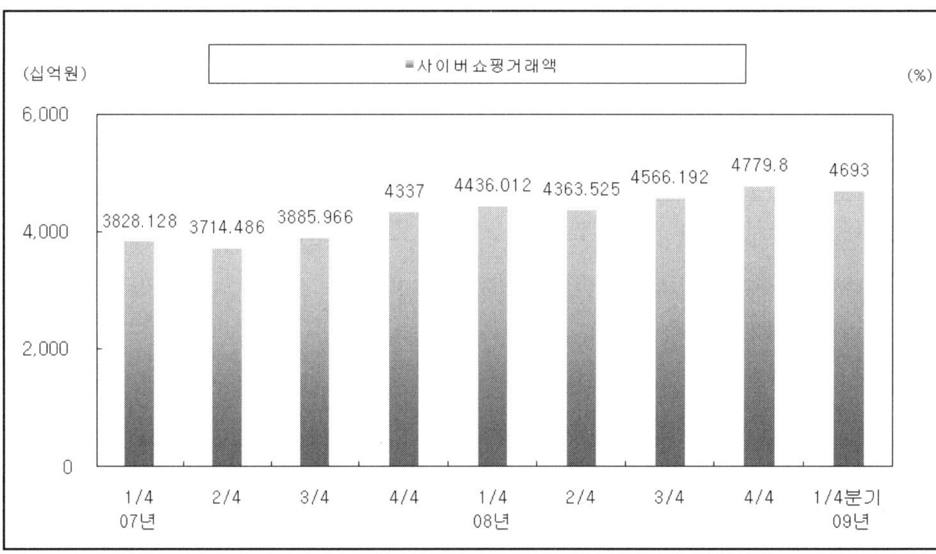

그림 10.1 분기별 전자상거래액 및 사이버쇼핑거래액

(출처: 통계청, '2009년 1/4분기 전자상거래 및 사이버쇼핑 동향')

우리나라 통계청에 의하면 2009년 1/4분기 전자상거래 총거래액은 149조 2,370억원으로 전년동분기에 비해 7.1% 증가한 것으로 집계되었다. 거래주체별로 보면 전년동분기에 비해 기업－정부간전자상거래(B2G) 거래액이 17조 6,470억원으로 152.4% 크게 증가하였고, 기업－소비자간 전자상거래(B2C)액은 3조180억원으로 5.9% 증가한 반면, 전자상거래의 85%이상 차지하는 기업간전자상거래(B2B) 거래액은 127조 300억원으로 －0.8% 감소하였다. 2009년 1/4분기 사이버쇼핑 거래액은 4조 6,930억원으로 전년동분기 대비 5.8% 증가, 전분기대비 －1.8% 감소되었다.

10.4 전자상거래의 문제점

10.4.1 전자상거래의 소비자문제 및 피해

(1) 소비자의 전자상거래 피해 유형

전자상거래와 관련된 소비자의 피해유형은 크게 개인정보침해와 재화 또는 용역의 거래로 인한 피해로 나눌 수 있다.

① 개인정보침해의 유형

a. 과도한 정보수집

일반적으로 소비자를 고객으로 하는 사업자에게 있어서 소비자 개인에 대한 다양한 정보의 경제적 가치는 크다. 어떤 재화의 구입을 희망하는 고객을 유인하는 것은 무차별적인 유인행위보다 효율적이며, 고객의 지불능력에 대한 정보도 사업자에게서는 계약의 성립전제로서 중요한 정보이다. 특히 오늘날 많은 양의 정보를 보다 쉽게 수집, 저장, 처리할 수 있는 혁신적인 정보기술의 채택으로 인하여 많은 양의 개인정보가 손쉽게 수집될 수가 있다. 특정 개인이 어느 사이버몰을 통해 전자상거래를 할 경우, 대부분 회원으로 가입해야 하며, 그 경우 주민등록번호, 전화번호, 주소, 신용카드번호 등을 입력해야 한다. 이처럼 전자상거래 사업자는 상세한 개인정보를 온라인상에서 쉽게 수집·축적할 수가 있다. 따라서 사업자로서는 항상 필요한 개인정보보다 많은 정보수집의 유혹을 받는다고 할 수가 있으며 개인정보의 수집이나 처리 및 이용과정에서 여러 가지 형태의 남용의 위험이 늘어나 사생활 침해 등 심각한 문제를 초래할 수가 있다.

b. 개인정보의 비밀·불법 수집

개인에 관한 기록들은 개인의 참여 없이 어떠한 특수기관이 비밀로 수집·관리할 경우 개인에 대한 부분적인 정보만을 수집함으로써 '특정개인에 대한 허상'이 형성되어 불이익을 주게 되며 자기의 정보가 자기도 모르게 유통되거나 악용됨에 따라 개인에게 불안감을 주게 된다. 또한 웹서버의 쿠키 기능을 통해 쇼핑몰 운영자들이 비밀리에 개인정보를 수집하기도 한다. 즉, 이러한 쿠키를 통하여 사업자는 자신의 쇼핑몰에 들어온 사람의 수를 비롯하여 어떤 지역의 고객인지 고객의 취향 및 선호도 등을 손쉽게 파악할 수 있다. 만일 소비자가 자신의 일정한 정보를 기입한 경우 쿠키에 저장되어 유출될 가능성이 높다.

c. 수집목적 이외의 사용

사용자에 의하여 수집된 정보는 당해 목적의 범위에서만 사용되어야 하며, 목적 이외의 사용 시에는 필히 정보주체의 동의를 얻어야 한다. 이러한 수집목적 이외의 사용은 내적 침해와 외적 침해로 구분할 수 있다. 내적 침해는 사업자가 수집목적 이외에 정보를 이용하는 것을 말하며, 외적 침해는 개인정보가 외부의 제3자에게 유출된 것을 말한다. 내적 침해에 대하여 소비자가 접근권, 정정권 및 삭제권 등을 사용하여 침해에 대한 조치를 취할 수 있는 가능성이 있지만, 외부의 제3자에게 정보가 유출된 경우에는 정보 사용자의 신원이나 목적 등을 전혀 알 수 없기 때문에 매우 심각한 문제를 유발할 수 있다.

d. 개인정보의 오인

개인에 대한 기록정보는 대부분 개인이 신고한 것에 근거하는 것이지만 본인 모르게 작성되는 것이 많기 때문에 개인에 대한 정보가 잘못 입력될 가능성이 있으며,

이의 수정·보안이 어렵기 때문에 이용자들로 하여금 특정인을 잘못 인식하게 할 위험성이 있다. 또한 개인정보는 시간이 경과함에 따라 수시로 변동하기 때문에 이에 관한 최신의 정보로 변경하지 않고 종전의 기록을 보유하게 된다면 부정확한 정보로 인하여 소비자에게 피해를 유발할 수 있다.

e. 개인정보의 남용

컴퓨터 시스템에 있어서 단말기를 원격 조작하여 특정 개인에 대한 정보의 취급과 가공이 가능할 경우, 정당한 권한이 없는 자가 악의로 이를 변경하거나 컴퓨터 담당직원이 악의로 가공하여 외부에 누출시킬 수가 있다.

② 재화 또는 용역의 거래로 인한 피해

a. 표시·광고에 관한 소비자불만·피해

전자상거래에 있어서의 홈페이지나 전자우편에 의한 광고·표시에도 '방문 판매 등에 관한 법률' 상의 광고·표시에 관한 규정들이 적용되나 실제로는 이러한 규제를 준수하지 않고 있는 경우가 많은 것이 현실이다. 예컨대 "인터넷에서 만병에 효과가 있다는 '버섯'에 관한 광고를 보았다", "판매업자의 전자우편주소가 표시되어 있지 않았다", "표시된 전자우편주소로 불만을 제기했지만 아무런 응답이 없었다" 등 판매자의 광고·표시와 관련한 불만이 있다. 또한 고가의 화장품이나 브랜드 제품, 포르노 영화 또는 국내에서는 입수가 곤란한 제품이나 의약품의 개인수입을 대행하는 홈페이지가 다수 출현하고 있는데, 이러한 광고에서는 거래의 간편성을 강조하거나 내용을 과장한 광고도 적지 않다. 나아가 인터넷을 통하여 한방약·건강보조식품을 구입하여 복용한 결과, 오히려 증상이 악화되었다는 피해 사례도 나타나고 있다.

b. 조작실수에서 생기는 소비자 불만·피해

컴퓨터 등의 단말기를 이용하는 전자상거래는 본래 소비자가 실수하기 쉬운 거래 방법이라고 할 수 있다. 따라서 이러한 실수 전부를 소비자의 책임으로 하기에는 곤란한 면이 없지 않다. 실제로 "마우스 조작의 실수로 다른 것을 주문하여 즉시 취소하였지만, 이를 받아들이지 않았다", "인터넷의 패스워드 등록 시에 이름을 틀리게 입력하여 정정한 적이 있는데 이중으로 계약이 되었다" 등 조작 실수가 원인인 소비자 불만도 적지 않게 발생하고 있다.

c. 재화의 미 배달, 주문과 다른 재화의 배달, 사업자의 도주

"대금을 지불하였는데 게임 CD가 도착하지 않았다", "시계가 신품이기는 하지만 먼지투성이고 보증서도 들어 있지 않다" 등 주문한 재화의 미 배달이나 기대에 못 미치는 재화의 배달로 인한 소비자 불만・피해도 많이 발생하고 있다. 또한 "상대방에게 불만을 제기하려고 다시 접속하였지만, 어느새 웹사이트가 사라졌고 전화도 불통으로 연락이 되지 않는다."라는 사업자의 도주에 의한 소비자 피해도 있다.

d. 사칭에 의한 소비자 피해

"통신 사업자에게 등록한 ID와 패스워드가 도난당한 것처럼, 장시간 사용되어 고액의 사용료가 청구되었다" "사용하지 않은 PC 통신의 사용료를 청구 받았다"는 등 ID와 패스워드의 도용을 둘러싼 소비자 피해도 많이 발생하고 있다. 또한 회원계약도 해약되고 신용카드도 반환하였는데, 그 회원의 카드가 외국에서 사용된 사례도 있어, 신용카드 번호 등의 도용・악용이 행해지는 경우도 있다.

e. 인터넷상의 악덕 상행위

전자상거래에 관한 소비자 피해사례 중에서 최근 많아지고 있는 것이 피라미드 판매나 부업에 대한 권유이다. 예컨대, 홈페이지 그 자체가 피라미드 판매의 광고라고 생각되는 경우와 부업 소개나 구인광고로 소비자를 유혹하여 재화를 판매하는 경우가 있다. 그리고 최근에 눈에 띄는 것은 성인 사이트에 접속하여 무료로 영화를 볼 수 있다고 하는 버튼을 클릭하면, 성인영화를 제공하는 사이트의 국제전화에 자동적으로 연결되는 프로그램이 다운로드 되고, 컴퓨터가 제멋대로 이 번호들에 연결해 버리는 결과, 정보 제공료와 통화료를 나중에 청구 당하는 경우도 발생하고 있다.

f. 개인정보의 누설·악용 빛 프라어버시의 침해

전자상거래에서는 주소, 성명, 구입재화 등 거래에 필요한 데이터는 소비자 자신이 입력하는 시스템으로 되어 있다. 이러한 데이터는 처음부터 컴퓨터 처리가 가능한 형식으로 사업자에게 제공되므로, 전자상거래에서는 소비자들이 사업자를 위하여 고객 데이터베이스를 작성하고 있는 것과 동일한 상황에 있다. 사업자 입장에서 이러한 데이터는 장래의 고객관리나 마케팅 차원에서 대단히 유용해서, 또한 이 데이터는 수집이나 가공, 다른 목적으로의 전용도 쉬워 입수한 개인정보가 소비자의 의사나 의지와 상관없이 무한정으로 활용될 우려가 있다. 실제로도 본래의 거래에는 필요하지 않는 개인정보가 전자상거래 시에 소비자의 무지나 무관심에 편승하여 수집되고 있는 경우가 많이 있다. 또한 이렇게 수집·가공된 데이터가 판매되거나 인터넷 상에서 유통·개시되거나 전자상거래와 관련하여 개인정보가 누설되거나 부정 사용되는 피해도 나오고 있다. 구체적으로 다음과 같은 피해가 있을 수 있다.

- ID와 패스워드 등의 도용, 악용에 의하여 경제적인 피해를 입는 것
- 인터넷 상에서 개인정보가 공개되거나 비방·중상을 받는 등 심각한 피해를 입는 것
- 스팸메일이 대량으로 수신되는 것

(2) 피해 현황

2008년 한해 동안 한국소비자원에 접수된 전자상거래관련 피해구제 사건은 3,080건으로 전년(2,639건) 대비 16.7% 증가하였고 전체 피해구제 접수건 중에서 전자상거래 분야가 차지하는 비중도 11.9%에서 15.9%로 증가하였다.

표 10.3 전자상거래 피해구제 사건

	2006년	2007년	2008년	증감
피해구제 전체 접수건	23,482	22,184건	19,327건	
전자상거래 사건(비중)	2,231건 (9.5%)	2,639건 (11.9%)	3,080건 (15.9%)	16.7%

(출처: 한국 소비자 보호원)

※ 소비자상담은 2007년 24,388건에서 2008년 31,914건으로 30.9% 증가함.

(2) 피해 사례

한국 소비자 보호원에서 2009년 발표한 전자상거래 주요 소비자피해 사례는 다음과 같다.

사례 1

연결고리가 떨어진 핸드백 보상 요구

소비자 A는 2008.7.3 사업자의 인터넷쇼핑몰에서 핸드백을 주문하여 다음날 배송받음. 배송받은 제품을 살펴 보니 왼쪽편 장신구가 떨어져 있어 판매자에게 수선을 요청하니 동 제품은 수입 완제품으로 수리 및 교환이 불가하다고 하며 이를 거부함.

⇒ 섬유제품제품심의위원회에서 핸드백의 하자 원인이 부속물 가공 불량으로 심의되어 판매자가 이를 인정하고 반품 처리함.

사례 2

상세 사양이 다른 노트북 컴퓨터 반품 요구

소비자 B는 2008.1월 인터넷쇼핑몰에서 판매자의 노트북(msi megabook pr210xya edition)을 주문하고 722,560원을 결제함. 배송된 제품은 주문 제품과 다른 모델명(pr210x 033kr)이고 세부적인 사양이 당시 광고와 차이가 있으며 CPU의 종류가 AMD 튜리온 64*2가 아닌 애슬론 64*2로 확인됨. 이에 판매자와 통화하여 반품을 요구하였으나 거부하고 있음.

⇒ 소비자의 요구대로 판매자가 노트북을 반품받고 환급함.

사례 3

해킹으로 소실된 인터넷 게임 아이템 복원 요구

소비자 C는 인터넷게임 이용자로서 2007.12.25. 해킹사고가 발생하면서 아이템·캐릭터 등의 게임 아이템을 모두 소실함. 당일 사업자에게 해킹피해를 신고한 후 캐릭터와 아이템 일부만 복구되고 그 동안 게임 과정에서 획득한 아이템과 2007년 이후 구입해 온 27만원 상당의 총 9종의 아바타 가운데 3종만 복구되어 이에 대한 보상을 요구함.

⇒ 사업자가 확인한 결과, 해킹 발생 시각으로부터 40분 안에 모든 아이템이 거래되어 타인에게 이동되었는데 대부분 해킹과 무관한 제3자에게 게임머니 형태로 거래되어 회수가 어려운 상황임. 회수 가능한 내역을 재차 확인하여 총 4세트를 복구함

사례 4

인터넷 경매 사이트의 개인정보 해킹사고로 인한 피해 보상 요구

소비자 D등은 인터넷 경매 사이트 (주)옥션의 회원으로서 2008.2. 해당 사이트 회원들의 개인정보가 불법 유출되었다는 보도 및 공지사항을 접하고 확인해 보니 자신의 정보도 유출되어 사업자에게 정보 관리 소홀로 인한 정신적 피해 보상을 요구함.

⇒ 소비자분쟁조정위원회는 성명·주소·옥션 아이디·이메일 주소·전화번호·주민등록번호·은행계좌번호가 전부 해킹된 소비자들에 대해서는 10만원을, 개인정보 중 일부만이 해킹된 소비자들에 대해서는 금 50,000원을 지급하도록 조정결정

10.4.2 전자상거래의 소비자피해구제

(1) 전자상거래로부터의 소비자보호방안

전자상거래로부터 발생하는 각종 소비자문제 및 소비자피해를 예방하여 소비자를 보호하기 위한 방안을 경제주체별로 살펴보면 다음과 같다.

첫째, 전자상거래관련 불법거래행위 정보유출 사기 및 기만행위 등에 대한 피해자들의 적극적인 감시 및 고발 등이 필요하다. 구체적으로 소비자 모니터 제도를 도입하여 부당거래 사업자에 대한 사전감시 및 사후추적 체계를 마련하여야 한다. 전자상거래를 위한 쇼핑몰 개설과 폐쇄의 용이함으로 인해 사기 및 기만 행위가 끊

이지 않고 있으므로 이 같은 행위로부터 피해를 입은 소비자들의 고발을 접수하여 관리하는 등 상시 모니터링체계를 구축·운영하여야 한다.

둘째, 사업자들 스스로의 자율규제를 장려한다. 전자상거래가 활성화되기 위해서는 소비자들의 신뢰가 있어야 하므로 업계의 자율규제가 필수적이다. 따라서, 정부에서도 기업의 자율규제를 장려하고 전자상거래관련 소비자보호지침 등 전자상거래와 관련한 공정한 거래행위의 가이드라인을 제시하는 등의 노력을 기울여야 한다.

셋째, 전자상거래와 관련된 소비자교육을 적극적으로 실시하여 소비자피해를 사전에 예방한다. 일반 소비자들을 대상으로 하는 전자상거래 활용 능력, 이용 시 주의사항, 피해발생시 해결방법 등 소비자교육을 실시하여야 함은 물론이고, 사업자들을 대상으로 전자상거래와 관련한 교육, 훈련, 기술지도, 정보제공, 소비자보호지침 등 다양한 형태의 소비자교육이 필요하다. 결국 소비자와 사업자를 대상으로 하는 소비자교육이 상호보완적이고 유기적으로 이루어져야 한다. 이미 정부에서는 '전자상거래지원센터'를 지정하여 이 같은 교육을 실시하고 있는데 보다 효과적인 운영과 성과가 요구된다.

넷째, 전자상거래시 발생하는 소비자피해를 구제하기 위한 법적 규제 장치 및 소비자보호법을 마련 등 정부의 적극적인 노력이 필요하다.

(2) 전자상거래피해 유형별 소비자피해구제 방안

① 사기 및 기만행위

전자상거래에서 대표적인 사기 및 기만 행위는 본인을 가장한 타인에 의한 거래행위, 정당한 권한이 없는 자가 임의로 전자문서상의 내용을 수정·변경하는 경우이다. 예를 들면 타인명의로 본인을 등록한 경우 남의 패스워드를 부정사용한 경우, 타인의 지불수단(신용카드 등)을 부정사용한 경우, 타인의 전자주소에 들어가 임의로 문서를 손괴시킨 경우 등 위조 또는 변조의 문제이다. 전자문서는 종이문서와 달리 일단 위조 또는 변조가 이루어지면 그 식별이 매우 어렵다. 따라서 위조 및 변조를 사전에 차단할 수 있는 보안기능의 기술적 개발을 통해 사기 및 기만적 행위로부터 소비자를 보호할 수 있다. 결국, 전자상거래라고 하는 특수상황에서 발생할 수 있는 여러 문제점들을 충분히 파악하고 이를 해결할 수 있는 정보통신기술 분야의 개발과 협력이 필수적이라고 하겠다. 인터넷상의 사기 또는 기만행위는 국제전자상거래시 그 문제가 더욱 심각하다. 따라서, 사기를 예방할 수 있도록 당사자의 실존과 신뢰를 확인할 수 있는 국제적인 제도가 마련되어야 한다.

또한 판매자가 실존하는 합법적인 회사이며, 사기적으로 운영되고 있지 않다는 것을 보증해 줄 수 있는 본인인증제도와 판매자의 신뢰성을 명기해 줄 수 있는 국제적인 신용평가제도가 도입되어야 한다. 뿐만 아니라, 사기로 인한 거래를 사후에 취소시켜 소비자를 보호하는 것보다는 사전에 착오가 발생하지 않도록 소비자주의사항 등에 관한 소비자교육 및 정확한 정보가 제공되어야 한다. 한편, 해커 등에 의한 위조 또는 소비자의 부주의로 변조된 경우, 그 책임을 누구에게 지우는가 하는 것도 중요한 이슈이다. 변조 및 위조로 인한 책임을 전적으로 소비자에게 부담 지우는 것은 전자상거래발전에 도움이 되지 않을 뿐만 아니라 소비자보호를 위해서도 바람직스럽지 못하다.

따라서, 사업자가 소비자의 고의 또는 중대한 과실을 입증하지 못하는 한 전자상거래에 있어서 위조변조의 위험은 원칙적으로 사업자부담으로 하여야 한다. 또한, 소비자에게 과실이 있는 경우에도 소비자가 적절한 기간 내에 자신의 서명이나 비밀번호 또는 패스워드가 유출된 사실을 신고하면 책임을 감면해 주는 제도가 도입되어야겠다. 한편, 위조 또는 변조 등으로 인한 피해를 구제하기 위해서는 책임보험제도의 도입이 전제되어야겠다.

② 소비자 개인정보 누출

a. 개인정보에 대한 소비자의 통제권 보장

사업자, 인터넷 관리자, 인증 및 평가기관 등은 거래에 필요한 직접적인 정보 이외에는 소비자와 관련된 정보를 요구 또는 수집하지 못하도록 해야 한다. 다시 말해, 소비자가 자신의 개인정보와 이메일주소 등의 사용을 금할 수 있는 통제권을 보장하여야 한다. 만일 본인의 허락이 없이 다른 사람의 개인정보를 사용하는 경우에는 국가가 제재를 가하거나 민사상의 책임을 부과하는 제도적 장치가 필요하다. 예를 들면, 표준 개인정보보호 아이콘을 마련하여 소비자가 자신의 개인정보를 제공하기 전에 아이콘을 두드려서 자신이 제공하는 정보가 어떻게 쓰이는지를 사전에 파악할 수 있게 하는 제도의 도입도 검토해 볼 만 한다.

b. 인터넷상의 개인정보수집의 명료성

관련정보의 수집이 사업상 또는 업무상 불가피한 경우에도 그 수집의 목적을 소비자에게 명백히 밝히도록 해야 한다. 개인신상정보가 언제, 어떻게 수집되고 있는지를 명시하여 관련되는 모든 사람이 명백하게 알 수 있도록 해야 한다.

c. 개인정보 유출 불가

소비자의 동의 없이 정보를 제3자에게 전달하거나 공개하지 못하도록 해야 한다. 소비자 자신도 모르는 사이에 자신의 정보가 타인에게 공개되어서는 안 된다. 수집된 개인정보가 어떤 목적과 용도로 사용되는지에 대해 당사자들에게 명백히 알려야 하며 그 목적 이외에 사용되는 일이 없어야 한다. 만일 추후에 다른 용도로 사용코자 하는 경우에는 이를 다시 알려서 소비자의 양해를 얻어야 한다. 국내 최대 인터넷 경매회사인 '옥션'은 고객의 개인정보가 유출돼 피해가 발생할 경우 1인당 최고 100만원까지 보상해 주는 보험 제도를 1999년 9월부터 시작하였다. 이 회사의 자발적인 소비자 개인정보 보호의 노력은 건전한 전자상거래를 위한 노력으로 판단된다.

d. 소비자의 개인정보 열람 및 정정권 보장

소비자가 정보내용의 공개, 수정, 삭제 등을 희망하면 사업자는 이에 응하도록 하여야 한다. 누구든지 자신에 대한 개인 정보는 스스로 열람하여 잘못된 부분을 바로 잡을 권리를 보장해야 한다.

③ 각종 소비자불만 및 소비자피해

a. 구매취소 철회 및 변경 허용

전자상거래에서는 실물을 보지 않고 거래가 이루어지기 때문에 자신이 주문한 상품과 실제 배달된 상품 간에 차이가 있을 수 있고, 성능이나 효능, 디자인, 색상 등 모든 면에서 예상했던 것과 많은 차이가 있을 수 있다. 만약 소비자가 배달된 상품에 대해 불만을 느꼈으나 이 불만이 적절하게 해소 되지 않는다면 소비자는 향후 전자장거래 구매를 꺼리게 될 것이다. 따라서, 전자상거래의 활성화를 위해서는 자유로운 반품 및 교환이 이루어지는 것이 바람직하다.

1997년 2월 17일 채택된 원격지 거래에 관한 EC소비자보호지침은 최소한 7일 이상의 조건 없는 계약철회권(a right of withdrawal)을 주도록 규정하고 있다. 소비자가 제품을 인도 받은 후 제품이 마음에 들지 않는다는 이유만으로도 반품 또는 교환이 가능하게 된다면 전자상거래는 더욱 활성화 될 것이다. 1998년 OECD의 소비자정책위원회에서는 프랑스에서 열린 소비자보호 가이드라인 채택을 위한 회의를 개최하였는데, EU 국가들은 청약철회제도 도입을 찬성하였으나 미국은 도입에 반대한 바 있다.

조건 없는 청약철회가 가능하지 않다면, 최소한 사업자가 조건 없는 반품 정책을 채택하고 있지 않다는 사실을 소비자들에게 공개적으로 고지하게 하는 고지의무만이라도 부과하고 이 같은 고지의무를 이행하지 않은 경우 조건 없는 반품정책을 채택한 것으로 보는 규정을 두어야 한다. 일반적으로 소비자는 반품이나 교환이 쉽게 되는 사업자와의 거래를 선호하므로 사업자에 대한 고지의무부과는 간접적으로 반품정책을 장려하는 수단이 될 수 있다.

b. 오작동, 시스템 에러 또는 소비자 실수로 인한 책임 면제

전자상거래에서는 소비자의 의사와는 달리 오작동, 착오, 잘못된 전송, 시스템 에러, 중복주문, 그 밖의 실수에 의해 어쩔 수 없이 의사표시를 철회 또는 변경해야 하는 경우가 발생할 수 있다. 예컨대 소비자가 가격표시 등 숫자를 잘못 읽고 구매의사를 표시하거나 거래 상대방을 오인하는 등의 실수는 흔히 일어날 수 있는 착오

이다. 특히, 전자상거래에서는 구매의사표시와 동시에 제품이 배달되기 때문에 일단 송신된 의사표시는 사실상 철회 또는 변경하기 어렵다. 따라서, 계약이 성립되기 전 각 주문단계마다 주문이 정확히 행해졌는지의 여부를 확인할 수 있는 확인절차를 의무화하여 애초에 잘못된 주문이 이루어지지 않도록 해야 한다. 뿐만 아니라, 시스템 장애에 따른 의사표시에 대한 책임은 관계자간에 공평하게 분담되어야 한다.

c. 불공정거래행위로부터의 소비자보호

전자상거래에서는 오직 사업자가 일방적으로 제공한 정보 또는 거래조건 방법에 의해 거래가 이루어지기 때문에 소비자에게 일방적으로 불리한 거래가 이루어지기 쉽다. 전자상거래상의 불공정거래는 주로 광고, 약관 등을 통해 이루어진다. 따라서, 전자상거래에서 행해지는 부당광고 및 부당 약관에 대한 규제가 이루어져야 한다. 또한, 소비자의 부담으로 돌아갈 수밖에 없는 통신비 및 시간의 낭비를 절약하기 위하여 사업자에 의해서 일방적으로 제공되고 있는 각종 인터넷정보(광고 등)의 수용을 거절할 수 있는 방법을 반드시 포함시켜야 한다 인터넷의 전자상거래 관련 광고의 규제 또는 기준 제시는 소비자의 생명 및 재산권보호에 중요하므로 시급하다고 하겠다.

d. 분쟁처리 및 피해구제 시스템 완비

소비자가 전자상거래로 인하여 불만을 느꼈거나 피해를 입은 경우 이를 해결하기 위한 온라인상의 소비자상담 및 피해보상창구가 존재하여야 한다. 전자상거래 쇼핑몰이나 상거래를 위한 홈페이지 구축 시 소비자상담 및 피해보상업무를 위한 전용창구 설치를 의무화하는 것이 바람직하다.

10.5 전자상거래 관련 기술

먼저, 공통기술로 필요한 것은 네트워크, 클라이언트 서버, 데이터베이스 기술을 들 수 있다. 네트워크 기술에는 고속의 데이터 통신을 위한 고속망 기술, 인터넷 프로토콜인 TCP/IP 관련 기술이 필요하며, 특히, 우리나라의 금융기관들이 X.25 망으로 연결되어 있기 때문에 온라인 결제처리를 위해서는 X.25 망 기술이 필수적이다. 또 TCP/IP 수준에서 보안을 제공하는 SSL 관련 기술이 필요하다.

클라이언트 서버 기술과 관련해서는 인터넷 쇼핑몰이 24시간 대규모의 서비스를 처리해야 하므로 이를 위한 프로세스의 설계, 모니터링, 에러 및 추적용 로깅(logging)을 구현할 수 있는 기술들이 필요하다. 대량의 상품 정보 및 주문처리 정보를 저장하기 위한 데이터베이스 기술도 공통기술로 볼 수 있으며, 특히 인터넷 쇼핑몰을 위한 데이터베이스는 웹의 특성을 효율적으로 지원할 수 있는 구조를 가져야 한다.

(1) 주문 및 지불 처리 기술

주문, 지불과 관련해서는 장바구니와 전자지갑의 구현기술, 보안기술, 인코딩 기술, 과세 관련 기술들이 필요하다.

웹의 무상태(stateless) 특성을 극복하고 고객별 장바구니를 제공하기 위한 기법에는 여러 가지가 있다. 현재 각 쇼핑몰들은 자신의 특성에 맞게 장바구니를 구현하고 있지만 장바구니를 표준화하려는 노력도 진행되고 있다.

전자지갑을 구현하기 위해서는 기본적으로 GUI기술과 함께 보안기술도 적용해야 한다. 보안기술로는 암호화, 메시지다이제스트, 인증, 방화벽 기술들 외에 IC 카드 관련 기술들이 각광을 받고 있다. IC 카드를 지불처리에 사용하기위해서는 IC 카드용 운영체제인 COS(Chip Operating System)와 DES, RSA 등의 암호화를 지원하는 코프로세서의 개발이 필요하다.

지불처리에 참여하는 상인, 고객, 금융기관, 인증기관 간에 전달되는 자료의 통일성을 위해 특히 중요한 것이 인코딩 기술이다. 현재 서로 다른 컴퓨터 간에 전달되는 자료의 통일성을 위하여 국제표준으로 제정되어 있는 것이 ASN.1과 DER이다. ASN.1은 자료의 표현 규칙이고 DER은 자료를 Bit들의 열로 인코딩하는 규칙이다.

또한 국제 금융망 자료 표준이 ISO 8583이지만, 현재 우리나라의 각 금융기관들은 각자 ISO 8583을 적절히 수정해 사용하고 있다.

또한 위에서 언급한 주문, 지불처리 기술들을 통합, 적용해 전자거래 규약으로 정리한 것들이 SET(Secure Electronic Transaction), OFX(Open Financial Exchange), OTP(Open Trading Protocol) 등이다.

(2) 상품정보 제공 관련 기술

상품정보 제공과 관련된 기술들은 상품카탈로그, 상품검색, 광고, 마케팅 관련 기술들로 나누어 볼 수 있다.

상품카탈로그를 제공하기 위해서는 기본적으로 웹과 관련된 웹 서버, 웹 브라우저, HTTP, HTML, CGI, 자바스크립트, 자바 등의 기술과 요즈음 새로이 각광을 받고 있는 XML에 관련된 기술들이 필요하다. XML은 특히 상품검색관련 에이전트 기술과 연관된다. 고객에게 상품 정보를 현실감 있게 보여주고 구매 욕구를 자극하기 위해서는 웹에 플러그인(plug-in)될 수 있는 멀티미디어 기술의 응용이 중요하다.

현재 인터넷 상에서 가능한 멀티미디어 기술로는 음성, 동영상, 3차원 가상현실, 인터넷 전화, 화상회의, 인터캐스트(Intercast) 등이 가능하다. 그러나 실제 쇼핑몰에 구현된 것은 음성, 동영상, 3차원 가상현실 정도이며, 다른 것들은 기술적으로 구현만 되어있고 전자상거래 용도로는 아직 사용되고 있지 않다.

인터넷전화와 화상회의는 전자상거래에서 CTI를 이용한 고객 콜센터를 운영할 수 있는 기반기술이다. 또한 인터캐스트 기술은 공중파를 이용해 웹 상품정보를 보낼 수 있는 기술이다. 이러한 멀티미디어 정보를 저장하고 검색할 수 있는 멀티미디어 데이터베이스 기술도 필요하다. 고객의 상품검색을 지원하기 위해서는 검색엔진, 유사상품비교검색 등을 제공하기 위한 에이전트, 자료 인덱싱, 웹 사이트 파싱 관련 기술이 필요하며, 고객의 상품 선택을 지능적으로 도와주기 위한 인공지능 응용 기술들(판매전문가시스템(SES), 제약만족문제해결(CSP), 추론기관)도 필요하다.

광고와 마케팅을 위한 새로운 마케팅 모형의 개발도 중요하다. 기존의 마케팅 모형들은 대중매체를 통한 마케팅의 효과를 분석, 적용하는데 초점을 맞추었기 때문에 1 대 1 마케팅이 가능한 인터넷 쇼핑몰에 맞는 새로운 모형이 개발되어야 한다. 회원의 신상명세를 관리하고 세일, 경매 등의 특별 행사들을 회원들에게 알려 줄 수 있는 웹 BBS, 전자우편 서버의 구축도 필요하다

(3) 상품배달 관련 기술

상품배달 관련 기술은 배달 상품이 실물 상품이냐 디지털 상품이냐에 따라 달라진다. 실물상품의 경우에는 이들을 분류하고 선적하고 하역하는 전 과정을 자동화할 수 있는 다양한 물류기술들이 동원되어야 하며, 디지털 상품의 경우에는 다수의 고객에게 동시에 빠르게 다운로드해줄 수 있는 대규모 서비스 및 대용량 네트워크 기술이 필요하다.

참고 및 사이트 ...

- 전자상거래 개론, 김승연 외 3인, 홍릉과학출판사, 2003
- 전자상거래와 소비자 보호. 서민교 외 2인. 집문당, 2003
- cafe.naver.COIn/antilotemart
- 전자상거래 기술 요소 및 구축 가이드, http://www.microsoft.com/korea/magazine/199808/coverstory/2.htm
- 2009년 1/4분기 전자상거래 및 사이버쇼핑 동향, 통계청
- 전자상거래 피해 지속적으로 증가, 인터넷쇼핑몰에서 노트북 구입시 주의 요망 −2008년도 전자상거래 피해동향분석 결과−, 한국소비자원 http://www.kca.go.kr/front/announcing/per_01_view.jsp?no=930

Chapter

11

사이버 범죄 유형과 대책

11.1 사이버 범죄의 개념
11.2 사이버 범죄의 분류
11.3 사이버 범죄에 대한 통계
11.4 사이버 범죄에 대한 유형과 대책
11.5 주요 사이버 범죄의 실태
11.6 사이버 범죄 관련 법령
11.7 사이버 범죄 관련 사이트

11.1 사이버 범죄의 개념

11.1.1 사이버 범죄에 대한 개념정의

우리나라에서 지금까지 사이버 범죄에 대한 개념정의를 시도했던 견해들을 몇 가지 소개하면 다음과 같다.

(1) 심희기, 양근원:

사이버 범죄라는 개념은 최근 사이버 공간이 급속도로 확장되면서 생겨난 개념으로서, 인터넷과 같은 정보통신망으로 연결된 컴퓨터 시스템이나 이를 매개로 형성되는 사이버 공간을 중심으로 발생하는 범죄행위를 나타내는 용어이다.

(2) 허일태:

사이버 공간에서 이루어지는 범죄 군을 소위 '사이버 범죄'라고 칭할 수 있다.

(3) 강동범:

사이버 범죄는 컴퓨터 범죄를 포함하여 사이버 공간에서 행하여지는 모든 범죄적 현상을 말한다.

(4) 정완 외 3인:

사이버 범죄란 무수히 많은 인터넷과 인터넷 사이트들을 범행의 수단, 표적 혹은 무대로 삼는 범법 사례를 총칭하는 개념이라고 말할 수 있다.

(5) 이민식:

사이버 범죄는 인터넷 사이트와 인터넷을 수단으로 하여 특정 네티즌이나 사이트, 또는 네트워크 그 자체를 대상으로 하는 범죄를 총칭하는 개념이다.

11.1.2 종합정리

이상에서 소개된 개념정의들은 대부분 그 목적이 사이버 범죄에 대한 연구에서 그 연구 범위를 한정하기 위해 이루어진 것이라고 생각된다. 따라서 이상의 모든 개념들은 사실상 큰 차이가 없는 것 같다. 일반적으로 실무적인 측면에서 사이버 범죄의 개념은 컴퓨터를 포함한 정보통신기술이 행위의 수단이나 목적인 모든 범죄적 현상을 지칭한다. 일반 범죄와 비교해 볼 때 사이버 범죄 행위는 다음과 같은 특징을 갖는다.

첫째, 컴퓨터, 인터넷, 휴대폰 등 정보통신기술이 범죄도구로 이용된다.

둘째, 범죄의 수법이 매우 지능적이며 고도의 전문기술을 사용한다.

셋째, 범행의 범위가 광역적이고 국제적이다.

넷째, 발각과 원인규명이 곤란하고 체포가 어렵기 때문에 범죄자는 수많은 비행을 저지른 끝에 붙잡히는 경우가 일반적이다.

다섯째, 중산층이 쉽게 가담한다.

여섯째, 범행자 스스로 범죄성에 대한 인식이 희박하거나 결여되어 있다.

일곱째, 범죄의 결과적 영향력이 매우 크다.

11.2 사이버 범죄의 분류

(1) 전문적, 기술적 범죄

① 타인의 전산시스템 해킹, 중요정보의 위,변조, 삭제, 유출

② 컴퓨터 바이러스, 전자메일폭탄 등을 이용하여 사회기반 정보통신 시스템 파괴

③ 인터넷 음란 및 불법 사이트 운용

(2) 일반적 범죄

① 인터넷을 통한 음란물, 폭력물 게시 또는 판매

② 개인 신용정보, 공공정보의 유출

③ 사이버 스토킹, 인터넷 스와핑, 매매춘, 인터넷 사기, ID도용, 사이버 도박, 전자상거래 불법물 유통

④ 전자문서의 위・변조, 허위정보 입력

⑤ 통신을 이용한 물품대금 사기 등

11.3 사이버 범죄에 대한 통계

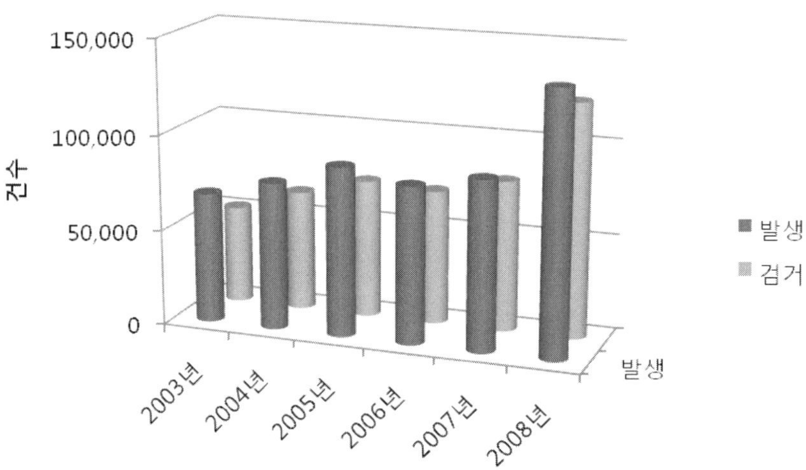

단위: 건

연도 \ 구분	총계		사이버테러형 범죄		일반사이버 범죄	
	발생	검거	발생	검거	발생	검거
2003	68,445	51,722	14,241	8,891	54,204	42,831
2004	77,099	63,384	15,390	10,339	61,709	52,391
2005	88,731	72,421	21,389	15,874	67,342	56,547
2006	82,186	70,545	20,186	15,979	62,000	54,566
2007	88,847	78,890	17,671	14,037	71,176	64,853
2008	136,819	122,227	20,077	16,953	116,742	105,274

출처: 사이버테러대응센터(www.netan.go.kr)

사이버 테러형 범죄란 정보통신망 자체를 공격대상으로 하는 불법행위로서 해킹, 바이러스유포, 메일폭탄, 서비스거부 공격 등 전자기적 침해 장비를 이용한 컴퓨터 시스템과 정보통신망을 공격하는 행위이며 일반 사이버 범죄란 사이버 공간을 이용한 일반적인 불법행위로서 사이버 도박, 사이버 스토킹과 성폭력, 사이버 명예훼손과 협박, 전자상거래 사기, 개인정보 유출 등의 행위를 말한다. 위의 표에서와 같이 사이버 범죄는 개인이 일으키는 경우가 대부분이며, 검거 현황에서 보듯이, 사이버 범죄자들은 대부분 검거된 다는 것을 알 수 있다.

11.4 사이버 범죄에 대한 유형과 대책

(1) 사이버 범죄 유형

사이버 범죄의 유형은 학문적 입장 내지 관련 행정기관의 실태조사결과에서 다양하게 분류되고 있지만 대체로 다음의 두 가지로 구분될 수 있다.

첫째, 사이버공간을 이용한 전통적 범죄 군으로서 사이버공간 형성 이전에도 존재하던 범죄가 정보통신기술을 매개로 행해지는 스토킹, 명예훼손, 사기행각, 도박, 음란물의 유포, 저작권 침해 등이 인터넷을 통해 이루어지는 경우들이 이 유형에 해당한다.

둘째, 사이버공간의 등장으로 새롭게 발생하는 범죄로서 이는 다시 두 가지로 분류되는데 해킹, 바이러스 등을 포함한 스팸메일 유포에 따른 사이버 테러, 위법 및 유해 사이트의 개설 및 운영, 다른 사이트나 홈페이지 무단복제 등 사이버공간에서의 새로운 범죄와 사이버 상 아이템 절도나 사이버 캐릭터 침해 등 사이버공간에서만 특유한 불법행위가 이 유형에 해당한다.

표 11.1은 사이버 범죄의 주요내용을 정리한 것이다. 표 11.1을 통해 알 수 있듯이, 사이버 범죄의 발생은 위 두 가지 유형 중 어느 한 형태가 단독으로 발생하기보다는 범죄유형간의 복합적인 형태로 범해지는 경우가 많다.

(2) 사이버 범죄 대책

① 사전 대책

사이버 범죄는 발생함과 동시에 이미 회복이 어려운 피해를 발생시키는 특징을 가지고 있다. 특히 해외에서의 정보통신망을 통한 침입이 발생할 경우 사실상 사법적 조치가 무의미해지는 경향이 있고, 수사가 어렵게 되므로 실질적인 국제공조가 이루어지지 않고서는 예방 이외의 뚜렷한 대응 방안은 없다고 볼 수 있다.

a. 민간차원의 예방토대 마련

사이버 범죄도 일반범죄와 마찬가지로 경찰의 단속과 규제만으로 해결될 수는 없다. 일반범죄에서 시민의 협조를 통해 단속과 수사를 용이하게 할 수 있듯이 사이버 범죄도 네티즌의 협조가 필요하다. 이러한 협조 노력으로 점점 인터넷의 불건전 정보에 대한 민간 영역에서의 자율적 정화 노력이 활기 있는 움직임을 보이고 있는바, 1998년 청소년을 유해정보로부터 보호하기 위해 설립된 학부모 정보감시단

표 11.1 사이버범죄의 주요 내용

<table>
<tr><th>형태</th><th>내용</th><th>비고
(실무분류)</th></tr>
<tr><td>해킹</td><td>전산망해킹, 개인 PC, 아이디/비밀번호 도용, 개인정보 해킹, 인터넷 도감청 해킹, 허위 주민등록번호, 신용카드번호 제조와 해킹 등</td><td rowspan="2">사이버
테러형
범죄</td></tr>
<tr><td>바이러스 제작 및 유포</td><td>컴퓨터 바이러스에 의한 중요정보 파괴, 업무장애 등</td></tr>
<tr><td>공공/개인정보 오남용</td><td>정보통신망을 통한 개인정보 및 공공정보의 유출 등</td><td rowspan="12">일반
사이버
범죄</td></tr>
<tr><td rowspan="2">전자상거래 범죄</td><td>판매사기(통신판매, 인터넷경매, 직거래, 다단계판매, 상표도용, 환불교환거부, 불공정거래, 허위광고, 경품판매 등 사기) 등</td></tr>
<tr><td>금융사기(인터넷금융피라미드사기 - 스팸성 게시물, 돈 버는 사이트 등 - 인터넷 신용카드사기, 인터넷주식, 공모사기) 등</td></tr>
<tr><td>음란물</td><td>음란물 제작 · 유포 · 판매, 음란홈페이지 개설, 사이버윤락 알선, 음란 성인방송 등</td></tr>
<tr><td>저작권 침해</td><td>불법복제물 유통 · 판매, 개인 블로그, 메신저 프로그램 및 P2P 등</td></tr>
<tr><td>사이버 폭력</td><td>스토킹, 성폭력, 언어폭력, 명예훼손, 허위사실 유포, 악성루머</td></tr>
<tr><td>사이버 공해</td><td>스팸메일, 스팸성 게시물</td></tr>
<tr><td>채팅</td><td>원조교제, 언어폭력, 채팅에 의한 오프라인상 범죄</td></tr>
<tr><td>온라인 게임</td><td>아이디 및 아이템 절도사기, 계정/아이템 불법거래 사기, 온라인 게임 상의 폭력</td></tr>
<tr><td colspan="2">사이버 도박</td></tr>
<tr><td colspan="2">반사회적 사이트 개설(자살 · 폭탄 사이트 등)</td></tr>
<tr><td colspan="2">사이버 돈세탁, 사이버 마약거래, 사이버 고리대금, 사이버 선거운동</td></tr>
</table>

출처: "한국사이버 범죄백서"(한국사이버감시단, 2001) 및 경찰청 자료 재구성

(www.cyberparents.or.kr), 안전한 온라인을 위한 민간네트워크(www.safeonline.or.kr) 등 여러 민간단체에서 사이버 상에서 일어날 수 있는 쇼핑몰 피해, 불법 음란물 및 음란 정보, 온라인 도박, ID도용, 사이버폭력, 해킹, 바이러스피해 등 인터넷의 안전한 이용을 저해하는 요소들의 신고 및 예방 교육 등을 통한 사이버 정화 활동을 펼치고 있다. 이러한 민간 영역에서의 활동이 지속적이고 활기를 갖게 하려면 이러한 조직의 구성을 장려하고 지원해줄 국가정책적인 노력도 수반되어야 한다.

b. 예방기술 활용 강화

오늘날 정보통신기술의 발전은 급속도로 발전하고 있어서 때로는 사용중인 기기나 프로그램에 익숙해지기 전에 신기술이 보급되어 적응하기 힘든 경우가 많다. 범죄에 이용되는 기술 또한 급격하게 발전하고 법의 수용 속도보다 앞서가고 있는 지금 이를 수사하고 대응하는 기술 또한 발전의 한계를 겪고 있다. 이러한 사이버 범죄 방지과정에서 나타나는 한계를 극복하기 위해서는 정보기술 선진국과 후진구간에도 원활한 협조채널이 구성되어야 할 것이다.

- 첨단기술의 개발과 보급

  범죄예방기술의 개발을 위해서 민간연구기관과 행정기관의 연계를 체계화할 필요가 있으며 이를 민간에 보급할 수 있도록 홍보의 노력도 병행되어야 한다. 2003년 6월부터 정보통신부는 개발된 기술보급을 위해서 산하기관인 정보통신윤리위원회, 한국정보문화진흥원 등과 함께 e－Clean Korea 캠페인을 펼침으로써 유해매체차단 소프트웨어 등을 보급하는 활동을 벌여왔다. 또한 다양하게 제시되는 예방대책들이 효율적으로 시행되기 위해서는 불법내용을 운영하는 전산망 운영자에 대한 역 추적 기술의 개발이 필요하다. 신속한 사이버 범죄사범의 처리를 위해 법적 안전조치에 대한 국제적 공조와 상응하는 시스템의 구축도 중요한 과제라고 할 수 있다.

- 정보보호기술 투자

  2003년에 발생한 1.25사태에서 보았듯이 웜 바이러스로 인해 전 국가의 인터넷은 마비되었다. 이 사태는 세계에서 동시에 발생했지만 우리나라가 가장 피해율이 높았다. 현재 우리나라는 보안 시스템 미비로 인해 국가기관이나 연구소 등의 웹사이트가 해킹 당하고 개인정보가 수시로 유출되고 있다. 또한 해킹프로그램이 넘쳐 나고 스팸메일이 사회적 공해가 되고 있으며 금융사고 또한 끊임없이 일어나고 있다. 이러한 일은 낮은 정보보화 투자비와 관련될 수 있으며, 국가발전을 위해 정보보호기술 및 기술 활용 투자에 아낌없는 지원이 제공되어야 할 것이다.

c. 인식 제고를 위한 교육 홍보 강화

사이버 범죄는 가상공간에서 일어나는 일이지만 다른 사람에게 심각한 물질적/정신적 피해를 준다는 점에서 일반범죄와 마찬가지라고 볼 수 있다. 이를테면 막대한 돈을 들여 설계한 컴퓨터 시스템이 컴퓨터 해킹이나 바이러스에 의해 고장 날 경우 시스템 복구를 위해 들여야 하는 비용은 매우 크며, 이로 인해 개인과 국가에 엄청난 경제적 손실을 끼칠 수 있다. 따라서 사이버상의 범죄도 엄연한 범죄행위로서 처벌을 받게 된다는 점을 네티즌들에게 분명하게 각인시킬 필요가 있다. 또 정보가 재화로 인정되는 현대사회에서는 그 정보를 손상시키거나 파괴하는 행위가 비윤리적이고 공동체를 형성하는 구성원들에 대해 서로의 믿음과 신뢰를 근본적으로 저버리는 행위임을 깨닫게 해야 한다.

② 사후 대책

a. 사이버 범죄 사범의 교화활동 강화

범죄행위 통제의 목적은 재범방지를 통한 사회질서 유지 및 행위자의 범죄인식 자각에 의한 행위개선을 통해 질서유지에 동참하도록 하는 데 있다. 이미 발생한 사이버 범죄에 대해서 처벌위주의 단속을 하는 것은 장기적 관점에서 효과를 거두기 어려우며 범죄행위자로 하여금 오히려 처벌을 피해가는 또 다른 길을 모색하도록 함으로써 지능범죄행위를 양산하게 될 우려를 내포한다. 따라서 사이버 범죄사범에 대한 사후관리는 매우 중요하며 재범방지를 위한 노력을 함으로써 사이버 공간은 통제로 일관된 영역이 아닌 건전한 사이버문화가 육성되는 장으로 단장될 수 있을 것이다.

- 사이버 범죄사범 교화 실태

  사이버 범죄는 지속적이며 빠른 속도로 증대되는 반면, 교정기관에서 사이버 범죄행위에 대한 전문지식의 부족으로 적합한 교정시행에 곤란을 겪고 있다. 따라서 현재 사이버 범죄사범에 대한 별도의 교화사업은 전무한 실정이다. 이러한 문제를 해결하기 위해 정보화 관련기관의 업무협력을 통한 교화사업의 실시는 정보화 역기능을 막는데 상승효과를 거둘 수 있을 것으로 보인다. 이를 위해 한국정보문화진흥원에서 2003년도에 사이버 범죄사범교화를 위해 시범사업을 시행하였으며 2004년도에 본격적인 사업을 시행하고 있다. 현재 시범중인 사업의 내용은 다음과 같다.

  2003년 5월 한국정보문화진흥원(KADO)은 서울보호관찰소 남부지소와의 업무협력협의를 통해 사이버 범죄로 기소된 보호관찰자들을 대상으로 교화사업

표 11.2 KADO–보호관찰소 협력 내용 및 추진방향

KADO – 보호관찰소 협력 내용	
보호관찰대상자 및 보호자 상담·교육	보호관찰대상 사이버 범죄사범에 대한 인터넷 중독검사 및 전문상담을 지원하며 인터넷 중독 예방특강을 실시할 수 있도록 강사를 지원함으로써 인터넷 사용의 문제점을 우선적으로 진단
사회봉사명령 집행 협력기관 지정	보호관찰소로부터 사회봉사명령 집행 협력기관으로 지정 받아 정보소외계층을 위한 중고 PC 수거 및 사랑의 PC 보내기 사업에서의 봉사활동을 통해 정보격차해소사업에 동참
수강명령 집행프로그램 지원	인터넷 중독예방을 위한 단기강좌를 개설하여 수강하도록 하여 인터넷 오·남용 등 정보화 역기능방지를 위한 교화활동
사이버 범죄사범 관리기법 개발 및 자문	정보통신 관련 신종범죄자의 특성을 분석하고 유형별 대처방안을 연구하여 사이버 범죄사범에 대한 관리기법 및 처우개선에 주력

을 실시하기로 하였다. 이에 따라 2003년 6월부터 보호관찰자 대상 인터넷 중독성 검사 지원을 시작으로 시범사업을 추진하고 있으며 사회봉사명령대상자를 중고 PC 정비 및 사랑의 PC 보내기 사업에 투입하여 정보소외계층 대상 정보격차해소사업에 동참시켜 왔다. 보호관찰소와의 업무협력내용 및 방향을 정리하면 표 11.2와 같다.

11.5 주요 사이버 범죄의 실태

(1) 사이버 언어폭력

사이버 명예훼손이라고 불리는 사이버 언어범죄는 성적 표현이나 기타 해악적 내용을 이메일 혹은 전자 게시판에 올려놓는 방법으로 행해진다. 즉, 사이버 공간에서의 의사표시를 통해 상대에게 수치심 및 공포심을 유발시키거나 인격적 가치를 저하시키는 행위인 것이다. 위와 같은 행위들은 대부분 연결되어 발생하는데, 문제되는 사안들을 종류별로 분석해 보면 다음의 4가지 유형으로 분류된다.

첫째, 구애나 성적 모욕과 같은 메시지를 이메일로 계속 전송하는 경우를 들 수 있다. 사이버 스토킹의 전형화 된 초기적 징후이다.

둘째, 협박적인 내용을 이메일로 전송하는 경우도 있다. 생명 및 신체에 대한 위해를 메시지의 내용으로 한다는 점에서 첫째의 유형보다 범죄의 강도가 더욱 강하다.

셋째, 상대를 곤경에 빠뜨릴 의도로 허위임을 알면서도 상대 비하의 메시지를 게시판에 올려놓는 케이스가 있다. 메시지의 내용은 성적 표현일 수도 있고 기타 인격적 가치를 저하시키는 것일 수도 있는데, 음해의 의사가 역력히 들어있으며, 대부분 익명으로 행해진다는 특성을 지닌다.

넷째, 상대의 명예를 손상하는 메시지를 게시판에 올리면서, 행위자는 마치 언론활동의 일종으로 행위 한다고 생각하는 경우도 심심찮게 발견된다. 행위자는 메시지의 내용을 진실로 인식하는 수도 있으며, 아울러 실명으로 메시지를 올리는 경우가 많다.

사이버 언어폭력은 가장 빈번하게 발생하는 사이버 범죄로, 단순한 욕을 게시판에 게재하거나 채팅 상에서 상대방에게 욕을 하는 행위로는 법적으로 고소하기 힘들지만, 단순한 욕을 넘어서, 개인을 비방하거나, 인신 공격성의 글을 올리면 명예훼손에 대한 법적 조치를 받을 수 있다.

사례

사이버 명예훼손의 사례

a. A는 평소 자신과 사이가 좋지 않은 B를 비방하기 위해 특정 웹사이트 게시판에 B는 변태 성욕자이며, 나의 여자친구인 C를 성폭행하였다", "B는 회사의 공금을 횡령하여 직장상사에게 뇌물을 증여하였다"는 허위내용의 글을 게재한 경우에 명예훼손으로 처벌이 가능한지를 알아보자.

위 사례는 허위의 사실을 유포한 것으로서 정보통신망이용촉진 및 정보보호 등에 관한 법률에 따라 A는 처벌될 수 있으며, 전기통신사업법에 따라 해당 내용의 삭제를 요청할 수 있다. 물론, 피해자인 B가 처벌을 원하는 명시적 의사가 있어야 할 것이다(반의사 불벌죄). 이 경우 게시판의 글이 진실한 사실일지라도 비방의 글은 용인되지 않으며, 다만 진실한 사실이면서 공공의 이익을 위한 것으로 인정되면 처벌되지 않을 것이다. 결론적으로 위 사례에서는 공공의 이익을 위한 것이라고 볼 수 없으므로, A는 처벌될 수 있으며, 정보통신 서비스 제공자에게 게시판의 글을 삭제하도록 요청할 수 있다.

b. 000라는 제목하에 개설된 인터넷채팅 방에서 8명의 회원들이 서로 대화를 하던 중, A는 다른 회원들로부터 인기가 있는 B에 대해 "B는 입만 열면 거짓말만 하고, 여성편력이 심하고 변태 성욕자라서 벌써 숱한 여자에게 상처를 주었고, 지금도 000에서 작업 중에 있다"라고 구체적인 사실을 들어 B를 비방한 경우 명예훼손죄의 구성요건인 공연성이 인정될 수 있는지 여부를 알아보자.

위 사례의 경우 일반적으로 인터넷채팅 방은 서로 알지 못하는 사람들이 모여 특정주제 또는 사회적 이슈를 중심으로 대화하거나, 회원 간의 친목을 다지기 위해 운영되고 있으며, 본 사례의 채팅 방처럼 특정인들이 모인 경우가 대부분이다. 그런데, 사이버명예훼손이 성립하기 위해서는 불특정 또는 다수인이 알 수 있는 상태로 공개 및 개방되어야 한다는 '공연성'이 있어야 하는데, 본 사례의 경우와 같이 특정인에 한하여 한 대화의 경우 과연 공연성을 인정할 수 있는

지의 여부가 주요쟁점사항이다. 공연성을 판단하는 척도로서 판례는 "전파성 또는 전파가능성 이론"을 인용하고 있는데, 이에 따르면 특정인 한 사람에게 한 말일지라도 결과적으로 불특정 또는 다수인에게 전파될 가능성이 있으면 공연성이 인정된다는 것이다.

사례에서 사이버명예훼손 적용 여부를 판단하기 위해서는 대화방의 성격, 운영방식, 대화자간 관계, 대화 참석자들의 친밀도 등을 종합적으로 고려하여야 할 것이지만, 현재 나타난 본 사례의 사실만으로 판단하여 볼 때, 8명의 회원들이 참여한 가운데 구체적인 사실을 적시한 것으로 공연성이 인정된다고 볼 수 있다.

(2) 사이버 성폭력

일반적인 상식으로 사이버 성폭력은 어떠한 물리적 혹은 육체적 접촉이 일어나는 것이 아니기 때문에 심각할 것이 없다고 생각할 수 있다. 그러나 피해 당사자의 경우 실제 상황에서 당한 성폭력과 마찬가지로 상당한 정도의 정신적 충격을 받는다고 한다. 정보통신윤리위원회 사이버성폭력피해신고센터에 피해 접수한 한 여성의 경우 "혼자 방안에 앉아 있어도 누군가 나를 보고 있는 듯한 기분"이라며 불안한 심정을 토로했고, 또 다른 피해자는 "창피해서 죽고 싶다", "결혼생활을 망칠까봐 걱정"이라고 속내를 털어놓았다. 이처럼 사이버 성폭력을 당한 사람은 불쾌감과 치욕감, 자책감까지 느끼며 정신적 피해를 당하고 있었다. 그러면 사이버 성폭력이란 정확히 무엇을 말하는 것인가? 학계에서는 이를 크게 4가지 개념으로 구분한다. 사이버 성폭력이란 정보통신서비스를 이용하여 성적 수치심이나 모멸감을 느끼게 하는 행위를 말하며 다음과 같은 유형으로 나눌 수 있다.

■ 사이버 성희롱

전자 우편이나 채팅을 통해서 상대에게 성적 수치심이나 모멸감을 느끼게 하는 글, 음향, 영상으로 보내는 행위

■ 사이버 스토킹

사이버 공간에서 이루어지는 스토킹으로 상대방에게 편지 보내기, 채팅 요구, 성적 희롱의 대상이 될 것을 요구하는 행위로 이는 원조교제 등으로 발전될 가능성이 커서 오프라인의 성폭력의 가능성이 있다.

■ 성폭력과 관련된 사이버 명예 훼손

사이버 공간에서 성폭력과 관련한 명예훼손은 게시판이나 성 관련 사이트에 특정인의 사생활, 특히 성생활과 이와 관련한 허위사실을 글, 음향, 영상 등으로 올려서 개인의 명예를 훼손한 행위

사례

사이버 성폭력 사례

사이버 성폭력'에 여성들 멍든다

〈출처: 한겨레, 2008.02.28〉

온라인 게임을 즐기는 최지원(가명)씨는 게임 도중 모르는 사람에게서 입에 담을 수 없는 욕설이 담긴 쪽지를 지속적으로 받고 있다. 무시하고 있지만 몇 달이 지나도록 더 심해지는 여자로서 듣기 수치스러운 폭언 때문에 큰 스트레스를 받는다.

이미영(가명)씨는 헤어진 남자친구가 결혼 소식을 듣고 인터넷을 통해 자신을 스토킹하고 있다고 호소했다. 심지어 약혼자에게 메일과 미니홈피에 과거에 대한 내용을 쓰고는 다른 사람들에게도 유포하겠다고 협박하고 있다.

김하나(가명)씨는 유명P2P 사이트에서 자신의 이름과 개인정보가 담긴 음란사진이 떠도는 것을 보고 깜짝 놀랐다. 사이트를 통해 검색어 제한 신청을 했지만, 업체의 대응이 늦어 속을 태우고 있다. (2007년 명예훼손분쟁조정부 상담사례)

사이버 폭력'이 여성을 위협하고 있다.

경찰청의 사이버범죄 통계를 보면, 명예훼손 · 사이버성폭력 · 사이버스토킹과 같은 사이버폭력 신고율이 2002년 4726건에서 2006년 9436건으로 두배 이상 늘었다.

정보통신윤리위원회가 조사한 '명예훼손 · 성폭력 상담 통계'를 보면, 2007년 신고된 피해상담 5599건 중 비방, 폭로, 유언비어 유포 등 명예훼손(모욕)이 3780건으로 가장 많았으며, '몰카'나 음란채팅 · 쪽지 등과 같은 '사이버 성폭력'이 392건, 사이버 스토킹이 186건으로 그 뒤를 이었다. 사이버 성폭력은 매년 변동폭이 크지만 2001년 이후 평균적으로 상담의 10% 안팎을 기록하고 있으며, 사이버 스토킹은 2001년 22건에서 2006년 184건에 이르기까지 꾸준히 증가 중이다.

사이버 폭력은 여성만을 대상으로 하는 것은 아니지만, 여성이 피해자가 될 경우 성적 사생활을 들먹이는 명예훼손 · 사이버 성폭력에 피해를 입는 경우가 많다. 사이버상의 전반적인 개인권리 침해에 대해 상담하는 정보통신윤리위원회의 명예훼손분쟁조정부에서는 "같은 명예훼

손(모욕)의 경우도, 피해자가 여성일 경우 성적 모욕으로 이어지는 경우가 많다"고 밝혔다. 이런 탓에 '정보통신윤리위원회 사이버명예훼손·성폭력 상담사례집'은 '사이버 성폭력 대처를 위한 10계명'으로 "중성적인 아이디(ID)를 쓸 것"을 첫째로 꼽을 정도다.

미니홈피나 메신저 등 개인정보를 얻기가 상대적으로 쉬워짐에 따라 '성적 사이버 스토킹'에 대한 주의도 요망된다. 성적 사이버 스토킹은 △개인을 대상으로 사이버상에서 지속적인 성적 접촉을 요구하는 성적 구애행위 △개인의 성적 수치심을 유발하여 상대를 사회적으로 매도하는 괴롭힘형 △개인의 성적 사생활을 폭로하는 명예훼손형으로 나뉜다.

특히 상대 여성에 대한 악성 비방이나 사진·동영상을 인터넷에 유포하는 명예훼손형 스토킹이 잦다. 한국성폭력상담소의 김민혜정 활동가는 "강간·추행·스토킹 등 성폭력 상담에서 최근에는 인터넷 협박 피해를 동시에 호소하는 경향이 나타난다"며 이와 같은 사이버 성폭력의 문제점으로 "사실 여부와 관계없이 피해 여성에게 정신적 충격을 끼치는데다, 심지어 강간과 같은 범죄에서도 사진 촬영 후 유포 협박이 피해 여성이 고소하지 못하게 하는 수단으로 활용된다는 점"을 지적했다.

정보통신윤리위원회는 사이버 성폭력 예방책으로 △중성적 아이디나 대화명을 이용할 것 △개인정보는 최소한의 것만 기입하거나 비공개로 할 것 △원치 않는 메일에 답장하지 말 것 등을 들고 있다.

또한 성적 모욕이나 협박이 담긴 글을 접했을 때, 가해자가 남긴 글을 증거자료로 보관하고 가해자의 전자우편 주소나 아이피 주소를 보관할 것을 권하고 있다. 또한 게시판에 올려진 글·사진의 경우, 포털과 같은 정보통신 서비스 제공자에게 해당 정보에 대한 접근을 차단하는 임시조처를 요구할 수 있다. 증거자료를 가지고 관할 경찰서나 사이버테러대응센터(ctrc.go.kr)에 신고한다. 인터넷을 통한 명예훼손의 경우 특별법인 '정보통신망 이용 촉진 및 정보 보호 등에 관한 법률'이 적용되어 가중처벌을 받는다.

(3) 컴퓨터 해킹

처음에 해커(hacker)는 컴퓨터 광 즉, 컴퓨터 매니아를 의미하고 해킹(hacking)은 컴퓨터 광들이 하는 행위를 의미하였다. 다시 말해, 해커란 컴퓨터를 좋아하고, 몇 시간이고 컴퓨터에 빠지는 사람들을 가리키는데 이용되었다.

해커에 이어 등장한 크래커(cracker)라는 용어는 다른 사람이 만들어 놓은 지식을 훔치며 시스템을 붕괴시키는 사람들을 가리키는데 사용되기도 하였다. 그러나 세월이 흐름에 따라, 해커는 부정적인 의미를 가지게 되었으며, 현재는 해킹과 크래킹을 구별하여 사용하지 않고, 일반적으로 크래킹을 의미하는 용어로 사용되어 범죄 행위를 의미하는 것으로 사용되고 있다.

오늘날, 컴퓨터의 대중화와 함께 인터넷의 폭발적인 보급으로, 컴퓨터 세계에서 일어나고 있는 해킹으로 인한 위법 활동은 매우 광범위하고, 신종 범죄로서 사회에 적지 않은 물의를 일으키고 있는 실정인데, 해킹은 다음과 같은 행위를 통칭한다고 할 수 있다.

- 컴퓨터 시스템의 취약점을 이용하거나 기존에 알려진 공격방법을 활용하여 컴퓨터 시스템에 해를 끼치는 새로운 기능을 만들어 내는 행위
- 접근을 허가 받지 않은 컴퓨터 시스템에 불법으로 침입하거나 허가 받지 않는 권한을 불법으로 갖는 행위

국내에서도 해킹사고는 해마다 증가하고 있으며 세계 해커들이 우리나라를 해킹의 경유지로 이용하는 경우가 증가하고 있는 것으로 나타났다. 한국정보보호진흥원의 조사에 따르면, 1년 동안 본인이 사용하고 있는 컴퓨터 시스템이 해킹으로 피해를 입은 경험이 있는 사람은 12.4%에 이르는 것으로 조사되었는데, 2003년도의 피해 정도가 2002년보다 다소 증가한 것으로 나타났다. 아직까지는 개인차원에서는 해킹으로 피해를 입은 사례가 많지 않지만, 해외에서의 국내 사이트에 대한 해킹사고가 증가하고 있고 인터넷의 지속적인 보급으로 인해 해킹에 의한 피해가 더욱 많이 노출될 가능성이 있기 때문에 해킹에 대한 위험성을 결코 간과해서는 안 될 것이다. 해킹으로 인한 경제적 피해를 고려할 때, 개인차원은 물론이거니와 국가적 차원에서도 해킹에 대한 대응책이 보다 적극적으로 마련되어야 할 것이다.

사례

해킹 사례

a. 국내 사례

'이메일 열면 해킹 가능' 함정 이메일 잇따라 신고″ 국회도 보안망 강화해야″

〈출처: 조선일보, 2009.03.28〉

국회 국방위원회 소속 의원의 A 보좌관은 최근 지인으로부터 "이메일을 잘 받았다"는 전화를

받고 깜짝 놀랐다. A 보좌관은 이 지인에게 이메일을 보낸 적이 없었기 때문이다. 더구나 잘못 간 메일은 A 보좌관이 해외 주재 국방 당국 관련자로부터 수신한 메일이어서 자칫 보안 문제가 발생할 수도 있었다. 메일 내용 자체가 비밀에 해당하는 건 아니었지만, A 보좌관은 해킹과 관련이 있을 것으로 보고 이 사실을 국회보안망 담당 부서에 신고하고 경찰에도 수사를 의뢰했다.

A 보좌관처럼 국가 안보 관련 자료를 다루는 국회 국방위 관계자들이 이메일 해킹 의심 사례를 잇달아 제기하는 등 국회에 '이메일 해킹 주의보'가 돌고 있다.

국방위 소속 의원의 B 보좌관은 얼마 전 국회 전산보안망을 관리하는 보안관제센터로부터 이메일 계정 비밀번호를 바꾸라는 권유를 받았다고 한다. 관제센터는 서울 강남 지역에서 B 보좌관의 국회 이메일 계정에 집중 접속하는 것을 감지하고 이같이 조치했다. B 보좌관은 "내가 국회에 있을 시각에 강남 지역에서 접속 시도가 이뤄진 만큼 누군가 해킹을 시도하고 있는 것 같다"고 했다.

국회 사무실에서 쓰는 컴퓨터 하드디스크의 저장 파일이 유포된 사례도 있는 것으로 전해졌다. 국방위의 또 다른 보좌관은 "이메일 계정은 물론 컴퓨터 하드에 저장된 자료 파일까지 인터넷상에 돌아다닌 사례를 경험한 동료들이 있다"며 "안보 관련 모 연구소 명의로 온 이메일을 열어보면 해킹 프로그램에 노출된다는 말까지 돌고 있다"고 했다. 이처럼 국방위 이메일이 해커들의 집중 타깃이 된 것 아니냐는 우려가 일면서 아예 국회 이메일 계정을 사용하지 않는 국방위 관계자도 적지 않다고 한다.

이런 사례들이 국회 전산보안망이 뚫린 데 따른 것인지는 분명치 않다. 국회 보안관제센터는 "아직까지 국회 보안망이 해킹으로 뚫린 사례는 없다"며 "국회가 아닌 곳에서 이메일 계정에 접속했다가 해킹 프로그램에 비밀번호 등이 노출됐을 가능성이 있다"고 했다.

그러나 국회 보안망이 100% 안전하다고 장담하기 힘들다는 지적도 있다. 작년 초 청와대 국가안전보장회의(NSC) 사무처 직원의 이메일이 해킹돼 자료가 제3국으로 유출되는 등 정부 관계자에 대한 해킹 시도가 끊이질 않고 있기 때문이다. 국회 보안관제센터 관계자는 "실제 국회 전산망에 대한 해킹으로 의심되는 접속 시도가 많아 국정원과 협조해 보안감시를 강화하고 있다"고 했다. 한 보안 전문가는 "최근 청와대가 외부에서는 접속 자체가 불가능하게 업무망 분리 작업을 한 것처럼 국회도 보안망 강화가 필요하다"고 했다.

b. 국외 사례

美신용카드 거래 정보 줄줄 샌다

〈출처: 연합뉴스, 2009.06.15〉

미국 버몬트주(州) 콜체스터에 거주하는 파멜라 라모트(46.여) 씨는 최근 신용카드 사용을 자제하고 있다.

지난해 3월, 대형 슈퍼마켓 체인인 '한나포드 브러더스'의 신용카드 거래 정보가 누출되는 사고가 벌어지면서, 이 업체에서 신용카드를 사용한 라모트씨 역시 4개월간 카드 사용이 정지되는 고초를 겪었기 때문이다.

사고 당시 무직 상태였다는 라모트씨는 "가난하지 않은 사람들에게는 별 문제가 없었을지도 모르지만, (신용카드 사고는) 내게 큰 타격을 줬다"면서 이제는 결제 수단으로 현금이나 체크카드를 더 많이 이용한다고 밝혔다.

미국인들의 신용카드 거래 정보가 새고 있다.

AP통신은 14일 지난 2005년 이후 발생한 미국 내 신용카드 정보 누출 사고를 분석한 결과, 미국 내 신용카드 정보 보호 시스템이 피상적인 수준에 머물러 있다는 결론을 얻었다고 보도했다.

비영리 정보 보호 감시 단체인 '프라이버시권 정보 센터(PRC)'에 따르면 지난 2006년 이후 개인 정보 누출 사고를 겪은 미국 소매업체 및 결제 대행업체는 모두 70여 곳에 달하며, 이로 인한 피해자는 수천만명에 이른다.

미국 정부는 연평균 500억건에 이르는 신용카드 거래 내역이 안전하게 관리될 수 있도록 소매업체들이 'PCI 컴플라이언스(compliance)'로 불리는 보안 규정을 준수하도록 의무화했지만, 미국 내 중대형 소매업체 열 곳 중 한 곳은 이 규정을 지키지 않고 있다. 보안 시스템 구축 비용에 부담을 느끼기 때문이다.

PCI 규정을 준수한 업체들이라고 해서 해킹 위협에서 자유로운 것도 아니다. PCI 규정이 백신 프로그램 및 방화벽 설치와 같은 1차적인 대책만을 담고 있는 데다, 해킹에 대비한 가상 훈련도 1년에 한 차례만 실시하도록 하고 있어 날마다 신기술을 선보이는 해커들을 막기에는 역부족이라는 것이다.

PCI 규정이 이처럼 '겉치레' 수준에 머물다 보니, 대부분의 기업들은 PCI 규정 준수에 '최소한의 성의'만 보이고 있다. 수만 달러의 사례비를 지불해야 하는 전문가를 고용해 PCI 시스템을 맡기기보다는 수백 달러면 족한 초보 기술자를 불러 시스템 점검을 맡기는 기업이 늘고 있는 것이다.

또 기업들의 PCI 규정 준수 여부를 감독하는 기술자들이 각 기업을 직접 방문하지 않고, 문서나 전화 작업을 통해 규정 준수 여부를 확인하는 경우가 많은 것도 문제라고 AP 통신은 지적했다.

AP 통신은 미국이 현재의 신용카드 거래 정보 시스템을 개혁하려면 유럽처럼 '핀(PIN : Personal Identification Number, 사회보장번호 등을 대신해 개인 식별에 사용되는 고유 번호)' 코드 시스템을 도입하는 방안을 고려해 봐야 한다고 조언했다.

하지만 이 경우 정부가 신용카드 거래 정보 관리에 개입하길 꺼리는 미국 은행 및 카드사들을 설득하는 게 과제가 될 것이라고 AP 통신은 전망했다.

(3) 인터넷 사기

인터넷사기 (사이버사기 또는 통신판매사기)는 정보통신망을 이용하여 이용자들에게 물품이나 용역을 제공할 것처럼 속이는 메시지를 보내 금품을 부정하게 취득하는 사기행위의 한 유형을 말한다. 이러한 인터넷사기는 전자상거래와 인터넷의 발전과 더불어 날로 증가하고 있고, 그 유형도 갈수록 지능적이고 다양해지고 있으며 국제화되고 있다.

특히, 인터넷사기 범죄를 저지르는 연령층도 갈수록 낮아지고 있다는 점에서 그 심각성이 매우 크다고 할 수 있다. 인터넷 사용자의 대부분이 젊은 층에 집중되어 있어 10대 청소년들까지 아무런 죄의식 없이 인터넷사기 행각을 벌이고 있는 것이다.

사례

인터넷 사기 사례

a. 현금결제를 유도한 피해 사례

휴대폰 단말기, 디지털 카메라, 노트북 등 주로 고가의 전자제품을 반값 이하의 싼 가격에 판매한다며 소비자를 유인하여 계좌이체 등 현금결제를 유도한 후 배송을 지연하고 연락이 안 되는 경우

b. 무료가입을 미끼로 한 피해사례

성인 사이트를 개설한 후 무료로 이용할 수 있는 것처럼 소비자를 유인한 후 성인 인증이나 무료 ID의 제공에 필요하다며 유·무선전화번호를 요구 하여 유·무선 전화를 통해 결제하게 하는 경우

c. 부실한 인터넷 강의 제공을 통한 피해사례

인터넷 강의 사이트를 개설하여 장기 계약(주로 1~2년)으로 소비자를 가입시킨 후 부실한 강의내용과 회원관리로 가입을 취소하려고 하나 연락이 되지 않는 경우

d. 당첨을 가장한·피해사례

사행심을 부추기는 방식의 선착순, 추첨식, 복권식 판매를 가장해 당첨(낙찰)되었으니 대금을 입금하라고 유도한 후 연락이 되지 않고 사이트 폐쇄하는 경우.

(4) 사이버 테러

컴퓨터 통신망상에 구축되는 가상공간인 사이버 공간을 이용한 폭력 행위를 가리키는 용어로 컴퓨터 통신망을 이용하여 정부 기관이나 민간 기관의 정보 시스템에 침입, 중대한 장애를 발생시키거나 파괴하는 등의 범죄 행위를 말한다. 미국 등 정보화 선진국에서 인터넷과 같은 범세계적 컴퓨터 통신망을 이용한 각종 범죄 단체의 테러 위험성이 현실화되고 있기 때문에 사이버 테러 또는 사이버 테러리즘이 지구촌의 새로운 공동 관심사로 부상하고 있다. 세계 각국에 컴퓨터 통신망이 광범위하게 보급되어 있으며, 이를 이용한 정부 기관이나 공공 기관, 은행, 기업 등의 중요한 컴퓨터 데이터베이스 등 정보 시스템의 교란, 파괴 또는 악용 행위가 각종 테러리스트 집단의 목표 달성 수단이 될 것으로 관측되고 있다.

우리나라에서도 국가 공공기관 컴퓨터에 대한 해킹, 바이러스 침투 등 사이버 테러가 해마다 급증하고 있어 대책 마련이 요구되고 있다. 특히 공공기관에 대한 사이버테러는 개인정보에 관한 기록은 물론 각종 행정정보와 국가기밀에 관한 사항까지 유출될 수 있다는 점에서 심각성을 더하고 있다. 경찰청에 따르면 공공기관을 대상으로 한 사이버테러는 2000년 102건에서 2001년 507건, 2002년 539건; 2003년 625건으로 늘어난 것으로 나타났다. 전체 사이버 테러 건수도 늘어 2000년 452건, 2001년 1만638건, 2002년 1만4159건, 2003년1만4241건으로 나타났다.

사이버 테러의 가장 전형적인 수법에는 다음과 같은 세 가지 유형이 있다.

■ 메일 폭탄

메일 폭탄은 통신망을 마비시키기 위해 고의로 대용량의 파일을 날리는 범죄행위를 말한다. 스팸 메일이 일종의 광고 기법 중 하나로 인터넷 메일을 악용해 기업의 이익을 챙기는 행위라면 메일 폭탄은 고의성을 갖고 대용량의 파일을 보냄으로써 통신망을 마비시키는 범죄 행위다. 스팸 메일의 경우에는 1만~2만명 정도에게 동시에 메일을 보낸다 해도 메일의 크기가 1OKb 이하의 텍스트가 대부분이어서 사용자들을 귀찮게는 하지만 시스템에 문제가 발생하는 것은 아니다. 그러나 메일 폭탄은 수MB에서 수GB에 이르는 대용량의 파일을 동시에 여러 사람에게 보내기 때문에 시스템을 파괴시킬 수 있다.

■ 서비스 거부(DoS : Denial of Service) 공격

서비스 거부(DoS) 공격은 대처하기 가장 어려운 위협이다. DoS 공격은 서비스가 사용되지 못하도록 하는데 초점을 맞추고 있으며, 네트워크나 운영 시스템 또는 애플리케이션의 일부 리소스를 소모시킴으로써 이루어진다. 웹 서버나 FTP 서버와 같은 특정 네트워크 서버 어플리케이션에 개입할 경우, 이러한 공격은 해당 서버에 의해 지원되는 모든 가용 접속을 개방시킴으로써 서버나 서비스의 유효 사용자들을 효과적으로 차단한다. 대부분의 서비스 거부 공격은 소프트웨어의 버그나 보안 구멍보다는 공격당하는 시스템의 전체 구조의 취약점을 공략한다. 이러한 형태의 공격은 서로 다른 시스템으로부터 동시에 시작되기 때문에 분산 서비스 거부(DDoS : Distributed Denial or Service) 공격이라고 불린다.

■ 논리 폭탄

논리 폭탄은 보통의 프로그램에 오류를 발생시키는 프로그램 루틴을 무단으로 삽입하여 특정한 조건의 발생이나 특정한 데이터의 입력을 기폭제로 컴퓨터에 부정한 행위를 실행시키는것으로 프로그램이 전혀 예상하지 못한 파국적인 오류를 범하게 한다. 오류를 발생시키는 부호의 삽입에는 일반적으로 트로이 목마(Trojan horse)를 응용한다.

사례

사이버테러 사례

a. 금융네트워크 공격 사례

지난 93년 1월 한 달 동안 런던의 금융기관 및 중개거래소를 3차례나 공갈 협박해 각각 1천만 파운드 이상씩을 물어낸 사건. 당시 사이버 테러리스트들이 런던의 중개거래소 컴퓨터 시스템을 일부 시범적으로 파괴한 뒤 거래가 중지되자 관련 기관이 어쩔 수 없이 1천만 파운드를 스위스 취리히 은행 계좌로 입금시켰다. 그 뒤 1~2주 간격으로 한 유명 은행과 중개거래소가

다시 공격을 받아 각각 1천2백50만 파운드와 1천만 파운드를 도난당했다.

이와 같은 금융 관련사는 고전적인 경고성 사건으로 인터넷의 보안이 중요해지면서 금융기관마다 방화벽, 공인인증 등을 통해 철저히 보안을 하고 있으므로 요즈음에는 사이버테러를 통해서 돈을 훔치는 사례는 나타나지 않고 있다.

b. 1.25 인터넷 대란

2003년에 발생했던 1.25 인터넷대란 사건의 경우는 이전의 사이버 테러와는 달랐다. 한두 개 회사의 인터넷 서비스가 정지된 것이 아니라 국가 내의 모든 인터넷 서비스가 정지되었다. 정확하게 어떤 과정을 통해서 그런 결과가 일어났는가 하는 기술적 문제에 있어서는 논란이 많지만, 주 공격기술로 사용된 슬래머 웜(Slammer Worm)은 15분여 만에 전 세계적인 대규모 트래픽을 야기했으며 우리나라에서는 인터넷 전체가 마비되는 결과를 가져왔다. 보안업체와 협조해 경찰청 사이버테러 대응센터에서 기술 분석을 한 결과, 문제의 슬래머 웜은 상당한 수준의 공격 툴로 밝혀졌다. 이 웜은 공격만을 목적으로 만들어진 것으로 376바이트의작은 패킷 속에는 공격을 극대화하기 위한 각종 아이디어가 집중 되어있었다.

c. 분산 서비스 거부공격(DDoS) 사례

지난 2001년 2월에는 국내 모 초등학교 해킹 사건을 수사하던 도중에 분산서비스 거부공격(DDoS) 도구인 스태첼라트(Stacheldraht) 마스터 프로그램을 발견하여 역 추적해 본 결과, 네덜란드의 한 해커가 국내 26곳, 국외 299곳 등 총 325개의 시스템을 해킹, 데몬 프로그램을 설치하였다가 발견된 적이 있었다. 분산서비스 거부공격기법은 2000년 이후 급속히 발전한 공격기법으로 인터넷 등 전체네트워크를 마비시키는 경우보다는 특정한 목표를 정해서 공격하는 경우에 많이 사용된다.

d. 주요 국가기관 해킹 사건

경찰청 사이버테러 대응센터는 2004년 4월, 국내 한 군수업체 직원이 발송하지도 않은 이메일이 국방연구원 소속 연구원에게 발송되었다는 단순제보를 접수, 치밀한 수사를 통해 주요 국가기관 시스템들이 중국 측으로 추정되는 공격을 받아 해킹 당한 사실을 확인하였다. 위장된 악성 프로그램으로 관계인을 사칭하는 등 교묘한 방법으로 이메일 등에 첨부, 유포하여 방화벽 내부의 소수 시스템을 장악하고 이를 통해 내부에서 다수의 시스템을 직접 해킹한 후 저장된 파일 및 이메일 정보 등 주요 정보를 유출하는 치밀한 수법이 사용되었으며 국회, 원자력연구소, 해양경찰청, 국방연구원 등 10여 개 기관 220여 대의 시스템이 해킹 피해를 입은 것으로 밝혀졌다.

e. 게시판 테러

최근 컴퓨터 보급 및 인터넷 사용이 일반화 추세를 보이고 있는 가운데 당초 기대와 달리 자유게시판의 역기능에 따른 폐해가 심각한 것으로 지적되고 있다. 특히 익명성을 통한 허점을 이용, 특정 기관단체와 개인을 비방하는 글이 무분별하게 올려지는가 하면 무차별적인 욕설까지 게재되는 등 갖가지 부작용이 속출하고 있는 설정이다. 이를 방지하기 위하여 일부 게시판은 실명제를 도입하는 시도를 하고 있으나. 게시판 활용이 위축되거나 의견 교환 장소로서 기능을 충분히 발휘하지 못하는 문제가 발생하고 있다.

11.6 사이버 범죄 관련 법령

(1) 해킹

정보통신기반 보호법

재28조 (벌칙) 1) 제12조의 규정을 위반하여 주요정보통신기반시설을 교란, 마비 또는 파괴한 자는 10년 이하의 징역 또는 1억 원 이하의 벌금에 처한다.
2) 제1항의 미수범은 처벌한다.

정보통신망이용촉진 및 정보보호 등에 관한 법률

제63조 (벌칙) 다음 각 호의 1에 해당하는 자는 3년 이하의 징역 또는 3천만 원 이하의 벌금에 처한다.
1. 제48조제1항의 규정의 위반하여 정보통신망에 침입한 자

화물유통촉진법

재54조의4 (벌칙) 제48조의7제5항의 규정에 위반하여 물류전산망의 보호조치를 침해하거나 훼손한 자는 3년 이하의 징역 또는 3천만원 이하의 벌금에 처한다.

채48조의7 (전자문서 및 물류정보의 보안) 5) 누구든지 불법 또는 부당한 방법으로 제4항의 규정에 의한 보호조치를 침해하거나 훼손하여서는 아니된다.

(2) 바이러스

정보통신기반보호법

재28조 (벌칙) 1) 제12조의 규정을 위반하여 주요정보통신기반시설을 교란, 마비 또는 파괴한 자는 10년 이하의 징역 또는 1억 원 이하의 벌금에 처한다.

2) 제1항의 미수범은 처벌한다.

제12조 (주요정보통신기반시설 침해행위 등의 금지) 누구든지 다음 각 호의 1에 해당하는 행위를 하여서는 아니 된다.

2. 주요정보통신기반시설에 대하여 데이터를 파괴하거나 주요정보통신기반시설의 운영을 방해할 목적으로 컴퓨터바이러스, 논리폭탄 등의 프로그램을 투입하는 행위

정보통신망이용촉진및정보보호등에관한법률

제62조 (벌칙) 다음 각 호의 1에 해당하는 자는 5년 이하의 징역 또는 5천만 원 이하의 벌금에 처한다.

4. 제48조제2항의 규정을 위반하여 악성프로그램을 전달 또는 유포한 자

제48조 (정보통신망 침해행위 등의 금지) 누구든지 정당한 사유 없이 정보통신시스템, 데이터 또는 프로그램 등을 훼손, 멸실, 변경, 위조 또는 그 운용을 방해할 수 있는 프로그램(이하 "악성프로그램"이라 한다)을 전달 또는 유포하여서는 아니 된다.

(3) 개인정보침해

형법

제316조 (비밀침해) 2) 봉함 기타 비밀장치한 사람의 편지, 문서, 도화 또는 전자기록 등 특수매체기록을 기술적 수단을 이용하여 그 내용을 알아낸 자도 제1항의 형(3년 이하의 징역이나 금고, 또는 500만 원 이하의 벌금)과 같다.

제318조 (고소) 본장의 죄는 고소가 있어야 공소를 제기할 수 있다.

정보통신망이용촉진및정보보호등에관한법률

제62조 (벌칙) 다음 각 호의 1에 해당하는 자는 5년 이하의 징역 또는 5천만 원 이하의 벌금에 처한다.

6. 제49조의 규정을 위반하여 타인의 정보를 훼손하거나 타인의 비밀을 침해, 도용 또는 누설한 자

제49조 (비밀 등의 보호) 누구든지 정보통신망에 의하여 처리, 보관 또는 전송되는 타인의 정보를 훼손하거나 타인의 비밀을 침해, 도용 또는 누설하여서는 아니 된다.

통신비밀보호법

제16초 (벌칙) 1) 다음 각 호의 1에 해당하는 자는 10년 이하의 징역과 5년 이하의 자격정지에 처한다.

1. 제3조의 규정에 위반하여 우편물의 검열 또는 전기통신의 감청을 하거나 공개되지 아니한 타인간의 대화를 녹음 또는 청취한 자
2. 제1호의 규정에 의하여 지득한 통신 또는 대화의 내용을 공개하거나 누설한 자

제3조 (통신 및 대화비밀의 보호) 1) 누구든지 이 법과 형사소송법 또는 군사법원법의 규정에 의하지 아니하고는 우편물의 검열, 전기통신의 감청 또는 통신사실 확인 자료의 제공을 하거나 공개되지 아니한 타인간의 대화를 녹음 또는 청취하지 못한다.

비밀의 내용 또는 성격(객체)	처벌법규	처벌조항 및 형량
국가기밀	형법(간첩죄)	제98조제1항
법령에 의한 직무상 비밀	형법(공무상 비밀침해죄)	제140조제3항
기업의 영업비밀	부정경쟁방지 및 영업비밀 보호에 관한 법률	제18조
신용정보 전산시스템의 정보	신용정보이용 및 보호에 관한 법률	제32조제2항 제11호
물류전산망의 물류정보	화물유통촉진법	제54조의3(벌칙) 제48조의7제2항
무역정보	무역업무자동화촉진에관한 법률	제26조제3호, 4호 제18조제2항, 3항
군사기밀	군사기밀 보호법	제11조
공공기관에서 처리하고 있는 개인정보	공공기관의 개인정보보호에 관한 법률	제23조 제2항

주민등록법

제21조 (벌칙) 2) 다음 각 호의 1에 해당하는 자는 3년 이하의 징역 또는 1천만원 이하의 벌금에 처한다.

3. 제7조제4항의 규정에 의한 주민등록번호 부여방법으로 허위의 주민등록번호를 생성하여 자기 또는 다른 사람의 재물이나 재산상의 이익을 위하여 이를 사용한 자
4. 허위의 주민등록번호를 생성하는 프로그램을 다른 사람에게 전달하거나 유포한 자
9. 다른 사람의 주민등록번호를 자기 또는 다른 사람의 재물이나 재산상의 이익을 위하여 부정 사용한 자

(4) 인터넷 사기

형법

제347조 (사기) 1) 사람을 기망하여 재물의 교부를 받거나 재산상의 이익을 취득한 자는 10년 이하의 징역 또는 2천만원 이하의 벌금에 처한다.

2) 전항의 방법으로 제삼자로 하여금 재물의 교부를 받게 하거나 재산상의 이익을 취득 하게 한 때에도 전항의 형과 같다.

제347조의2 (컴퓨터등 사용사기) 컴퓨터 등 정보처리장치에 허위의 정보 또는 부정한 명령을 입력하거나 권한 없이 정보를 입력, 변경하여 정보처리를 하게 함으로써 재산상의 이익을 취득하거나 제3자로 하여금 취득하게 한 자는 10년 이하의 징역 또는 2천만원 이하의 벌금에 처한다.

제348조 (준사기) 1) 미성년자의 지려천박 또는 사람의 심신장애를 이용하여 재물의 교부를 받거나 재산상의 이익을 취득한 자는 10년 이하의 징역 또는 2천만원 이하의 벌금에 처한다.

2) 전항의 방법으로 제삼자로 하여금 재물의 교부를 받게 하거나 재산상의 이익을 취득하게 한 때에도 전항의 형과 같다.

제359초 (미수범) 제355초 내지 제357조의 미수범은 처벌한다.

(5) 유해사이트

정보통신망이용촉진및정보보호등에관한법률

제65초 (벌칙) 1) 다음 각 호의 1에 해당하는 자는 1년 이하의 징역 포는 1천만 원 이하의 벌금에 처한다.

2) 정보통신망을 통하여 음란한 부호, 문언, 음향, 화상 또는 영상을 배포, 판매, 임대하거나 공연히 전시한 자

형법

제246조 (도박, 상습도박) 1) 재물로써 도박한 자는 500만원 이하의 벌금 또는 과료

에 처한다. 단, 일시오락정도에 불과한 때에는 예외로 한다.

2) 상습으로 제1항의 죄를 범한 자는 3년 이하의 징역 또는 2천만원 이하의 벌금에 처한다.

재247초 (도박개장) 영리의 목적으로 도박을 개장한 자는 3년 이하의 징역 또는 2천만원이하의 벌금에 처한다.

제248조 (복표의 발매 등) 1) 법령에 의하지 아니한 복표를 발매한 자는 3년 이하의 징역 또는 2천만원이하의 벌금에 처한다.

2) 전항의 복표발매를 중개한 자는 1년 이하의 징역 또는 500만 원이하의 벌금에 처한다.

3) 제1항의 복표를 취득한 자는 500만 원이하의 벌금 또는 과료에 처한다.

(6) 명예훼손

정보통신망이용촉진및정보보호등에관한법률

제61조 (벌칙) 1) 사람을 비방할 목적으로 정보통신망을 통하여 공연히 사실을 적시하여 타인의 명예를 훼손한 자는 3년 이하의 징역이나 금고 또는 2천만원 이하의 벌금에 처한다.

2) 사람을 비방할 목적으로 정보통신망을 통하여 공연히 허위의 사실을 적시하여 타인의 명예를 훼손한 자는 7년 이하의 징역, 10년 이하의 자격정지 또는 5천만원 이하의 벌금에 처한다.

3) 제1항 및 제2항의 죄는 피해자의 명시한 의사에 반하여 공소를 제기할 수 없다.

(7) 성폭력

정보통신망이용촉진및정보보호등에관한법률

제65조 (벌칙) 1) 다음 각 호의 1에 해당하는 자는 1년 이하의 징역 또는 1천만 원 이하의벌금에 처한다.

3. 정보통신망을 통하여 공포심이나 불안감을 유발하는 말, 음향, 글, 화상 또는

영상을 반복적으로 상대방에게 도달하게 한 자

성폭력범죄의처벌및피해자보호등에관한법률

제14조 (통신매체이용음란) 자기 또는 다른 사람의 성적 욕망을 유발하거나 만족시킬 목적으로 전화, 우편, 컴퓨터 기타 통신매제를 통하여 성적 수치심이나 혐오감을 일으키는 말이나 음향, 글이나 도화, 영상 또는 물건을 상대방에게 도달하게 한 자는 1년이하의 징역 또는 300만원 이하의 벌금에 처한다.

(8) 저작권침해

저작권법

제97조의5 (권리의 침해죄) 저작재산권 그 밖의 이 법에 의하여 보호되는 재산적 권리를 복제, 공연, 방송, 전시, 전송, 배포, 2차적 저작물 작성의 방법으로 침해한 자는 5년 이하의 징역 또는 5천만원이하의 벌금에 처하거나 이를 병과할 수 있다.

제98조 (권리의 침해죄) 다음 각 호의 1에 해당하는 자는 3년 이하의 징역 또는 3천만원이하의 벌금에 처하거나 이를 병과 할 수 있다.

2. 저작인격권을 침해하여 저작자의 명예를 훼손한 자
3. 제51조 및 제52조(제60조제3항 또는 제73조의 규정에 의하여 준용되는 경우를 포함한다)의 규정에 의한 등록을 허위로 한 자

제102조 (고소) 이 장의 죄에 대한 공소는 고소가 있어야 한다. 다만, 제98조제3호, 제99조제1호 내지 제3호 및 제100조제3호의 경우에는 그러하지 아니하다.

컴퓨터프로그램보호법

제46조 (벌칙) 1) 다음 각 호의 1에 해당하는 자는 3년이하의 징역 또는 5천만원이하의 벌금에 처하거나 이를 병과 할 수 있다.

1. 제29조제1항의 규정을 위반한 자
2. 제29조제4항 제1호 및 제2호의 규정에 해당하는 행위를 한 자
3. 제30조의 규정을 위반한 자

3) 다음 각 호의 1에 해당하는 자는 1년 이하의 징역 또는 1천만원이하의 벌금에 처한다.

2. 제29조제2항의 규정을 위반한 자
3. 저l29조제3항의 규정을 위반한 자
4. 제29조제4항 제3호의 규정에 해당하는 행위를 한 자

제29조 (프로그램저작권 침해행위 등) 1) 누구든지 정당한 권원 없이 다른 사람의 프로그램 저작권을 복제, 개작, 번역, 배포, 발행 및 전송의 방법으로 침해하거나 다른 사람의 프로그램배타적 발행권 등을 복제, 배포 및 전송의 방법으로 침해하여서는 아니된다.

2) 정당한 권원 없이 프로그램저작자의 실명 또는 이명을 변경 또는 은닉하거나 프로그램의 명칭 또는 제호를 변경하여서는 아니 된다.

3) 다음 각 호의 사항을 허위로 하여서는 아니 된다.

1. 제23조의 규정에 의한 프로그램 등록
2. 제24조의 규정에 의한 프로그램의복제물의 제출
3. 제26조의 규정에 의한 프로그램저작권의 이전등록 등

4) 다음 각 호의 사항의 경우 해당 프로그램저작권을 침해하는 것으로 본다.

1. 프로그램저작권의 침해가 되는 프로그램을 국내에서 배포할 목적으로 수입하는 행위
2. 프로그램저작권을 침해하여 만들어진 프로그램의 복제물(제1호의 수입 프로그램을 포함한다)을 그 사정을 알면서 취득한 자가 이를 업무상 사용하는 행위
3. 정당한 권한 없이 고의로 권리관리정보를 제거 또는 변경하거나 그 사실을 알면서 원 프로그램 또는 그 복제물을 배포하거나 배포할 목적으로 수입 또는 전송하는 행위

제30조 (기술적보호조치의 침해 등의 금지) 1) 누구든지 정당한 권원 없이 기술적 보호조치를 회피, 제거, 손괴 등의 방법으로 무력화(이하 "기술적 보호조치 무력화"라 한다)하여서는 아니 된다. 다만, 다음 각 호의 1에 해당하는 경우에는 그러

하지 아니 하다.

1. 제10조의 규정에 의한 프로그램의 동일성을 변경하는 경우
2. 제12조 각호의 1에 해당되어 복제 사용하는 경우
3. 제14조의 규정에 의한 프로그램 사용자가 필요한 범위 안에서 복제하는 경우
4. 정당한 권원에 의한 최종사용자로부터 프로그램의 수정, 보완을 요청 받은 경우
5. 정당한 권원에 의하여 사용하는 자가 연구, 교육 등의 목적으로 프로그램과 관련된 암호화 분석을 하기 위하여 필요한 경우

제47조 (상습범) 상습으로 제46조1항의 규정에 해당한 자는 5년 이하의 징역 또는 7천만원 이하의 벌금에 처하거나 이를 병과 할 수 있다.

제48조 (고소) 제46조제1항(제3호의 경우중 제30조제2항의 규정을 위반한 경우를 제외한다) 및 동조 제3항 제2호, 제4호의 죄는 프로그램저작권자 또는 프로그램배타적발행권자 등의 고소가 있어야 공소를 제기할 수 있다.

온라인디지털콘텐츠산업발전법

제22조 (온라인콘텐츠의 복제 등의 죄) 1) 제18조제1항 본문의 규정을 위반하여 온라인콘텐츠제작자의 영업에 관한 이익을 현저하게 침해한 자 또는 동조 제2항 본문의 규정을 위반한 자는 1년 이하의 징역 또는 2천만 원 이하의 벌금에 처한다. 2) 제1항의 죄는 제19조의 규정에 의한 손해배상청구 등을 할 수 있는 자의 고소가 있어야 공소를 제기할 수 있다.

제18조 (금지행위 풍) 1) 누구든지 정당한 권한 없이 타인이 상당한 노력으로 제작하여 표시한 온라인콘텐츠의 전부 또는 상당한 부분을 복제 또는 전송하는 방법으로 경쟁사업자의 영업에 관한 이익을 침해 하여서는 아니 된다. 다만, 온라인콘텐츠를 최초로 제작하여 표시한 날부터 5년이 경과한 때에는 그러하지 아니하다. 2) 누구든지 정당한 권한 없이 제1항 본문의 행위를 효과적으로 방지하기 위하여 온라인 콘텐츠제작자나 그로부터 허락을 받은 자가 디지털콘텐츠에 적용한 기술적보호조치의 회피, 제거 또는 변경(이하 "무력화" 라 한다)을 주된 목적으로 하는 기술, 서비스, 장치 또는 그 주요부품을 제공, 수입, 제조, 양도, 대여 또는 전

송하거나 양도, 대여를 위하여 전시하는 행위를 하여서는 아니 된다. 다만, 기술적보호조치의 연구, 개발을 위하여 기술적 보호조치를 무력화하는 장치 또는 부품을 제조하는 경우에는 그러하지 아니하다.

(9) 스팸 매일

정보통신망이용촉진및정보보호등에관한법률

제65조의2 (벌칙) 다음 각 호의 1에 해당하는 자는 1천만 원 이하의 벌금에 처한다.

1. 제50조제4항의 규정을 위반하여 기술적 조치를 한 자
2. 제50조제6항의 규정을 위반하여 영리목적의 광고성 정보를 전송한 자
3. 제50조의2의 규정을 위반하여 전자우편주소를 수집, 판매, 유통 또는 정보전송에 이용한 자

제50조 (영리목적의 광고성 정보전송의 제한) 4) 영리목적으로 광고성 정보를 전송하는 자는 수신자의 수신거부를 회피하거나 방해한 목적으로 기술적 조치를 하여서는 아니 된다

6) 누구든지 숫자, 부호 또는 문자를 조합하여 전화번호, 전자우편주소 등 수신자의 연락처를 자동으로 생성한 프로그램 그 밖의 기술적 장치를 이용하여 영리목적의 광고성 정보를 전송하여서는 아니 된다.

제50조 (전자우편주소의 무단 수집행위 등 금지) 1) 누구든지 전자우편주소의 수집을 거부하는 의사가 명시된 인터넷 홈페이지에서 자동으로 전자우편주소를 수집하는 프로그램 그 밖의 기술적 장치를 이용하여 전자우편주소를 수집하여서는 아니 된다.

2) 누구든지 제1항의 규정을 위반하여 수집된 전자우편주소를 판매, 유통하여서는 아니된다.

3) 누구든지 제1항 및 제2항의 규정에 의하여 수집, 판매 및 유통이 금지된 전자우편주소임을 알고 이를 정보전송에 이용하여서는 아니 된다.

제62조 (벌칙) 다음 각 호의 1에 해당하는 자는 5년 이하의 징역 또는 5천만 원 이

하의 벌금에 처한다.

5. 제48조제3항의 규정을 위반하여 정보통신망에 장애를 발생하게 한자

제48조 (정보통신망 침해행위 등의 금지) 3) 누구든지 정보통신망의 안정적 운영을 방해할 목적으로 대량의 신호 또는 데이터를 보내거나 부정한 명령을 처리하도록 하는 등의 방법으로 정보통신망에 장애를 발생하게 하여서는 아니 된다.

제64조 (벌칙) 다음 각 호의 1에 해당하는 자는 2년 이하의 징역 또는 1천만 원 이하의 벌금에 처한다.

2. 제42조의2의 규정을 위반하여 청소년 유해매체물을 광고하는 내용의 정보를 청소년에게 전송한 자

제42조의2 (청소년유해매체물의 광고금지) 정보통신서비스제공자는 청소년보호법 제7조제4호의 규정에 의한 매체물로서 동법 제2조제3호의 규정에 의한 청소년 유해매체물을 광고하는 내용의 정보를 전자우편, 전화, 모사전송 그 밖에 대통령령이 정하는 매체를 이용하여 동법 제2조제1호의 규정에 의한 청소년에게 전송하여서는 아니 된다.

(10) 사이버 윤락

형법

제242조 (음행매개) 영리의 목적으로 미성년 또는 음행의 상습 없는 부녀를 매개하여 간음하게 한 자는 3년 이하의 징역 또는 1천500만 원 이하의 벌금에 처한다.

아동복지법

제40조 (벌칙) 제29조의 규정에 위반한 자는 다음 각 호의 구분에 따라 처벌한다.

1. 제5호 또는 제6호에 해당하는 행위를 한 자는 10년 이하의 징역 또는 3천만원 이하의 벌금에 처한다.

제29조 (금지행위) 누구든지 다음 각 호의 1에 해당하는 행위를 하여서는 아니 된다.

6. 아동에게 음행을 시키거나 음행을 매개하는 행위

11.7 사이버 범죄 관련 사이트

범죄신고(경찰청)	http://www.police.go.kr
불건전 정보 신고(방송통신심의위원회)	http://www.icec.or.kr
해킹신고(한국정보보호진흥원)	http://www.kisa.or.kr
기관 해킹신고(국가정보원)	http://www.nis.go.kr
사이버 명예훼손 성폭력 조정센터	http://www.cyberhumanrights.or.kr
개인정보 침해신고	http://www.cyberprivacy.or.kr
사이버테러대응센터	http://www.ctrc.go.kr

참고 및 사이트 ...

- 인터넷 세상의 문제 바로보기 II
  권영빈, 인터비젼
- 사이버범죄연구회
  http://www.cybercrime.re.kr/
- 사이버범죄의 개념 - 사이버범죄연구회
  http://user.chollian.net/~wanlaw/ccrf/lch－concept.html
- 사이버범죄예방교화 - 한국정보화진흥원
  https://www.kado.or.kr/cybercrime/
- 경찰청 사이버테러대응센터 - 네탄(NETAN)
  http://www.ctrc.go.kr/
- 인터넷 윤리
  (사) KIPS IT 인증원 저, 이한출판사, 2005
- 사이버 범죄 유형과 대처 방안 - 국가지식포털

http://www.kait.or.kr/filedb/File/KAITNews/2007/070824－CPO－03.pdf

- 사이버 범죄 현황과 대책 - 경찰청 사이버범죄수사대 김종섭
  http://www.kcriminology.or.kr/data/%EC%82%AC%EC%9D%B4%EB%B2%84_%EB%B2%94%EC%A3%84_%ED%98%84%ED%99%A9%EA%B3%BC_%EB%8C%80%EC%B1%85(%EA%B9%80%EC%A2%85%EC%84%AD).hwp
- 사이버범죄의 현상 - 경희대 강의자료
  http://seawife.khu.ac.kr/~wan/cgi－bin/NeoBoard/NeoBoard.cgi?Db=all2009_1&Mode=download&Block=0&Number=10
- Computer Crime & Intellectual Property Section － United States Department of Justice
  http://www.cybercrime.gov/

Chapter

12

프라이버시(Privacy)

12.1 정보화 시대의 프라이버시 정의
12.2 개인정보의 개념
12.3 정보화 사회의 프라이버시 문제
12.4 국내 프라이버시 침해 현황
12.5 프라이버시 보호를 위한 노력
12.6 프라이버시 관련 기술

12.1 정보화 시대의 프라이버시 정의

프라이버시라는 용어는 '사람의 눈을 피하다'라는 라틴어 'Privatun'에서 유래하였고, 사전적 의미로는 "혼자 있을 권리"라고 정의되었다. 하지만 프라이버시라는 용어는 가변적, 주관적, 포괄적 성격을 가지고 있어서, 시대나 지역, 개인의 사정에 따라 그 개념이 일정하지 않다.

정보화 사회에서 사이버 공간의 출현으로 표현의 자유가 더욱더 확대된 반면 프라이버시 침해의 우려는 더욱 커지게 되었다. 이러한 상황에서 프라이버시의 의미는 더욱 넓어 지게 되었고, 프라이버시를 보호하는 것이 중요한 문제점으로 부각되게 되었다. 따라서 전통적인 프라이버시의 의미에서 자신의 정보에 대한 통제권을 강화하는 의미의 자기정보통제권으로 그 의미가 변모하고 있으며, 이 부분과 관련된 프라이버시의 문제를 별도로 정보프라이버시(Information Privacy) 또는 데이터프라이버시(Data Privacy)라고 하는 개념을 만들게 되었다. 이러한 발전과정을 거쳐 정립된 프라이버시는 "개개인이 자신이나 자신이 속한 그룹과 관련된 정보를 통제할 수 있는 권리"를 의미하는 것으로 해석할 수 있다.

즉, 전통적인 프라이버시의 개념이 사생활 보호라는 단순하고 소극적인 권리 측면에 초점을 두는 반면, 정보화 시대의 프라이버시는 개인정보의 보호와 함께 개인정보의 적절한 이용에 보다 큰 비중을 두고 있다

12.2 개인정보의 개념

개인정보란 특정 개인을 식별할 수 있게 해주는 모든 종류의 정보를 말한다. '정보통신망 이용촉진 및 정보보호 등에 관한 법률' 역시 개인정보를 '생존하는 개인에 관한 정보로 성명・주민등록번호 등에 의하여 당해 개인을 알아볼 수 있는 부호・문자・음성・음향 및 영상 등의 정보'로 규정하고 있다. 또한 당해 정보만으로는 특

정 개인을 알아볼 수 없는 경우에도 다른 정보와 용이하게 결합하여 식별할 수 있는 정보를 개인정보에 포함한다. 따라서 CCTV나 각종 감시카메라 등에 의해 이루어진 촬영기록도 개인정보에 해당될 수 있다. 또한 위치기반 서비스에 의해 제공되는 개인의 위치정보도 휴대전화번호 또는 자동차 등록번호와 결합하여 개인이 누구

표 12.1 개인정보의 종류와 내용

구분		내용
일반정보	일반정보	이름, 주민등록번호, 주소, 전화번호, 생년월일, 출생지, 이메일주소, ID/PW, 가족관계 및 가족구성원의 정보, IP주소 등
신체적 정보	신체정보	얼굴, 지문, 홍채, 음성, 유전자정보, 키, 몸무게
	의료/건강정보	건강상태, 진료기록, 신체장애, 장애등급
정신적 정보	기호/성향정보	도서, 비디오 대여기록, 잡지구독정보, 여행 등 활동내역, 식료품 등 물품구매내역, 인터넷 웹사이트 검색내역
	신념/사상정보	종교 및 활동내역, 정당, 노조 가입여부 및 활동내역
재산적 정보	개인/금융정보	소득정보, 신용카드번호 및 비밀번호, 통장계좌번호 및 비밀 번호, 동산·부동산 보유내역, 저축내역
	신용정보	개인 신용 평가정보, 대출 또는 담보설정 내역, 신용카드 사용내역
사회적 정보	교육정보	학력, 성적, 출석상황, 자격증 보유내역, 상벌기록, 생활기록부
	법적정보	전과, 범죄 기록, 재판기록, 과태료 납부내역
	근로정보	직장, 고용주, 근무처, 근로경력, 상벌기록, 직무평가기록
기타	통신정보	통화내역, 인터넷 웹사이트 접속내역, 이메일이나 전화메시지
	위치정보	IP주소, GPS 등에 의한 개인위치 정보
	병역정보	병역여부, 군번, 계급, 근무부대
	화상정보	CCTV를 통해 수집된 화상정보

(출처: 한국정보보호 진흥원, 유비쿼터스 환경에서의정보보호 정책 방향, 2008.3)

인지 판명될 수 있다면 개인정보라 할 수 있다. 최근에는 전자우편주소 및 내용, 휴대폰 문자메시지, RFID에 노출되는 상품정보, 인터넷 쇼핑몰에서의 상품구매정보, 로그파일, 쿠키정보, GPS 위치정보 등도 보호되어야 하는 개인정보에 포함되었다. 이처럼 개인정보로 분류되는 정보의 범위가 정보기술의 발달과 융합 환경에 따라 계속 확대되는 추세이다.

12.3 정보화 사회의 프라이버시 문제

정보사회의 발달에 따라서 컴퓨터 기술을 다방면에 활용하게 되었다. 정보화 사회에서 프라이버시 문제가 더욱 중요해진 이유는 컴퓨터의 가장 기본적인 기능 중의 하나인 기록을 저장하고, 조작하고 열람 할 수 있는 능력이 개인관련 정보를 아무런 제한 없이 사용하는데 이용되고 있기 때문이다. 특히 정보통신기술의 발전은 도처에 산재해있는 정보를 수집하여 데이터베이스를 구축하기가 용이해졌으며, 이렇게 디지털화된 데이터는 이동, 배포, 유출 등이 쉽게 이루어 진다.

따라서 개인의 프라이버시 침해는 과거에 상상하지 못할 정도로 침해되고 있고 신문이나 TV 등을 통하여 개인정보 침해 사건이 기사화 되는 일이 흔하게 되었다. 현재 활발하게 논의 되고 있는 프라이버시 문제들은 다음과 같다.

12.3.1 개인정보의 수집, 사용, 거래

정보화 시대에 있어서 개인정보는 귀중한 경제적 자산의 하나로 간주되고 있으며 다이렉트 마케팅과 전자상거래를 목적으로 대대적으로 수집되거나 판매되어 왔다. OECD나 EU에서 제정한 프라이버시에 관한 국제적인 규범에서는 상업적 목적으로 개인정보를 수집, 이용 혹은 거래할 시에는 반드시 개인정보 주체자의 동의를 얻도록 하고 있다. 그러나, 많은 경우에 정보주체자의 동의 없이 개인정보의 수집,

이용, 거래가 이루어지고 있으며 이로 인하여 정보주체자의 프라이버시를 침해하는 결과를 초래하고 있다.

12.3.2 작업장에서의 근로자 감시

정보 기술의 발전에 힘입어 고용주에 의한 근로자 감시의 범위가 확대되고 있다. 미국에서 활동 중인 프라이버시 보호기관인 Privacy Foundation에 의하면 미국 근로자의 3분의 1에 해당하는 400만 근로자들이 직장에서 이메일이나 인터넷 서핑을 감시받고 있는 실정이다. 기술의 발달로 인하여 도청장치, CCTV 장착, 이메일 감시, 컴퓨터 파일 점검, 인터넷 접속 감시 등 다양한 방법에 의한 감시가 가능하게 되었다. 고용주의 근로자 감독권이 무시되어서는 안되겠지만, 비록 고용주의 감독권이 존중된다 할 지라도 어떤 종류의 감시가 어떻게 이루어지며 감시도구가 설치된 위치가 어디인가 하는 것 등은 근로자에게 공지되어야 한다.

12.3.3 아동의 개인정보보호

한국의 경우 14세 미만의 아동을 웹사이트의 회원으로 등록시키고자 하면 사전에 그 부모 등 법적 대리인의 동의를 얻어야 한다. 그럼에도 불구하고, 온라인 게임 서비스와 같은 아동을 상대로 하는 인터넷 사업체 중에는 부모의 동의 없이 아동을 회원에 가입시킨 예가 비일비재하다. 유효한 부모의 동의를 얻기 위하여 어떤 절차가 마련되어야 하는지, 또 어느 정도까지의 부모 동의가 법적 효력이 있는 동의라고 간주될 수 있는 지에 관해서는 논쟁의 여지가 많다.

12.3.4 스팸 메일

스팸이란 원하지 않는 상업적 전자메일, 원하지 않는 통신이라는 의미를 가진다. 이처럼 수진자가 필요 여부에 따라 스팸의 기준을 정할 수 있다. 이러한 스팸의 유형에는 웹서버의 전자 메일 스팸, 핸드폰의 SMS 스팸, 인터넷을 통한 VoIP 스팸, 메신저 팝업을 통한 스팸 등이 있으며, 정보 기기와 전송 방법이 다양해 질수록 그 범위가 넓어지고 있다. 또한 단순히 이용자들에게 불편함을 초래하는 광고에서부터, 실제적인 피해를 주는 바이러스와 악성코드에 이르기까지 다양한 형태의 스팸이 존재한다.

12.3.5 위치 정보 서비스

이동전화와 같은 무선 통신 이용자 수가 증가함에 따라 위치정보 서비스가 전망있는 사업으로 부상하고 있다. 다수의 회사들이 이동전화단말기 소지자의 위치정보 제공 서비스를 실시하고 있으며, 위치정보가 악의로 사용될 가능성도 그 만큼 높아지고 있다. 이에 따라 위치 정보 서비스로 인한 프라이버시 침해방지를 위한 법률 제정이 시급해졌다.

12.3.6 의료정보 프라이버시

진료기록은 한 개인이 가지고 있는 가장 개인적인 정보라고 할 수 있다. 전통적으로 의료정보는 환자의 건강기록으로 여겨져 왔으며 일반적으로 서류상태로 보존되고 이용되어 왔다. 그러나 지난 5년에서 10년 사이에 보험회사의 편의를 돕고 정부의 전자지불촉진정책에 협력한다는 목적 하에 서류형태로 보관되어 오던 의료정보들이 컴퓨터 데이터 형태로 바뀌게 되었다. 만약 데이터 형태로 저장된 의료기록이 불법적으로 유출되어 근로자 채용기준이나 학교 입학 기준 등으로 사용된다면 프라이버시는 물론, 인권까지 침해하는 일이 될 것이다. 의료정보는 다른 어떠한 종류의 개인정보에 비교될 수 없을 만큼 민감한 정보를 담고 있으므로 의료정보의 요용을 막을 수 있는 법률이 조속히 마련되어야 할 것이다.

12.3.7 생체인식 기술

생체인식기술(biometrics)이란 생체정보를 측정하여 통계학적으로 분석하는 과학 및 기술을 말한다. 정보 기술에 있어서 생체인식기술이란 인증을 목적으로 인체의 특징인 지문이나, 망막, 홍채, 음성, 얼굴, 손 모양 등을 측정하고 분석하는 기술을 가리킨다. 동의나 허락 없이 개인의 생체정보를 수집하거나, 본래의 목적과 관계없는 추가적 정보를 수집하는 행위, 사전 동의나 공지 없이 생체정보를 이용하는 행위, 수사 기관에서 사전고지 없이 생체정보를 이용하여 수사하는 행위, 생체정보를 유일한 신분 증명 방법으로 사용하는 행위나 고지 없이 수집된 생체정보를 공개하는 행위 등을 통하여 개인의 사생활을 심각하게 침해할 수 있다.

12.3.8 전자 정부와 프라이버시

소비자는 상대적으로 누가 자신의 개인정보를 수집하고 어떤 기업체에 얼마만큼의 개인정보를 제공할 것인지에 대하여 일정 수준 통제가 가능하다. 반면, 공공부문에서는 상황이 다르다. 시민이 면허증이나 허가증 혹은 소득공제를 신청할 경우에는 양식이 요구하는 모든 개인정보를 써넣을 수밖에 없다. 뿐만 아니라, 여러 국가에서 전자신분증 도입 계획이 진행 중에 있다. 전자신분증의 도입이 논란의 대상이 되는 이유는 이 신분증이 거대한 개인정보 데이터베이스의 공유영역으로 작용할 수 있기 때문이다. 따라서 정부는 공공기관에 의한 개인정보 침해가 발생하지 않도록 최선의 노력을 기울여야 한다.

12.3.9 기업의 인수·합병시의 개인정보 처리

기업의 인수·합병 시 고객의 개인정보 처리 문제가 새롭게 대두됨에 따라 개인정보 인계 시 지켜야 할 원칙이 필요하게 되었다. 고객은 기업의 인수·합병 시 자신에 관한 개인정보가 인계될 지의 여부를 결정할 수 있어야 한다. 개인정보를 인계하는 기업은 사전에 개별 정보주체 자에게 그 사실을 알리고 인수하는 기업에 관한 제반 정보를 주어야 한다. 마찬가지로 고객의 개인정보를 인계 받는 기업에게도 같은 의무가 있다.

12.3.10 개인정보의 해외 송출

각 국가마다 개인정보 관련법이 서로 상이하므로 개인정보의 해외 송출 행위는 분쟁의 소지를 내포하고 있다. 예를 들어 미국은 의료와 금융을 제외한 분야에서의 고객 개인정보의 보호는 업계 자율에 맡기고 있고 많은 경우에 개별 회사의 개인정보보호 방침에 따르도록 하고 있다. 그러나 캐나다, 유럽연합, 호주, 뉴질랜드, 이스라엘, 홍콩, 타이완을 포함한 약 25개의 국가들은 일반법 형태로 된 민간 부문에서의 개인정보 사용에 관한 법률을 가지고 있다. 만약 한 미국 기업이 타국에서 거주하고 있는 고객의 개인정보를 취득, 사용하고자 할 경우 그 국가의 국내법에 제약을 받을 수 있다. 위반자는 피해구제 절차를 따라야 할 의무가 있다.

이와 관련한 또 다른 이슈는 다국적 기업에 의한 개인정보의 해외 송출문제이다. 근래에 들어, 개인정보는 하나의 경제 자산으로 인식되기에 이르렀고 해외에 본사를 둔 다국적 기업들에 의한 개인정보 송출이 종종 보도되고 있는 실정이다. 개인정보가 알지도 못하는 사이에 해외로 유출되고 있다는 사실에 대한 염려의 목소리가 높아지고 있으며 다국적 기업의 고객정보 전송에 관한 기준을 마련해야 한다는 논의가 계속되고 있다.

12.4 국내 프라이버시 침해 현황

프라이버시 침해는 정보 통신의 발달, 개인 정보의 대량적 집적 등으로 인해 해마다 침해 건수가 급증 하고 있다. 국내 프라이버시 관련 민원은 2008년 10월에

32,597건이 접수되었으며 이는 전년 대비 13% 증가한 것으로 나타났다. 또한 민원의 유형도 복잡 다양화 되는 추세이다.

한편 개인 정보의 노출 등으로 인한 소송도 늘어나고 있다. 2008년 10월까지 소송 건수는 총 60여건에 19만 여명이 참가 하고 있으며 소송 청구액은 2,100억여 원 가까이 된다. 이는 1,081만 명의 고객 정보를 유출한 옥션 DB 해킹 사건과 같은 대형 유출 사고들이 많이 발생하였기 때문이다.

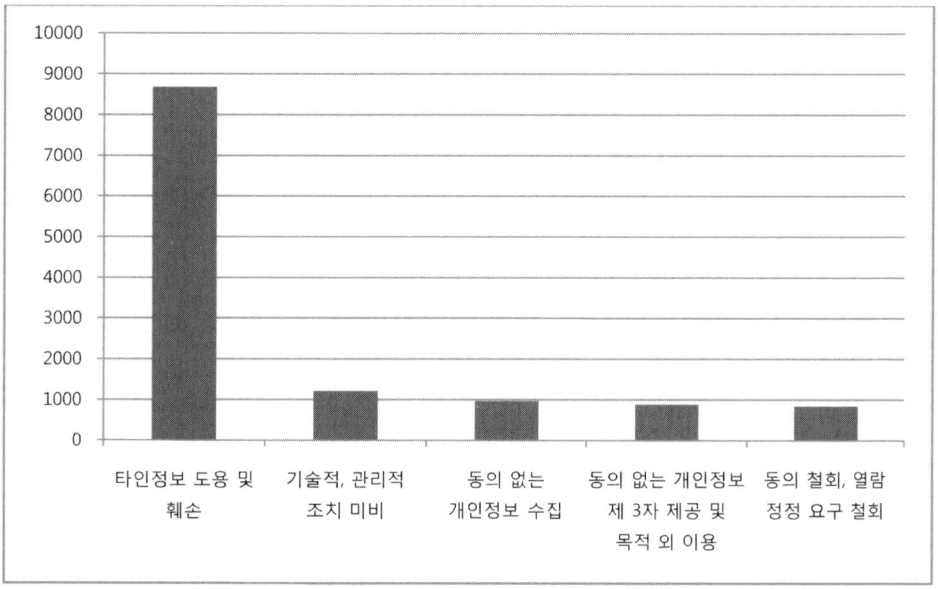

그림 12.1 국내 프라이버시 관련 민원의 유형별 현황(2008년, 상위 5개)
(출처: 개인정보보호 현황 및 대응 방안, 정보 통신 위원회, 2008년 11월)

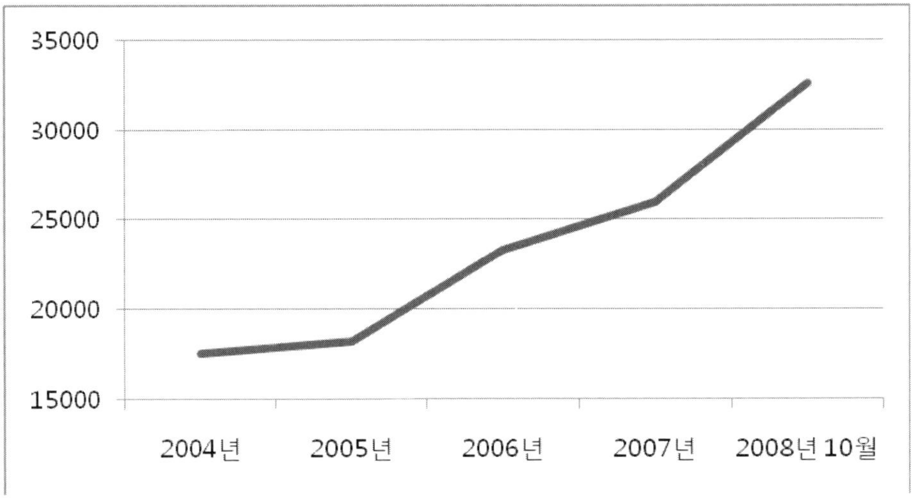

그림 12.2 국내의 프라이버시 관련 민원 증가 추이
(출처: 개인정보보호 현황 및 대응 방안, 정보 통신 위원회, 2008년 11월)

12.5 프라이버시 보호를 위한 노력

12.5.1 프라이버시 기구들

국내 기관 중에는 한국정보보호진흥원과 국가인권위원회에서 프라이버시 문제를 다루고, 함께하는 시민행동, 한국정보문화운동협의회 등의 시민 단체들 또한 프라이버시 문제에 관심을 갖고 있다.

대표적인 국제 프라이버시 기구는 국제 개인정보보호기구회의(International Conference of Data Protection and Privacy Commissioner)가 있다. 이외에도 개인정보 보호와 관련된 다수의 국제적·지역적 회의나 포럼이 존재하고 있다. 예를 들면, 매년 열리는 국제 개인정보보호 감독관 회의, EU 개인정보보호 감독관 회의, 전자통신에서의 개인정보보호에 관한 국제연구그룹, 국제표준화기구(ISO), APEC 전자통신 및 정보 연구그룹 등이 있다. 여러 비 영리단체들도 개인정보와 프라이버시를 보호하는데 참여하고 있다. 가장 활발한 활동을 벌이고 있는 기관으로는 전자 프라이버시 정보 센터(EPIC), Privacy International, 민주주의와 기술을 위한 센터(CDT) 등이 있다.

12.5.2 국내 프라이버시 관련법

헌법 제17조는 사생활의 비밀과 자유에 관한 권리를 보장하고 있고, 이를 뒷받침해주기 위한 여러 법들이 있다. 대표적으로 형법에는 "비밀침해죄"와 "업무상 비밀누설죄"가 있고, 국가가 수집한 개인정보의 악용을 막기 위한 "공공기관의 개인정보 보호에 관한 법률", 행정기관이 보유 관리하는 행정정보의 기관간 공동이용에 관한 절차와 방법을 정한 "행정정보 공동이용에 관한 규정", 우편물의 검열 또는 전기 통신의 도감청을 금지한 "통신비밀 보호법" 등이 있다. 민법에는 "금융실명거래 및 비밀 보장에 관한 법률", "정보통신망이용촉진 및 정보보호 등에 관한 법률", "신용정보의 이용 및 보호에 관한 법률", "전자서명법" 등이 있다. 아직까지는 "개인정보 보호법"이 개정되지 않고 국회에 계류 중이다.

12.5.3 국제 프라이버시 조약

국제적 수준에서 프라이버시와 개인정보 보호를 위한 다양한 법적 장치가 존재하고 있다. 1980년 OECD의 "개인정보의 국제적 유통과 프라이버시 보호에 관한 가이드라인"을 비롯하여 1985년 EU의 "개인정보의 자동처리로부터의 개인 보호에 관한 협약", 1990년 UN의 "컴퓨터화된 개인정보 파일 규제에 관한 가이드라인", 1995년 EU의 "개인정보의 처리와 그 자유로운 이전에 있어서 개인의 보호에 관한 준칙", 1995년 "서비스 거래에 관한 일반 협정", 1997년 EU의 "텔레커뮤니케이션 부문에서의 개인정보의 처리 및 프라이버시 보호에 관한 준칙" 등을 그 예로 들 수 있다.

그 중에서도 "개인정보의 유통과 프라이버시 보호에 관한 OECD 가이드라인"은

장차 개인정보보호 법제를 마련하려는 국가들에게 기본적인 아이디어를 제공한다는 점에서 가장 유용한 참고자료가 된다고 할 수 있다. 유럽연합과 무역을 하거나 전자상거래 발전을 꾀하는 국가들에게 있어서는 "개인정보의 처리와 그 자유로운 이동에 있어서 개인의 보호에 관한 유럽연합준칙(95/46/EC)"이 특히 중요하다.

(1) OECD의 "개인정보의 국제적 유통과 프라이버시 보호에 관한 가이드라인"

이 가이드라인은 OECD 위원회가 권유한 것으로 1980년에 채택되었다. 이는 프라이버시를 포함한 개인자유의 보호와 개인정보의 자유로운 유통이 균형을 이루도록 하는 데 목적을 두고 있다. 이 가이드라인은 8가지 프라이버시 원칙을 제시하고 있는데, 원칙 준수 시에는 OECD국가 간 자유로운 개인정보의 이동이 기대된다.

■ 8가지 프라이버시 원칙

① 수집제한: 개인정보의 수집에는 제한을 두어야 한다. 개인정보는 합법적이고 정당한 방법에 의해 수집되어야 하고, 정보주체자의 수집동의가 있어야 한다.

② 정보의 질: 개인정보는 그 사용 목적에 부합하여 이용되어야 하며 그 목적에 필수적인 정도여야 하고, 정확하고 완전하며 최신의 정보여야 한다.

③ 목적의 명시: 개인정보 수집의 목적은 정보가 수집되는 시점에 제시되어야 한다. 수집된 정보의 사용은 수집 목적을 달성하거나 그와 밀접하게 관련된 것에 한하며 목적이 변경될 경우 그 변경내용을 명시해야 한다.

④ 사용의 제한: 개인정보는 개인정보 주체자의 동의가 있거나 법률에 의한 경우를 제외하고는 명시된 목적 이외에는 공개되거나 사용될 수 없다.

⑤ 보안책의 강구: 개인정보의 손실, 권한 없는 접근, 파괴, 오용, 변경, 노출과 같은 위험요소로부터 보호되도록 적절한 보안책이 마련되어야 한다.

⑥ 개방성: 개인정보와 관련된 정책의 개발 및 실행에 있어서 개방성이 보장되어야 하며 개인정보의 성격과 존재, 사용의 주요 목적, 정보통제자의 성명과 주소를 확인할 수 있는 방법이 마련되어야 한다.

(2) EU의 95/46/EC

이 준칙은 지금까지 발표된 국제 프라이버시 원칙들 중 가장 의미 있다고 할 수 있으며 여러 면에서 개인정보보호 모델의 정점이라고 할 수 있다. 이 지침의 원칙들은 몇 가지 점에서 '1970년대 및 1980년대 모델'을 넘어서고 있으며 민감한 정보에 관한 특별규정, 세부사항 공개의 의무, 등록 조항, 스팸 메일, 개인정보피해 구제권에 대한 특별조항을 두고 있다. EU준칙은 유럽연합 회원국이 아닌 국가들에게도 중요한 의미를 갖는다. 왜냐하면 적절한 수준의 개인정보보호체계를 갖추지 않은 제 3국으로는 개인정보 전송을 할 수 없도록 제한하고 있기 때문이다. 적절성은 "데이터 전송이 이루어지는 상황들을 고려하되 데이터의 성질, 데이터의 처리 목적과 처리 기간, 데이터의 최초 발신국과 최종 수신국, 당해 국가에서 제정되어 운용되고 있는 개별법 및 일반법, 규칙, 보안 조치 등에 특별한 관심을 두고 평가 되어야 한다"고 언급하고 있다.

12.6 프라이버시 관련 기술

12.6.1 프라이버시 침해 기술(Privacy Invading Technology)

현재 적용되는 컴퓨터 데이터베이스, 하드웨어, 소프트웨어, 그리고 네트워크 등의 기술표준은 커뮤니케이션과 상거래의 효율성을 높이기 위하여 이용자의 신원확인을 용이하게 하고 있다. 기술들의 허점으로 이전에는 불가능했던 대규모의 상세한 개인 정보 모니터링을 할 수 있는 가능성을 가지고 있다.

익명성을 위협하는 기술적 요소로는 IPv4 및 IPv6 주소, 도메인 이름, 프로세서 일련 번호 등이 있다. 이 정보들을 이용하면 컴퓨터 사용자의 위치, ID/PW, 신원 등의 정보를 추적해 낼 수 있다. 개인 정보를 수집하는 기술로는 웹 버그(Web Bug), 스파이웨어(Spyware), 웹 로봇(Web Robot), 쿠키(Cookies) 등이 있다. 해킹(Hacking)

또한 개인 정보보호를 저해하는데, 이 때 사용되는 기술은 트랩도어(Trap Door), 트로이 목마(Troian Horse) 등이 있다. 이 외에도 GPS 등의 위치추적 기술과 스마트 카드, 생체인식 기술 등이 프라이버시 침해의 위험을 안고 있다.

12.6.2 프라이버시 향상 기술(Privacy Enhancing Technology; PET)

현재 개인정보를 보호하기 위한 여러 가지 법·제도적 대책과 기술이 연구 개발되고 있는데, 개인정보를 보호하기 위한 기술로는 프라이버시 향상 기술이 있다. 프라이버시 향상 기술은 최근 가장 심각한 위험으로 대두되고 있는 개인정보침해위험을 관리하기 위해 대두되었다. 프라이버시 향상 기술은 아래 그림과 같이 여러 세부 항목들을 가지며, 각 항목들에 따라 여러 기술이 존재한다.

(1) P3P(Platform for Privacy Preference)

P3P는 웹 사이트에서 사용자 프라이버시를 보호하기 위한 개인정보 정책을 기술하는 W3C(World Wide Web Consortium)에서 제정한 표준화된 프라이버시 보호 기술이다. P3P의 근본 목표는 웹 브라우저나 다른 사용자 도구가 에이전트를 통해 자

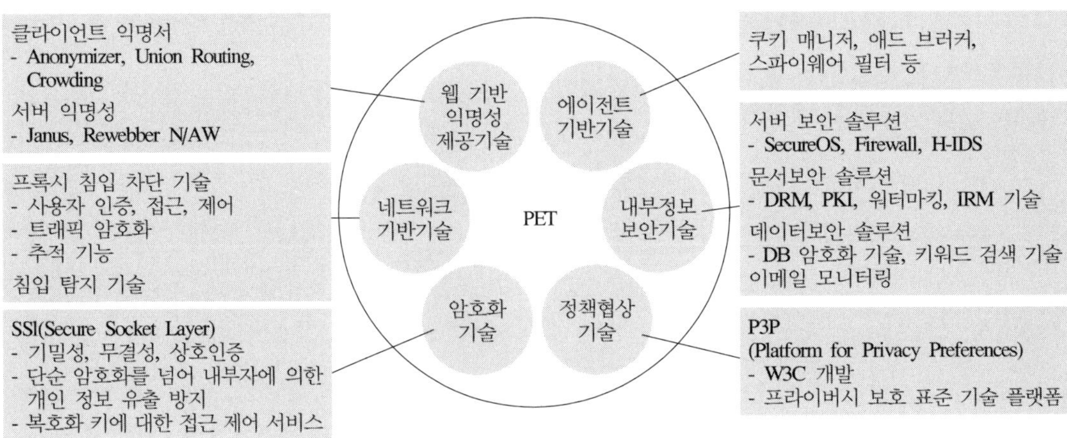

그림 12.3 프라이버시 향상 기술의 분류

동적으로 해당 웹 사이트의 프라이버시에 관한 정보를 읽고 사용자가 이미 설정해 놓은 정보공개 수준과 비교하여 정보를 선별적으로 제공한다.

웹 사이트의 개인정보 정책은 개인이 프라이버시에 민감한 데이터에 대해서 어떻게 사용하도록 할 것인가를 지정할 수 있으며 이 정책에 맞는 동안에만 개인 정보를 사용할 수 있도록 제안한다. 개인정보 정책은 웹 사이트 방문객들과 신뢰 받는 관계를 만들어내는데 사용되는 주요한 컴포넌트로 기업이나 개인이 수집한 데이터, 특정 목적에 의해 수집된 데이터의 사용, 특정 사람에게 데이터의 사용 허가 등을 기술한다. 개인정보 정책은 웹 사이트에서 설정하여 사용자에게 보여지며 사용자는 이 정책을 기반으로 정보 공개 수준을 설정하고 선별적으로 개인 정보를 제공할 수 있다.

(2) 익명성 기술(Anonymizers Technology)

익명성 기술은 사용자의 익명성을 보장해 줄 수 있는 기술로써 프라이버시 보호가 세계적으로 이슈로 등장하면서 이론적 연구가 크게 부각되고 있다. 전자서명 기반의 익명성 기술로는 관리자를 통해야지만 서명자의 신원을 밝힐 수 있는 그룹 서명, 서명자가 누구인지 밝힐 수 없는 링(Ring) 서명, 전자화폐를 위해 고안된 블라인드(Blind) 서명 등이 있다.

믹스－네트워크(Mix－Network) 기반으로 만들어진 익명성 기술로는 IP 주소와 같은 사용자의 인터넷 이용 정보를 숨기는 Anonymizer, 패킷의 익명성을 목표로 만들어진 Onion Routing, HTTP의 트래픽 내용을 숨기는 Crowds 등이 있다.

(3) 암호화 기술

SSL(Secure Socket Layer), WTLS(Wireless Transport Layer Security) 등과 같은 암호화 기술을 이용하여 자신의 전자 메일 메시지, 저장된 파일, 온라인상에서의 대화를 보호할 수 있는 방법을 말한다.

SSL은 서버와 클라이언트 간에 인증(Certification)으로 RSA방식과 X.509를 사용하고, 실제 암호화된 정보는 새로운 암호화 소켓채널을 통해 전송하는 방식이다. SSL은 특히 네트워크 계층의 암호화 방식이기 때문에 HTTP 뿐만 아니라 NNTP, FTP등에도 사용할 수 있는 장점이 있다. SSL은 기본적으로 신분 확인(Authentication), 암호화, 그리고 메시지의 무결성을 보장해 주며, 이는 인터넷간의 채널을 통해 비밀 보장 서비스를 제공한다.

WTLS는 SSL로 알려진 산업 표준인 TLS 프로토콜에 기반을 둔다. WTLS는 WAP을 위해 설계되었으며 좁은 밴드의 통신 채널에 맞도록 최적화되었다. WTLS는 데이터 무결성(Data integrity), 기밀성(Privacy), 인증(Authentication), 서비스 거부 방지(Denial of service protection)를 제공한다. WTLS는 SSL을 기반으로 유선 인터넷 보다 느린 속도와 낮은 전송률, 무선 단말기 자원 등을 고려하여 무선 환경에 적합하도록 구성된 보안 프로토콜로서, SSL과 마찬가지로 응용 계층의 필요에 따라 선택적으로 사용할 수 있다.

12.6.3 기타 관련 기술

(1) 통합인증(Single Sign－on)

같은 시스템의 여러 사이트에 접속할 경우 로그인을 여러 번 하게 되면 사용자의 편의성이 떨어질 뿐 아니라 개인정보를 여러 번 입력하기 때문에 유출의 위험이 따르게 된다. 한번 로그인하여 같은 시스템의 다른 사이트에 접속할 경우 그 정보를 암호화하여 넘겨주면, 번거롭고 불안하게 개인정보를 여러 번 입력하지 않아도 된다는 장점이 있는데, 이것을 통합인증이라 한다. 이는 사용자가 사이트 별 인증정보를 최초 한번만 설정하여 로그인하면 시스템이 저장하다가 시스템 내 각 사이트 별로 별도 로그인 과정을 거치지 않아도 자동으로 인증 받을 수 있도록 하는 기능을 말한다.

통합인증을 사용할 경우 앞에서 말한 것처럼 ID/PW등 개인 정보 보안 및 위험을 예방할 수 있다. 또 여러 번 입력하지 않아도 되면 사용자로서도 덜 귀찮게 되니, 사용자 편의도 증진되며 각 사이트에서도 실명인증 확인 등의 절차가 간단해지므로 인증 관리비용이 절감되는 효과가 있다.

(2) 공인인증서

공인인증서란 인증서를 작성한 사람의 신원, 문서 변경 여부 등을 확인할 수 있도록 하는 고유정보를 말하며 온라인 구매나 결제 등 확실한 본인인증이 필요한 경우 사용하는 전자문서에서의 인감도장과 같은 역할을 한다. 인증서 내에는 전자서명 검증키, 일련번호, 소유자 이름이나 인증서 유효기간 등의 정보가 포함되어 있다. 이러한 인증서는 하드디스크, 이동식 디스크, 스마트 카드, 휴대폰 등에 저장하며 필요할 때마다 인증서와 함께 인증 암호를 제시하고 검증 받는 절차를 통하여 본인임을 확인 받는다.

전자서명을 생성할 경우 전자서명 생성을 신청하면 해시함수를 통해 각 메시지마다 고유하게 산출되도록 만든 간단한 문자열을 제시하고 이를 전자서명생성 알고리즘을 통해 전자서명을 만든다. 가입자는 인터넷 뱅킹 또는 인터넷 쇼핑 시, 비밀키를 암호화한 패스워드만 입력하면 해당 거래에 전자서명이 생성되어 공인인증서와 같이 첨부되고, 거래서버 인증, 전자서명 생성, 공인인증서 첨부 등은 프로그램에서 자동으로 처리한다.

공인인증서를 발급해주는 기관은 공인인증기관과 등록대행 기관으로 나뉜다. 공인인증기관은 전자서명법에 의해 규정된 자격요건을 갖추어 정보통신부로부터 지정된 기관들로, 한국정보보호진흥원(KISA)을 최상위 기관으로 한다. 등록대행기관이란 공인인증기관이 공인인증서를 발급하기 위해서는 공인인증서 가입자의 신원을 대면확인 해야 하나 지역적 한계 등으로 인해 공인인증기관이 모든 가입자를 직접 신원확인하기에는 현실적으로 불가능하므로 공인인증기관을 대신하여 공인인증서 신청자의 신원을 확인해 주는 곳으로 주로 각종 은행들을 말한다. 등록대행기관은 신원확인 이외에 공인인증서 발급, 효력정지, 효력회복 또는 폐지 등의 신청을 접수/등록하는 업무도 수행한다.

(3) i－PIN(Internet Personal Identification Number)

인터넷이 발달하며 빈번히 유출되는 개인정보 중 민감한 것이 주민등록번호이다. 하지만 대부분의 사이트에서 본인 확인 절차를 위해서는 주민등록번호와 같은 개인별 ID가 필요하다. i－Pin은 주민등록번호 대체수단으로 개발 되었으며, 본인 인증과 개인정보 보호의 대립을 해결할 수 있는 기술로 거론되고 있다.

i－Pin의 원리는 온라인 사이트 회원 가입 때 주민번호와 이름을 입력하는 대신 본인확인 기관이 제공하는 개인식별 코드를 이용하는 것으로 공인인증서, 금융계좌-신용카드 번호, 휴대전화 번호, 대면 확인 등의 본인 인증을 통해 발급 받을 수 있다. i－PIN은 개인 정보 중 가장 민감한 사항인 주민번호 유출을 방지하고 매번 인증을 거치지 않고 i－PIN으로 인증 받은 식별 ID/PW만으로 본인확인이 가능하다는 장점이 있다. 또한 실명확인기관을 통한 중복가입확인, 실명확인 등의 절차가 불필요하며 신용불량자, 미성년자, 재외국민 등 본인확인 수단이 없는 사람들도 이용가능하여 널리 쓰일 수 있다.

i－Pin의 종류는 가상주민번호(한국신용평가정보), 범용 공인인증서(한국정보인증), 개인아이디인증(서울신용평가정보), 개인 인증키(한국신용정보), 그린버튼서비스(한국전자인증) 등 5개가 있고 각각의 기관에서 발급한다.

참고 및 사이트 ...

- OECD Guidelines on the Protection of Privacy and Transborder Flows of Personal Data
  http://www.oecd.org/document/18/0,3343,en_2649_34255_1815186_1_1_1_1,00.html
- EU Directive
  http://www.cdt.org/privacy/eudirective/EU_Directive_.html
- 사생활 및 개인정보 보호 국제 표준

www.wada－ama.org/rtecontent/document/2009_PRIVACY_korean.pdf

- 정보사회의 프라이버시 보호를 위한 정책과제
  http://cyberhumanrights.com/media/material/5256_1.pdf
- 개인정보보호 현황 및 대응 방안
  www.21sh.or.kr/bbs/editor/uploads/2008/11/28/492f6f93b9243.pdf
- 프라이버시 보호 핸드북
  http://networker.jinbo.net/zine/download.php?board=policy&id=840&idx=1
- 프라이버시
  http://en.wikipedia.org/wiki/Privacy
- 유비쿼터스 환경에서의 정보보호 정책 방향, 한국정보보호진흥원
  http://infostation.etnews.co.kr/boa_detail.html?type=5&bid=97
- Privacy International
  www.privacyinternational.org
- Anonymizer
  http://en.wikipedia.org/wiki/Anonymizer
- Onion Routing
  www.onion－router.net/
- i－PIN
  www.kisa.or.kr/kisa/ipin/jsp/ipin.jsp

Chapter

13

DRM (Digital Rights Management)

13.1 개요
13.2 콘텐츠 보호 기술
13.3 DRM의 역사
13.4 DRM 관련 기술
13.5 DRM 연동 기술
13.6 대표적인 DRM 응용

13.1 개요

PC 및 MP3 플레이어, PMP(Portable Media Player)와 같은 디지털 콘텐츠용 휴대용 기기 등이 대중화 되면서 디지털 콘텐츠에 대한 수요가 급증하였다. 요즘에는 길거리에서 원하는 디지털 콘텐츠를 다운로드 받아 음악이나 영화를 휴대하면서 즐기는 사람들을 쉽게 찾아볼 수 있다. 그러나 이중에서 합법적으로 요금을 지불하고 콘텐츠를 사용하는 사람은 거의 없다. IFPI(International Federation of the Phonographic Industry)는 지난 2008년 요금을 지불하지 않고 다운로드 된 음악 파일이 약 95%에 달한다는 통계를 제공한 바 있다(출처: IFPI – DIGITAL MUSIC REPORT 2009). 이와 같은 결과는 디지털 콘텐츠를 제작하는 업체에 손해를 끼칠 뿐만 아니라 아티스트의 창작 능력을 저해하는데 영향을 끼치기도 한다. 따라서 콘텐츠의 저작권을 보호하기 위한 수단이 꼭 필요하다는 주장이 지배적이다.

DRM(Digital Rights Management)은 디지털 콘텐츠의 저작권을 관리하는 기술로써 디지털 콘텐츠 및 관련 기기들의 불법적인 사용을 방지하기 위한 기술 중 하나이다. 이 기술은 디지털 콘텐츠가 허가 받지 않은 사용자들에 의해 접근, 복제, 변환되는 것을 방지하는데 목적을 두고 있다.

DRM 기술은 디지털 미디어 같은 디지털 콘텐츠가 발전하고 대중화되면서 꼭 필요한 기술로 대두되었다. 비디오 테이프, 카세트 테이프, 붓으로 그린 그림 등과 같은 아날로그 미디어들은 복제하는데 시간이 많이 걸릴 뿐만 아니라 복제할수록 미디어의 품질이 떨어지는 특성을 가지고 있으므로 불법적으로 사용되는 데에 한계가 있는 반면, MPEG, JPEG 등과 같은 디지털 미디어들은 복제, 수정 하는데 상대적으로 적은 시간이 걸리고 품질 저하가 전혀 없으므로 불법적으로 손쉽게 악용될 수 있다. 게다가 인터넷의 대중화 및 P2P 기술의 발전과 맞물려 디지털 콘텐츠의 불법적인 사용은 기하급수적으로 빠르고 광범위하게 퍼져나갈 가능성이 있다. 따라서 이러한 환경하에 디지털 콘텐츠들의 저작권을 보호하면서 시장에 유통시키기 위해서는 DRM 기술이 꼭 필요하다고 할 수 있다. DRM은 디지털 콘텐츠가 적법하게 사용되도록 할 뿐만 아니라 불법적으로 사용되었을 때 이를 증명하기 위한 도구로도 활용될 수 있다. 또한 유통 경로를 추적하여 불법적 사용의 근원을 찾는데도 유용하게 사용된다.

한편, DRM이라는 용어에 대해 찬성과 반대의 주장들이 첨예한 대립을 이루고 있다. DRM이라는 용어를 옹호하는 사람들은 DRM이 디지털 콘텐츠 제작자들의 권리를 보호할 수 있기 때문에 Digital Rights Management라고 표기하는 것이 옳다고 주장하는 반면, DRM이라는 용어에 대해 반대하는 사람들은 DRM의 목적이 권리를 관리하는 것이 아니라 콘텐츠 사용에 대한 제한사항들을 관리하는 만큼 Digital Rights Management에서 "Rights"라는 단어 대신 "Restrictions"라는 단어를 사용하는 것이 타당하다고 주장하고 있다. 그러나 일반적으로 DRM이라 하면 Digital Rights Management의 약자를 뜻한다.

13.2 콘텐츠 보호 기술

디지털 콘텐츠를 보호하기 위한 기존 기술로는 복제 방지 기술, CAS(Conditional Access System) 등이 있다. DRM은 이러한 기술들이 가지는 단점들을 보완한 기술이다.

13.2.1 복제 방지 기술

복제 방지 기술은 레코딩 장치를 이용하여 콘텐츠가 복사, 이동되는 것을 방지하는 기술로 디지털 콘텐츠 보호의 필요성이 대두되던 초창기에 사용되던 기술이다. 단순히 콘텐츠가 복제되는 것을 불가능하게 하는 것으로써 간편하게 적용할 수 있지만, 권한 제어가 불가능하고 유통이 어렵다는 단점이 있다. 이 기술은 온, 오프라인을 포함하여 다양한 유통경로가 있는 경우 콘텐츠를 복제할 권한이 있는 제작,

유통 업체들과 콘텐츠를 복제할 권한이 없는 일반 사용자들을 구분하기가 어렵다.

13.2.2 CAS(Conditional Access System)

CAS는 특히 디지털 방송 콘텐츠를 보호하기 위한 기술로써 허가된 사용자에게만 콘텐츠 서비스를 받을 수 있도록 권한을 부여하는 DRM 기술을 말한다. CAS에서는 송신 측에서 스크램블링(Scrambling) 된 신호를 보내고, 이를 받은 수신 측에서 허가된 사용자만이 디스크램블링(Descrambling)이 가능하도록 하여 해당 사용자만이 서비스를 받을 수 있도록 하는 기술이다. CAS를 이용하면 수신 권한을 제어할 수 있지만, 수신 이후에 이루어지는 콘텐츠 저장, 조작, 복제 등을 제어할 수는 없다는 단점을 가지고 있다.

위의 두 기술과는 달리 DRM을 이용하면 제작, 유통 업체와 일반 사용자간의 권한 제어가 가능하고 다양한 유통 과정에서도 적용이 가능하다. 또한 일반 사용자에게 배포한 콘텐츠가 재 배포되는 것도 관리할 수도 있다. 그러나 현재 업체마다 다른 DRM 기술들을 개발 및 채택하고 있기 때문에 호환성이 결여되어 있다는 문제가 제시되고 있다. 따라서 이를 해결하기 위한 통합 시스템이나 표준의 필요성도 함께 대두되고 있다.

13.3 DRM의 역사

사실 DRM은 새로운 기술이 아니다. 디지털 콘텐츠가 나타나기 전에도 아날로그 방식의 책이나 그림을 불법적으로 복제하는 행위는 존재했다. 이 때는 책에 있는 내용을 직접 쓰거나 그림을 똑같이 그려서 복제했다. 그러나 이 같은 방식의 복제에는 막대한 노력과 비용이 들었고, 복제가 되었더라도 전문가에 의해 진짜와 가짜의 판별이 가능하였으므로 작가나 화가에게 막대한 손해를 끼치지는 않았다. 이 같은 매체를 보호하기 위해 책에 작가의 서명을 넣거나 그림에 화가의 직인을 찍는 등의 행위가 이루어 졌는데, 이러한 방식으로 저작권을 보호한 것이 가장 초보적인 DRM이라 할 수 있다. 이후 복사기, 사진기, 영상 편집기 등의 기기들이 발전하면서 직접 쓰거나 그리는 수고를 덜 수 있게 되었고 복제도 보다 손쉬워 졌지만, 아날로그의 특성상 이 같은 기기들을 이용하여 복제할수록 콘텐츠의 품질이 떨어지기 때문에 불법적으로 악용되는 데는 한계가 있었다.

바야흐로 디지털 시대가 도래하면서 품질 저하가 없는 디지털 콘텐츠가 각광 받게 되고 콘텐츠를 유통하는데 드는 비용도 절감되는 등 많은 부분에서 디지털 혁명의 혜택을 누릴 수 있게 되었지만, 이와 더불어 콘텐츠를 불법적으로 복제하거나 사용하는 행위 역시 비용이 절감되고 간편해 졌다. 게다가 인터넷 및 P2P 기술이 발전할수록 콘텐츠를 불법 복제 및 사용하는 행위가 기하급수적으로 늘어날 수 있다는 문제가 있다. 이 같은 불법 복제 행위는 특히 미디어 분야에서 많이 일어나고 있고 이를 위한 다양한 복제 방지 기술들이 사용되어 오고 있다. 그 중 한 예로 음악 CD의 복제를 막기 위해 CD 내부에 물리적으로 읽을 수 없는 부분을 삽입하거나 특수한 레이저로 CD를 제작함으로써 원본과 복사본을 구분하는 등의 방지 기술들이 있다. 그러나 이러한 단순 복제 방지 기술은 콘텐츠를 보호하는 근본적인 해결책이 될 수 없으므로, 현재는 제작 과정에서부터 유통을 거쳐 사용자에게 이르기까지 지속적인 관리가 가능한 DRM 기술들이 개발되기에 이르렀다.

13.4 DRM 관련 기술

DRM 관련 기술에는 워터마킹, 핑거프린팅, 암호화를 이용하는 DRM 기술, Tampering 방지 기술 등과 같이 전통적으로 사용되어 온 기술뿐만 아니라 Obfuscation, 콘텐츠의 적법한 유통을 관리하는 DRM 기술, 스트리밍 미디어를 위한 DRM 기술 등의 응용 기술들도 있다.

13.4.1 워터마킹(Watermarking)

워터마킹은 콘텐츠에 저작권 정보를 내포하여 콘텐츠의 불법적인 사용을 방지하는 기술이다. 이 기술은 콘텐츠 제작자가 자신의 콘텐츠의 저작권에 대한 증거자료를 제시하는데 활용될 수 있다. 워터마킹을 가장 효율적으로 사용할 수 있는 경우는 사용자가 콘텐츠를 무분별하게 재 배포하는 경우이다. 워터마킹에서 저작권 정보는 눈에 보이게 내포될 수도 있고 눈으로 확인할 수 없도록 내포될 수도 있다. 가장 간단한 워터마킹의 예로 이미지 및 영상 콘텐츠에 회사 로고를 삽입하는 방법이 있다.

워터마킹은 워터마킹이 된 콘텐츠에서 워터마크(Wagermark)를 추출 할 때 워터마킹이 되지 않은 원본 콘텐츠를 필요로 하는 워터마킹(Oblivious Watermarking)과 필요로 하지 않는 워터마킹(Non－oblivious Watermarking)으로 나뉠 수 있다. 여기서 워터마크는 콘텐츠에 삽입된 정보와 관련된 데이터를 말한다. 원본 콘텐츠를 필요로 하는 워터마킹은 워터마킹 추출 알고리즘이 간단하지만 원본 콘텐츠가 꼭 필요하다는 단점이 있는 반면, 원본 콘텐츠를 필요로하지 않는 워터마킹은 원본 콘텐츠 없이도 워터마킹을 추출해 낼 수 있다는 장점이 있지만 워터마킹 추출 알고리즘이 복잡해 진다는 단점을 가진다.

워터마킹은 기법마다 고유한 요구사항들을 가지고 있지만 다음과 같은 요구사항들은 공통적으로 가지고 있다.

① 콘텐츠에 워터마크를 내포할 때 콘텐츠 품질에 영향을 주어서는 안 된다.
② 콘텐츠에 저장되는 데이터 양이 너무 크면 안 된다.
③ 콘텐츠에 내포되는 워터마크에 대해서 보안성이 보장되어야 한다.

13.4.2 핑거프린팅(Fingerprinting)

핑거프린팅은 콘텐츠의 불법적인 사용을 방지하기 위해 콘텐츠에 정보가 내포된다는 점에서 워터마킹과 유사하지만, 저작권 정보가 내포되는 대신에 사용자의 정보가 내포된다는 점에서 워터마킹과 차이를 보인다. 핑거프린팅을 이용하였을 때 콘텐츠에 내포되는 정보를 핑거프린트(Fingerprint)라 한다. 이 기술은 콘텐츠가 불법적으로 사용되었을 때, 불법적으로 사용한 사용자를 추적하는데 활용될 수 있다. 가장 간단한 핑거프리팅의 예로 문서 콘텐츠를 출력하는 시점에 사용자의 정보가 문서에 인쇄되도록 하는 방법이 있다.

13.4.3 암호화를 이용하는 DRM 기술

암호화를 이용하는 DRM 기술은 허가 받은 사용자만이 콘텐츠를 사용할 수 있도록 암호화 기술을 적용하는 DRM 기술을 말한다. 여기서 사용되는 암호화 기술로는 흔히 사용되는 RSA, DES, AES 등을 들 수 있다. 이 기술에서는 특정 키로 콘텐츠를 암호화 하기 때문에 이에 해당하는 키를 가진 사용자만이 복호화 하여 콘텐츠를 사용할 수 있다. 암호화를 이용하는 DRM 기술은 키를 배포하는데 따른 문제가 있고 키를 분실했을 경우 다시 배포 받아야 하는 번거로움이 있을 수 있다.

13.4.4 Tampering 방지 기술

Tampering 방지 기술은 사용자가 콘텐츠에 복제 및 재 배포와 같은 불법적인 조작을 가하는 것을 방지하는 DRM 기술이다. Tampering 방지 기술의 간단한 예로 콘텐츠에 시간적인 제한이 걸려 있을 때, 시스템의 시간을 조작하여 콘텐츠의 사용을 연장하려고 하는 불법적인 행위를 방지하는 기술을 들 수 있다.

13.4.5 Obfuscation

Obfuscation은 콘텐츠의 코드를 해석하기 어렵게 만들어 역 공학(Reverse Engineering)을 이용한 불법적인 행위에 대비하는 기술이다. 사용자의 불법적인 행위로는 콘텐츠의 재 배포, 불법적인 접근 및 조작 이외에도 역 공학을 이용하여 콘텐츠의 일부를 수정하거나 재활용하는 행위가 있을 수 있다. 이러한 경우에 대비하여 콘텐츠에 코드 Obfuscation 기술을 적용하여 해석을 어렵게 만들 수 있다.

13.4.6 유통 제어를 위한 DRM 기술

유통 제어를 위한 DRM 기술은 콘텐츠의 제작에서부터 사용자에게 전달 되는 시점까지의 모든 과정을 제어하여 콘텐츠를 보호하는 DRM 기술이다. 이 기술은 콘텐츠를 만드는 제작 단계에서부터 제공업자를 통해 콘텐츠가 재 가공되고 다시 여러 유통업자를 통해 다시 재구성되어 최종 사용자에 이르기까지의 모든 유통 단계에서 콘텐츠 및 저작권을 보호할 수 있는 기술이다.

13.4.7 스트리밍 미디어를 위한 DRM 기술

인터넷이 발전하면서 VOD 스트리밍 미디어가 보편화 되었고 이러한 스트리밍 분야에서도 DRM은 필수 기술로 자리 잡았다. 스트리밍 미디어를 위한 DRM 기술은 이러한 스트리밍 콘텐츠의 저작권을 보호하기 위한 기술이다.

스트리밍 콘텐츠를 위한 대표적인 DRM 기술로 ISMACryp가 있다. ISMACryp는 ISMA에서 개발한 스트리밍 콘텐츠를 위한 DRM 이다. ISMA(Internet Streaming Media Alliance)는 2000년에 Apple 사, 시스코 사, IBM 사 등이 합작 설립하여 스트리밍 콘텐츠에 대한 표준을 제정하고 있는 단체이다. ISMACryp 1.0은 MPEG-4 part 2 의 스트리밍 콘텐츠에 대한 DRM 기술이고 ISMACryp 2.0은 H.264 스트리밍 콘텐츠에 대한 DRM 기술이다.

밑의 그림은 ISMACryp 시스템의 구조를 나타내고 있다.

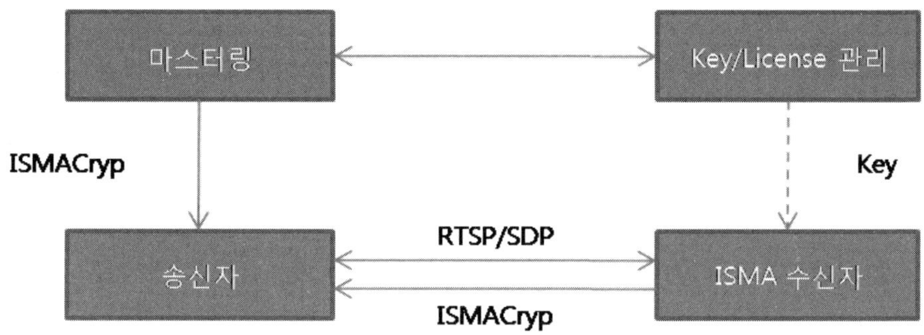

그림 13.1 ISMACryp 구조(출처: DRM 기술 동향 - 전자통신동향분석 2007년 8월)

마스터링(Mastering) 컴포넌트에서는 콘텐츠를 암호화 하고 사용 권한을 부여하는 등의 서비스 준비 작업이 이루어진다. Key/License 관리 컴포넌트는 DRM 정보와 암호화키를 콘텐츠와 연관시키는 기능을 담당한다. 이 컴포넌트는 ISMACryp 규격에 포함되지는 않는다. 송신자는 ISMACryp 프로토콜을 이용하여 콘텐츠를 전송하고 수신자는 전송 받은 콘텐츠를 복호화 하여 인증 후 서비스 받는다.

13.5 DRM 연동 기술

DRM 관련 분야에서는 응용 및 기기에 따라 다양한 DRM이 존재하고 이들 각각은 고유의 DRM 기술을 사용하고 있기 때문에 이들 간의 호환성을 보장하는 문제도 중요하게 여겨지고 있다. 대표적인 DRM 연동 기술로 Coral 컨소시움의 Ecosystem과 EXIM(Export Import)가 있다.

13.5.1 Coral의 Ecosystem

Ecosystem은 Coral 컨소시움에서 개발된 DRM 연동을 위한 프레임 워크이다. Coral 컨소시움은 상이한 DRM 시스템 사이에 호환성을 촉진하기 위한 표준화를 만드는 단체 중 하나이다. Coral 컨소시움의 목적은 콘텐츠, 기기, 서비스 제공자, DRM 기술을 사용하는 사용자 등을 위한 공통적인 기술 프레임워크를 만드는 것이다. 그림 13.2은 여러 가지의 상이한 DRM 들을 통합하여 하나의 Ecosystem에서 이러한 DRM들을 통합하는 모습을 보여주고 있다. 실제로 여러 개의 DRM 들과 여러 개의 Ecosystem이 존재할 수 있는데, 그림 13.2에서 Ecosystem A는 DRM1, DRM2, DRM3 사이의 호환성을 제공하는 모습을 보여주고 있다. 각각의 Ecosystem은 모델, 정책, 역할 중 해당 시스템에 필요한 것들을 선택적으로 정의 하여 사용 하고 있다.

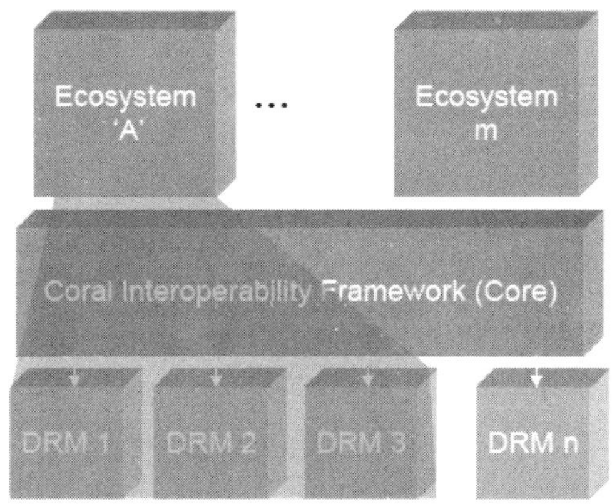

그림 13.2 Ecosystem 구조(출처: Coral Consorsium)

13.5.2 EXIM(Export Impot)

EXIM은 상이한 DRM 시스템 사이에서 콘텐츠를 자유롭게 이동시킬 수 있도록 DRM 형식을 변환시켜주는 기술이다. EXIM을 통해 상이한 시스템에서도 콘텐츠를 안전하게 보호할 수 있다. 또한 이 기술을 이용하면 하나의 DRM만을 가지고 있어도 DRM 형식 변환을 이용하여 여러 가지의 DRM을 사용할 수 있게 된다.

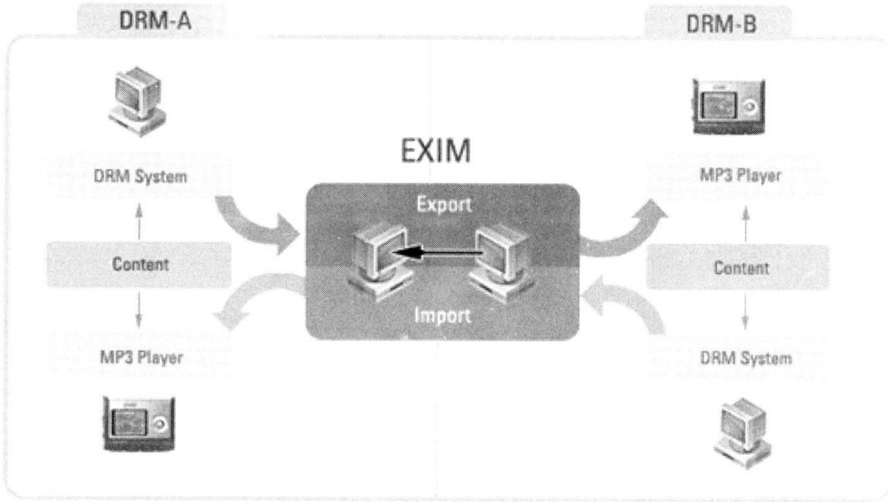

그림 13.3 EXIM의 기본 개념(출처: DRM 기술 동향 - 전자통신동향분석 2007년 8월)

그림 13.3은 EXIM의 기본 개념을 설명하고 있다. DRM－A를 사용하는 MP3 플레이어는 EXIM을 통해 DRM－B를 사용하는 MP3 플레이어로부터 콘텐츠를 전달받거나(Import), DRM－B를 사용하는 MP3 플레이어로 콘텐츠를 전달 할 수 있다(Export). DRM－B도 마찬가지 방법으로 콘텐츠를 주고 받을 수 있다. 즉, EXIM에서 전달되는 콘텐츠는 우선 표준 콘텐츠로 변환되고 난 후 Export, Import 기능에 따라 해당 DRM 형식으로 변환되어 넘겨지는 방식이다. 따라서 이를 위한 중립적인 표준 콘텐츠에 대한 정의가 반드시 필요하다.

13.6 대표적인 DRM 응용

대표적인 DRM 응용으로는 다음과 같은 것들이 있다.

13.6.1 FairPlay

FairPlay는 Apple 사에 의해 만들어진 DRM 기법으로써 QuickTime 멀티미디어 소프트웨어에 내장되어 iPhone, iPod, iTune 등에서 사용된다. Apple 사 계열의 콘텐츠들은 iTune store에서 구입할 수 있는데, 구입할 때 FairPlay로 암호화 되어 제공된다. FairPlay는 AAC(Advanced Audio Coding) 오디오 파일로 암호화 되어 iPhone, iPod, iTune 이외의 권한이 없는 기기에서는 복호화 될 수 없도록 한다. 그러나 최근 Apple사는 2009년 1월부터 어떠한 기기에서도 사용할 수 있는 DRM-free 제품을 모든 오디오 콘텐츠에 적용하기 시작하였다.

13.6.2 Adobe Protected Streaming

Adobe Protected Streaming는 허가 되지 않은 사용자로부터 오디오 및 비디오 디지털 콘텐츠를 보호하기 위해 Adobe에서 사용하는 DRM 기법이다. 이 기법에서 모든 콘텐츠들은 Flash Media Server에 의해 암호화 되는데, 소스파일이 암호화 되는 것이 아니라 전송되고 있는 스트리밍 파일을 암호화 한다. 이를 위해 rtmpe(Encrypted Real Time Messaging Protocol)나 rtmps(Real-Time Messaging Protocol over SSL)라는 특별한 프로토콜이 사용된다. 사용자는 SWF-검증(SWF-Verification)을 통해 콘텐츠를 사용할 수 있는데, 공식적인 Flash 사용자만이 이를 사용할 수 있다.

13.6.3 OMA DRM

OMA DRM은 Open Mobile Alliance에서 개발된 DRM 시스템이다. OMA DRM의 주요 목적은 모바일 폰 및 이를 위한 콘텐츠의 불법적인 사용을 방지하기 위함이다. OMA DRM 1.0은 포워드 락(Forward Lock), 조합 전달(Combined Delivery), 분리 전달(Separate Delivery) 등의 3가지의 주요 방식들로 구분된다. 포워드 락은 서비스 받은 콘텐츠를 다른 기기로 옮길 수 없도록 막는 방식이고, 조합 전달은 권리 객체와 미디어 객체를 조합하여 전달함으로써 권리 객체를 풀기 위한 키가 있어야 콘텐츠를 사용할 수 있는 방식이다. 이 때, 미디어 권리 객체와 미디어 객체는 조합되어 암호화 되므로 다른 기기로 옮길 수 없도록 막는 작업이 필요하다. 분리 전달은 권리 객체와 미디어 객체가 분리되어 각각 암호화 되는 방식으로써 콘텐츠를 사용하기 위해서는 각각 복호화 해야 한다. 이 방식은 권리 객체가 없으면 미디어 객체도 사용할 수 없기 때문에 미디어 객체가 다른 기기로 옮겨져도 상관 없다는 특징을 가진다.

OMA DRM 2.0은 OMA DRM 1.0의 분리 전달 메커니즘을 확장한 것이다. OMA DRM 1.0에서 개인 키(Private Key)를 사용했던 것과는 달린 OMA DRM 2.0을 사용하는 기기는 각각 고유의 공용 키(Public Key)로 인증할 수 있는 DRM PKI(Public Key Infrastructure)를 가지고 동작한다.

13.6.4 SecureSharing 및 SecureCard

SecureSharing은 Calton Hill에서 개발된 DRM으로써 TrustedFlash 카드에 콘텐츠와 저작권에 관한 정보를 저장하는 방식을 사용한다. 이 카드는 Window Mobile 혹은 리눅스를 지원하는 어떠한 모바일 장치에서도 DRM을 활용하기 위해 공유될 수 있다.

SecureCard 또한 Calton Hill에서 개발된 DRM이다. 이 방식은 보안 마이크로 SD 카드에 콘텐츠를 내장하여 전달한 후, 이 보안 마이크로 SD 카드가 처음으로 삽입된 기기에서만 콘텐츠를 서비스 받을 수 있도록 한 기법이다.

13.6.5 PlayReady

PlayReady는 Microsoft 사에서 휴대 기기의 DRM을 위해 개발한 기법이다. 이 기법은 WMA, WMV, AAC, AAC+, 강화된 AAC+, H.263, H.264 등의 코덱 파일들을

보호하기 위해 개발되었다.

참고 및 사이트 ...

- DRM 포럼
  www.drm.or.kr
- Internet Digital Rights Management
  http://www.idrm.org/
- Digital rights management – Wikipedia
  http://en.wikipedia.org/wiki/Digital_rights_management
- DRM 기술 동향 - 전자통신동향분석 2007년 8월
  http://ettrends.etri.re.kr/PDFData/22-4_118_132.pdf
- IFPI – DIGITAL MUSIC REPORT 2009
  http://www.ifpi.org/content/library/DMR2009.pdf
- CAS(Conditional Access System) – Wikipedia
  http://en.wikipedia.org/wiki/Conditional_access_system
- 워터마킹 - Watermarking Digital Image and Video Data, A State-of-the-Art Overview
  http://ieeexplore.ieee.org/stamp/stamp.jsp?tp=&arnumber=879337&isnumber=19023
- 핑거프린팅
  http://www.ece.umd.edu/~minwu/public_paper/Jnl/0304ACC_IEEEfinal_TSP.pdf
- Tampering 방지
  http://www.cs.auckland.ac.nz/~cthombor/Pubs/01027797a.pdf
- ISMA – Internet Streaming Media Alliance

http://www.isma.tv/

- Coral Consorsium
  http://www.coral-interop.org/
- FairPlay
  http://www.reckon.co.uk/open/iTunes
- Adobe Protected Streaming
  http://www.adobe.com/devnet/flashmediaserver/articles/protecting_video_fms.pdf
- OMA DRM
  http://www.openmobilealliance.org/Technical/DTD.aspx
- SecureSharing - Calton Hill
  http://www.caltonhill.com/pdf/SecureSharing.pdf
- SecureCard - Calton Hill
  http://www.caltonhill.com/pdf/SecureCard.pdf
- PlayReady
  http://www.microsoft.com/PlayReady/Default.mspx

찾아보기

ㄱ

가상게임 63
감염경로 208
개인 인증 218
개인정보 누출 255
개인정보(Private Data) 120, 300
개인정보침해 286
게임 상의 채팅 49
게임중독 75
공인인증서 222, 226, 315
광속상거래 235
구글 167
국제 개인정보보호기구회의 308
국제컴퓨터침해사고대응협의회(FIRST) 166
금단 79
금단증상 70
기업과 기업 간의 거래 237
기업과 소비자 간의 전자상거래 237
기업과 정부간의 거래 237

ㄴ

내성 79
넷버스(Netbus) 128
논리 폭탄 283
닌텐도 증후군 76

ㄷ

다운로더(Downloaders) 206
단순패스워드기법 223
데이터프라이버시 300
데커 141
데프콘 161
디벨로프트 키드 140
디스크램블링(Descrambling) 322

ㄹ

레이머 139
리셋 증후군 76
링크 조작 129

ㅁ

말 풍선 49
망가 105
멀웨어 221, 223
메신저 31
메신저 채팅 49
메일 폭탄 282
메일서버등록제 135
명예훼손 290
모바일 메신저 52

모바일뱅킹 219
모범 관행 133
몰카 104
무임승차 181
무차별 전수 대입 공격(Brute Force Attack) 221

ㅂ

바이러스 걸린 이메일 144
발송량 제한 194
방화벽 162
백도어(Backdoor) 142, 151, 206
백오리피스 162
버퍼 오버플로우 147
번개 66
범죄적 해커 138
베이지언 필터링 접근법 198
별도채널사용기법 223
보이스 피싱(Voice Phishing) 120, 127
복제 방지 321
분산 서비스 거부 142
불법적인 공유 143
블랙 햇 161
블랙리스트 제한 195

ㅅ

사이버 관계(Cyber Relationship) 61
사이버 범죄 264
사이버 비즈니스 235
사이버 윤락 295
사이버 테러 282
사이버테러대응센터 267
사회공학(Social Engineering) 120
사후 수신 거부제(opt-out) 184
생체인식 기술 305
서버 스크립트 54
서비스 거부 142, 283
서비스 거부 공격 146
성폭력 290
세미 엘리트 140
세컨드 라이프 62
셀카 104
소프트웨어토큰기법 223
수신 사전동의제(opt-in) 184
수신량 제한 199
숨겨진 파일 확장자 144
스니핑 150
스쿨버스 158
스크램블링(Scrambling) 322
스크린 그래퍼 128
스크립트 키디 139
스택-가드 기법 215
스트리밍 미디어를 위한 DRM 326
스파이웨어 121, 163, 311
스파이웨어 개요 204
스팸 메일 176, 294
스푸핑 공격 149
신뢰도 평가시스템 195
실시간 44

ㅇ

아바타 채팅 48
악성 스크립트 143
안티스파이웨어 213
암호화 164
암호화 기술 313
암호화를 이용하는 DRM 325
애드웨어(Adware) 205, 206
야겜 105
야동 104

야설 105
야음 105
엘리트 해커 140
연방금융회사 검사위원회 222
영상채팅 46
오프라인 (Off-line)형 전자상거래 238
온라인 (On-line)형 전자상거래 238
온라인디지털콘텐츠산업발전법 293
워터마킹 323, 324
원격 관리 프로그램 142
원격제어 207
웜(Worm) 146
웹 애플리케이션 해킹 147
웹 로봇 311
웹 버그 311
웹 프로그래밍 언어 54
웹메일 자동등록 차단기술 199
웹섹 105
유통 제어를 위한 DRM 326
유해사이트 289
음란물 98
음란물 중독 76
음성 채팅 45
이동 프로그램 143
이메일 스푸핑 150
이메일 위조 144
이메일주소 수집 차단기술 199
이메일주소 자동생성 대응기술 199
이모티콘 28
익명성 기술 313
인증기관 132
인증서 132
인지행동법 86
인터넷 사기 281
인터넷 음란물 98, 100
인터넷 중독 70
인터넷 침해사고대응지원센터 167
인터넷뱅킹 218, 219, 226
인터캐스트(Intercast) 260

ㅈ

자가 진단 80
자바 54
저작권침해 291
적응 필터링 198
전자 정부 305
전자거래법 226
전자문서교환 235
전자상거래(Electronic Commerce) 234
전자서명 133
전자서명법 226
정보프라이버시 300
정부와 소비자 간의 거래 238
정적 필터링 197
정체성 61
중독 107
질의-응답(Challenge-Response System) 190

ㅊ

채팅 44
채팅 중독 61
채팅 클라이언트 145
침입방지시스템 215
침입탐지시스템 215

ㅋ

캐시 오염(Cache Poisoning) 131
커뮤니티 공간 44
컴퓨터 웜 168

컴색 105
컴퓨터프로그램보호법 291
코드게이트 160
콘텐츠 보호 321
쿠키 311
크래커 138
크래킹 138, 223
클라이언트 스크립트 54
키 로거(Key Logger) 121, 128, 206, 207
키보드해킹 169

ㅌ

타이핑 44
텔레뱅킹 219
통신중독 74
통합인증(Single Sign-on) 314
트랙웨어(Trackware) 205, 206
트랩도어 312
트로이 목마 121, 128, 142, 151, 312

ㅍ

파밍(Pharming) 120
패킷 스니핑 145
프라이버시 300
프라이버시 침해 기술 311
플러그앤플레이 53
플러그인 54
플레이어 킬링 58
피셔(Phisher) 120
피싱 블랙리스트 132
피싱 필터 132
피싱(Phishing) 120, 169, 206
피싱방지법안 134
필터링 196
핑거프린팅 323, 324

ㅎ

하드웨어토큰기법 223
한국정보문화진흥원(KADO) 272
해킹 138, 277, 285, 311
핵티비스트 141
현실탈출 73
현피 58
호모그라프 스푸핑(Homograph Spooping) 공격 129
화이트리스트 195
화이트해커 160
휴대폰 채팅 52

숫자

1분만 더 증후군 76
25번 포트 차단 194

A

AGIMO 228
AICPA(American Institute of Certified Public Accountants) 222
APEC 244
APWG(Anti Phishing Working Group) 124, 133
ARP 스푸핑 149
ASC(AntiSpyware Coalition) 204
ASN.1 259
ATM(Automated Teller Machine) 219
attacker 138

B

B2B 237
B2C 237
B2G 237
Backorifice 154
Bouncing Back 192

C

CAS(Conditional Access System) 322
Challenge & Response 192
CIH 바이러스 164
COS(Chip Operating System) 259
CP(Contents provider) 103
CPM 101
CSS 54

D

DER 259
DKIM(Domain Keys Identified Mail) 191
DNS 스푸핑 150
DRM 연동 기술 327
DRM(Digital Rights Management) 320

E

Ecosystem 327
EXIM(Export Impot) 328

F

FairPlay 330
FFIEC(Federal Financial Institutions Examination Council) 222

G

G2C 238
Goldberg 70, 79
Graylist 193
Griffiths 70

H

HTTP 150
HTTP Session Hijacking 153

I

IDC 243
IDS(Intrusion Detection System) 215
IFPI 320

intruder 138
IP 스푸핑 149
IP 필터링 133
IPS(Intrusion Prevention System) 215
IRC(Internet Relay Chat) 145
ISP(Internet service provider) 103, 183
i-PIN(Internet Personal Identification Number) 316

K

King 71
KISA-RBL 196
KrCERT/CC(인터넷 침해사고 대응지원센터) 125

M

Man-in-the-middle 공격 131
MAPS(Mail Abuse Prevention RBL List) 196

N

NetBus 157
NOIE 228
NSA(National Security Agency) 215

O

Obfuscation 323, 325
OECD 244
OECD 가이드라인 309
OFX(Open Financial Exchange) 260
OMA DRM 330
Online Stamp 193
ORDB(Open-Relay DataBase) 196
OTP 171, 223, 229
OTP(One Time Password) 222
OTP(Open Trading Protocol) 260

P

P3P 312
PCI DSS 222
PGP(Pretty Good Privacy) 151, 192
PKI(Public Key Infrastructure) 192
PlayReady 331
Privacy Foundation 303
Protected Streaming 330

R

Rlogin 150

S

S/MIME 151
SASL(Simple Authentication and Security Layer) 190
SBL(SpamHaus BlackHole List) 196
SecureCard 331
SecureSharing 331
Sender ID Framework(SIDF) 191
Sender Policy Framework(SPF) 190
Session ID 153
SET(Secure Electronic Transaction) 260
SMTP 189
SMTP Authentication 190
SNMP 150
SSH 151

SSL(Secure Sockets Layer) 131, 151, 313
SubSeven 155

T

Tampering 방지 325
Tampering 방지 기술 323
Telnet 150
TV뱅킹 219

V

VM(Virtual Machine) 220

W

WTO 244, 244

X

XSS 공격 130

Y

Young 72

컴퓨터 시대의 인터넷 윤리

2009년 9월 1일 초판 인쇄
2010년 2월 15일 2쇄 발행

저　　자　권영빈
발 행 인　송기수
발 행 처　도서출판 GS 인터비전
편 집 처　도서출판 GS 인터비전
인 쇄 처　선우문화사
표　　지　정의도
등록번호　제2008 - 27호
I S B N　978-89-93668-30-8 (92560)

주　소　서울시 중랑구 묵동 신도브래뉴1차 102동 1301호
전　화　02-976-7898, 0707-720-7898
팩　스　02-6468-7898
E-mail　gsinter7@chol.com

정　가　**15,000원**